用微课学电子商务改革创新教材

电子商务基础与实务

（第2版）

主　编　原拴双
副主编　杜　慧
参　编　黄　琳　范学鑫　李　婧
　　　　彭华玮　庄锦城　许英珍　张丹仪

电子工业出版社
Publishing House of Electronics Industry
北京 • BEIJING

内 容 简 介

本书采用项目教学思想，强调理论知识与技能操作的融合，任务体验以真实环境操作和案例分析为主，强化学生实践操作的能力，融“教、学、做”于一体。

本书主要包含走近电子商务、互联网知识与工具、体验电子商务交易模式、电子商务安全及支付、网络营销、电子商务物流 6 个项目，18 个任务。各个项目均穿插有案例分析、案例导入、想一想、知识拓展等课堂互动，课后设有项目小结、练习与自测、思政课堂。

本书还配有电子课件和微课资源，请登录华信教育资源网免费下载。

本书可作为职业院校电子商务类相关专业教学用书，也可作为电子商务行业从业人员的自学用书。

图书在版编目（CIP）数据

电子商务基础与实务 / 原拴双主编. —2 版. —北京：电子工业出版社，2023.3
ISBN 978-7-121-41809-9

Ⅰ. ①电… Ⅱ. ①原… Ⅲ. ①电子商务－中等专业学校－教材 Ⅳ. ①F713.36

中国版本图书馆 CIP 数据核字（2021）第 169154 号

责任编辑：陈 虹
印　　刷：三河市鑫金马印装有限公司
装　　订：三河市鑫金马印装有限公司
出版发行：电子工业出版社
　　　　　北京市海淀区万寿路 173 信箱 邮编 100036
开　　本：787×1 092 1/16 印张：15 字数：380.8 千字
版　　次：2017 年 8 月第 1 版
　　　　　2023 年 3 月第 2 版
印　　次：2025 年 6 月第 9 次印刷
定　　价：42.00 元

凡所购买电子工业出版社图书有缺损问题，请向购买书店调换。若书店售缺，请与本社发行部联系，联系及邮购电话：（010）88254888，88258888。

质量投诉请发邮件至 zlts@phei.com.cn，盗版侵权举报请发邮件至 dbqq@phei.com.cn。

本书咨询联系方式：chitty@phei.com.cn。

前　　言

党的二十大报告对进一步强化职业教育的表述更加鲜明具体，“统筹职业教育、高等教育、继续教育协同创新，推进职普融通、产教融合、科教融汇、优化职业教育类型定位”，为职业教育的发展提供了重要指引。作为职业教育的践行者，要进一步增强做好新时代新征程职业教育工作的使命感、责任感、紧迫感，加快推进职业教育高质量发展，坚持“为党育人、为国育才”，为建设国家提供强有力的人才资源支撑。

随着网络支付的普及、电子政务广泛应用、短视频与直播的兴起、社交电商、电子商务新模式和新业态的形成，各行各业都需要更多业务熟练的电子商务人才。以上对教材的编写提出了更高、更紧迫的要求，电子商务的教材需要更加与时俱进，更加符合新形势发展。

本书以理论与实践相结合为定位，以“升学与就业并重”为导向，以培养高素质、高技能专业人才为目标，采用项目教学的模式编写。本书语言简练、结构清晰、案例丰富、图文并茂、浅显易懂、实用性强。

本书特点如下。

1．项目任务化

本书采用“项目任务化”设计思想，共设计了6大项目，并将项目拆解为18个教学任务，通过项目模块、任务细分、任务实践，融入相关知识。

2．情景真实化

每个项目根据内容设计相应的教学情景，以“中职一年级电子商务专业两名学生和老师在学习过程中遇到的问题”为主线展开。教学情景来源于真实的学习生活，更有利于指导学生解决实际问题。

3．课程思政化

更加注重意识形态规范，增加了“思政课堂”和“微课拓展”模块，将思政有形和无形地融入教材，融入课堂。

4．理实一体化

本书专门针对中职学生的学情特点而编写，强调理论知识与技能操作的融合，任务体验以真实环境操作和案例分析为主，强化学生实践操作的能力，融“教、学、做”于一体。

5．校企融合化

与北京博导前程信息技术股份有限公司联合开发，紧跟时代发展潮流，更新电子政务、直播等最新电商行业前沿资讯，更新新知识、案例，确保与行业接轨，进一步落实“岗课赛证”融合。

6．力求严谨化

本书编写过程中，收集整理全国各地用书情况反馈，结合中职学校教师意见建议和职业教育特色，与出版社多次沟通，经过数十次修改，专家主审，最终成稿。

7. 便于自学

本书有完整的任务要求与准备、任务实施、任务评价。各项目课前精心安排了知识与能力目标、过程与方法、情感态度与价值观三维学习目标，均穿插有案例分析、案例导入、想一想、知识拓展等课堂互动，课后设有项目小结、练习与自测、思政课堂等。此外，本书还配有相应的电子课件、微课资源供教学参考与使用。可以更好地指导学生课前预习和课后复习巩固，内容编写由浅入深、循序渐进，易被广大读者所接受。建议参考学时为 76 学时，各项目参考学时如下表。

项目	项目内容	理论	实训	总课时数
项目 1	走近电子商务	4	2	6
项目 2	互联网知识与工具	6	8	14
项目 3	体验电子商务交易模式	10	14	24
项目 4	电子商务安全及支付	6	4	10
项目 5	网络营销	6	6	12
项目 6	电子商务物流	6	4	10
合计		38	40	76

第 2 版进行的主要内容更新有：

项目 1：针对电子商务专业的新业态、发展趋势和就业岗位分析等方面，都根据最新的行业、企业发展需求进行了知识点更新。

项目 2：增加了物联网相关内容，更新了最新的移动通信技术（5G）相关知识，删除了过时的内容，增补了百度网盘和微信电脑端的常用操作。

项目 3：针对各种模式的交易流程进行了优化，增加“粤省事”的应用，以及 C2B、C2M、G2M 等新型交易模式的介绍，针对 O2O 交易模式进行较大幅度的修改。同时，对教学案例及拓展内容也进行了更新。

项目 4：更新完善了电子商务安全及支付的相关数据，补充新案例，如防网络诈骗、网络隐私侵权案例等，增加了个人信息泄露、《中华人民共和国民法典》中阐述个人信息保护问题部分、《中华人民共和国电子商务法》、个人手机银行安全使用、刷脸支付、数字人民币等内容。

项目 5：紧跟近年电商行业的发展，更新相关网络营销案例，增加小红书、短视频、直播以及移动端的网络广告形式的相关内容。

项目 6：主要增加电子商务物流的商务模式和物流业务智能快递柜的相关知识。

本书由原拴双任主编，杜慧任副主编，李志宏任主审。编写分工如下：原拴双、庄锦城编写项目 1，范学鑫编写项目 2，杜慧、彭华玮编写项目 3，许英珍编写项目 4，黄琳、张丹仪填写项目 5，李婧编写项目 6。本书在编写过程中，得到了北京博导前程信息技术股份有限公司的大力支持，提供了相关一手资源，并在架构过程中给与了良好的建议，在此表示感谢。

另外，由于编写时间仓促、编者水平有限，书中难免会有疏漏和不妥之处，恳请广大读者批评指正。

编　者

目　　录

项目 1　走近电子商务 ……………………………………………………（1）

任务 1.1　感知电子商务 ……………………………………………………（3）

任务 1.2　电子商务初探 ……………………………………………………（15）

项目小结……………………………………………………………………（22）

练习与自测…………………………………………………………………（23）

项目 2　互联网知识与工具 ……………………………………………（25）

任务 2.1　计算机和互联网基础知识 ………………………………………（27）

任务 2.2　常用计算机和互联网工具 ………………………………………（37）

项目小结……………………………………………………………………（76）

练习与自测…………………………………………………………………（76）

项目 3　体验电子商务交易模式 ………………………………………（79）

任务 3.1　B2C 交易模式 ……………………………………………………（81）

任务 3.2　B2B 交易模式 ……………………………………………………（90）

任务 3.3　C2C 交易模式 ……………………………………………………（102）

任务 3.4　O2O 交易模式……………………………………………………（118）

任务 3.5　其他电子商务交易模式 …………………………………………（129）

项目小结……………………………………………………………………（139）

练习与自测…………………………………………………………………（140）

项目 4　电子商务安全及支付 …………………………………………（143）

任务 4.1　电子商务安全认证与法律法规 …………………………………（145）

任务 4.2　网上银行 …………………………………………………………（157）

任务 4.3　电子支付方式 ……………………………………………………（163）

项目小结……………………………………………………………………（171）

练习与自测…………………………………………………………………（172）

项目 5　网络营销 ………………………………………………………（173）

任务 5.1　网络营销概述 ……………………………………………………（175）

任务 5.2　网络信息收集与发布 ……………………………………………（184）

任务 5.3　网络广告 …………………………………………………………（194）

项目小结……………………………………………………………………（203）

练习与自测…………………………………………………………………（203）

项目 6　电子商务物流 …………………………………………………（205）

任务 6.1　电子商务物流概述 ………………………………………………（207）

任务 6.2　物流包装 …………………………………………………………（215）

任务 6.3　物流业务 …………………………………………………………（221）

项目小结……………………………………………………………………（229）

练习与自测…………………………………………………………………（229）

项目 1

走近电子商务

主要人物

某中职学校一年级男生，所读专业为电子商务

某中职学校一年级女生，所读专业为电子商务

某中职学校一年级电子商务专业老师

中职电子商务专业学生对于自己所读的专业了解得不够透彻，向老师咨询问题。

知识与能力目标

- 掌握电子商务的概念，理解电子商务的特点
- 清楚电子商务专业的就业前景和就业岗位方向
- 关注电子商务的发展动态，学会简单分析电子商务的发展趋势

过程与方法

- 通过讲授、讨论和交流，初步规划自己的职业生涯，自主学习，制订学习计划
- 通过合作探究和创设情景法，了解电子商务的误区
- 采用任务驱动法，举例和分析电子商务对日常生活的影响
- 通过探索和实际操作，体验一次简单真实的电子商务交易

情感态度与价值观

- 初步了解电子商务专业，对电子商务充满信心和期待
- 了解电子商务业内创业案例，获得专业认同感并形成积极的心理暗示
- 通过学习和操作实践，培养学生的创新能力、动手能力、自学能力及分析和解决问题的能力

任务 1.1 感知电子商务

任务要求与准备

1．教师构建合作学习小组：将全班同学分为不同的学习小组，每个小组由 5～8 名同学组成，同时选举小组长，起一个响亮的组名，设计小组标志和口号，组长负责全组的组织、分工、协调、合作等工作。

2．合作学习小组的成员共同完成以下学习任务，解决以下学习问题：

（1）了解电子商务的定义。

（2）讨论电子商务是否等同于淘宝创业。

任务实施

1．学生构建合作学习小组，做好人员分配工作。

2．各小组组长把自己组员的姓名、学号和分工情况汇总在一张纸上，交给任课老师。

3．任课老师给予一定的准备时间，小组成员开始认真收集资料、讨论分析和整理，并在课堂上展示任务的成果。

4．各小组代表发言的时间规定在 3～5 分钟，提问环节统一为 3 分钟。等所有的小组全部发言完毕，每位同学填写评价量化表。

5．本次的任务表现会做详细记录，作为学生的平常表现成绩。

任务评价

评价量化表（见表 1-1）填写说明：

1．填写分数时要遵循公平、公正的原则，切勿徇私。

2．自我评价、小组互评、教师评价分数都是百分制。

3．小组互评环节，各小组组长分别组织组内成员进行讨论，给予发言的小组一个分数，最终求得各小组平均分。

4．自我评价分数由学生本人填写。教师评价分数由任课老师填写。

5．总评分数=自我评价分数×0.4+小组互评分数×0.3+教师评价分数×0.3。

6．分数等级分为五大类，分别是优秀（90～100 分）、良好（80～89 分）、中等（70～79 分）、及格（60～69 分）与不及格（60 分以下）。

7．“成果点评”这一栏目由任课老师填写。

表 1-1　学生任务成果展示评价量化表

班级：　　　　姓名：　　　　学号：　　　　（单位：分）

序号	评价项目	具体评价内容	评价分数参考	量化评价（等级分值）			
				满分	自评	组评	师评
1	内容准备	利用多种渠道收集资料	好（9～10），一般（6～8），不好（1～5）	10			
2		资料准备充分详实	好（13～15），一般（9～12），不好（1～8）	15			
3	展示成果	观点新颖，见解独到	好（13～15），一般（9～12），不好（1～8）	15			
4		演讲姿态自然、大方、得体	好（13～15），一般（9～12），不好（1～8）	15			
5		语言表达清楚，逻辑清晰	好（13～15），一般（9～12），不好（1～8）	15			
6		积极明确回答同学提出的问题	好（13～15），一般（9～12），不好（1～8）	15			
7	小组合作	在小组讨论时积极参与	好（13～15），一般（9～12），不好（1～8）	15			
分数等级			总　分	100			

自我评价（×40%）	小组互评（×30%）	教师评价（×30%）	总　评
成果点评（特色及不足）：			

一、电子商务的认识误区

随着互联网技术的迅速发展和不断普及，全球互联网用户数量大幅度增加，网上资源日益丰富，电子商务受到越来越多的国家、行业和企业的关注与参与，逐步进入高速发展阶段。

电子商务作为一种新的商业经济模式，越来越被人们重视。不少中小企业逐渐投奔到电商行业中来，其中淘宝、拼多多、网络社区、抖音、快手等电商平台被大家所熟知，以至于人们产生一个错觉，电子商务等同于网上卖货和网络直播。但真正了解电子商务本质的人很清楚地知道两者有很大的区别。所谓电子商务，是指以商务活动为主体，以计算机网络为基础，以电子化方式为手段，在法律许可范围内所进行的商务活动交易过程。淘宝创业只是电子商务的一小部分而已。

电子商务有狭义和广义之分。狭义的电子商务定义为主要利用 Internet 从事商务或活动，比如：淘宝购物、扫码付款、直播带货等，强调 Internet 和商务或活动。人们一般理解的电子商务就是狭义的电子商务。而广义的电子商务定义为使用各种电子工具从事商务活动。这些电子工具包括但不限于电报、电话、广播、电视、传真、计算机、互联网、移动通信等。

广义电子商务除了狭义电子商务所含的商务或活动，更注重各个行业，通过使用互联网等电子工具，使公司内部、供应商、客户和合作伙伴之间，利用电子业务共享信息，实现企业间业务流程的电子化，配合企业内部的电子化生产管理系统，提高企业的生产、库存、流通和资金等各个环节的效率。

二、电子商务专业的就业前景

案例导入

据广东省教育厅发布《2019 年度广东省中等职业教育质量报告》显示，2019 年，全省中等职业学校毕业生共计 26.39 万人，其中就业人数 25.89 万人，就业率达 98.12%，比 2018 年提升了 0.21 个百分点。全省直接就业人数 17.2 万人，其中对口就业人数 15.4 万人，对口就业率为 89.54%。

（一）电子商务专业的就业形势

当前，电子商务在全球和中国发展的形势都非常好，正处于井喷发展和密集创新的时期，电子商务的人才缺口很大，现有的电子商务人才远远不能满足市场需求，需要学校和培训机构向社会输送大量的电商人才。

电子商务就业的渠道多，如学校推荐、亲朋好友介绍、中介介绍、招聘网站应聘等，电商从业人员可以通过这些渠道快速找到工作。

电子商务应届毕业生，在熟悉工作岗位，积累一定工作经验，实习期满后，薪酬和待遇都会有所提高。部分工作能力强表现突出的毕业生，发展空间很大，晋升机会也很大。

（二）电子商务专业的就业前景

电子商务作为一种新的商业经济模式，因为其门槛低、成本低、效益高等特点，给许多中小企业带来发展契机，让他们有机会与大型企业进行竞争。许多传统中小企业逐渐转型到互联网上来经营，需要吸收大量电子商务专业人才，很多新兴的就业岗位应运而生，如网店美工、网店客服、网店运营、网络推广专员、网络主播等，为电子商务专业的人才提供了大量的就业岗位。

近年来，我国电子商务仍然保持快速增长态势，潜力巨大。互联网用户正以每年 100% 的速度递增，电子商务行业的人才严重短缺，预计在未来 5 年内需要约 300 万电子商务专业人才。电子商务炙手可热，电子商务专业就业前景十分看好。

想一想：

设想两年后，你参加顶岗实习，想到什么样的公司或岗位实习？为了能尽快找到这种类型的工作，你会做哪些准备？有哪些人生规划和学习计划？

（三）电子商务专业的就业方向

不少电子商务学生及自学者都迫切地想了解电子商务的就业岗位。下面介绍电子商务专业的就业方向，大致可以分为以下几种。

1. 客服类

主要包括在线客服、门店客服和电话客服。

（1）职位要求

① 有良好的服务意识，普通话标准，语言表达能力强，善于沟通；

② 性格好，有耐心及责任心，抗压能力强，适应能力强；

③ 有客服和电话销售经验者优先，头脑清晰，思维敏捷，有良好的销售服务意识；

④ 爱岗敬业，工作积极严谨，做事认真，踏实肯干；

⑤ 有团队合作精神，服从公司主管安排；

⑥ 计算机使用熟练，打字速度每分钟 50 字以上，熟悉办公软件和网络工具；

⑦ 品貌端庄，言行举止得体，待人礼貌，有亲和力；

⑧ 有客户接待或门店服务经验者优先。

（2）工作内容

① 负责淘宝店铺、天猫店铺、拼多多或其他电商平台的销售客服工作，熟悉店内产品的相关情况；

② 解答客户对产品的疑问，接待客户，推销产品，促成订单成交；

③ 处理日常客户的订单及跟踪服务，协调做好客户档案等数据整理汇总、更新；

④ 会员的后期培养和会员关系的维护，刺激二次购买；

⑤ 完成与协助上级分配的任务。

2. 销售类

主要包括销售专员、电话销售和网络销售等。

（1）职位要求

① 善于沟通，有较强的语言表达能力、良好的抗压能力；

② 有较强的进取心、学习能力，勇于挑战自我，不甘平庸；

③ 热爱销售工作，有较强的服务意识和团队意识，有销售工作经验一年以上者优先；

④ 具有敏锐的市场洞察力和市场分析能力；

⑤ 熟悉相关行业客户情况，有一定的背景资源；

⑥ 有清晰的职业生涯规划，目标明确。

（2）工作内容

① 负责客户接待、咨询工作，为客户提供专业的咨询服务；

② 与客户建立良好的关系，及时反馈客户信息，满足客户需求，提高客户满意度；
③ 能够独立开发目标客户、跟进维护并确定签单；
④ 综合分析客户的需求与市场发展目标，了解客户状态，建立完整的客户信息档案；
⑤ 参加公司召开的销售会议或组织的培训；
⑥ 通过电话、网络或拜访客户，与客户沟通并达成合作协议；
⑦ 配合销售总监按时完成销售任务。

3. 营销文案类

主要包括营销策划、文案策划、文员和行政助理。

（1）职位要求

① 形象品质好，认真负责，积极进取，有较强的工作责任感，有团队精神；
② 熟悉专业创意方法，思维敏捷，洞察力强，文字功底扎实，语言表达能力强；
③ 能够准确捕捉产品亮点，具备恰如其分的文字表现能力；
④ 具有敏锐的市场感知力，熟悉常用媒体及网络媒体、移动互联网媒体等新媒体；
⑤ 熟悉行业，一年以上市场策划及文案工作经验，有整合推广成功案例者优先；
⑥ 能独立完成项目、广告等推广文案的撰写。

（2）工作内容

① 负责商品的文案策划，挖掘产品亮点与卖点；
② 利用网络进行公司产品的销售及推广；
③ 负责公司网上贸易平台的操作管理和产品信息的发布；
④ 了解和搜集网络上同行及竞争产品的动态信息；
⑤ 通过网络进行渠道开发和业务拓展；
⑥ 独立完成客户关于品牌、产品、媒体及活动的策划方案；
⑦ 完成上级分配的任务。

4. 运营推广类

主要包括网络推广专员、网店运营助理和网店运营店长。

（1）职位要求

① 熟悉各大电商平台规则，深度了解搜索引擎；
② 熟悉互联网的营销资源、协助渠道和操作经验，具备较强的执行能力；
③ 精通各种营销推广工具；
④ 较强的团队领导能力；
⑤ 能准确把握买家的购物习惯和购物心理；
⑥ 良好的数据分析能力，流程规划能力；
⑦ 完成上级交代的其他工作内容，善于总结经验，为达到销售业绩提供决策。

（2）工作内容

① 负责公司电商平台的整体推广；
② 对店铺数据进行日常管理，能熟练使用生意参谋的各类数据模块对店铺进行数据分析和数据总结；
③ 根据平台搜索规则和用户习惯，优化店内产品标题关键词、产品详情页、首页呈

现等；

④ 熟练淘宝、天猫、拼多多直通车等营销推广工具的投放和优化，提升产品转化率；

⑤ 负责店铺各类促销活动及淘宝官方各类活动的申报、争取、策划和实施；

⑥ 侦测竞争对手运营情况及市场最新动态，发掘新的商机或商品；

⑦ 协助店铺完成日常运营工作。

5. 美工类

主要包括美工、平面设计专员。

（1）职位要求

① 具有良好的设计理念、创意思维、色彩感觉和审美能力；

② 具有一定的文案功底；

③ 能够熟练操作 Photoshop、Coreldraw 等工具；

④ 熟悉平台设计框架，有淘宝、天猫、拼多多美工或设计工作经验者优先；

⑤ 良好的沟通能力和领悟力，团队合作意识强；

⑥ 爱岗敬业，工作态度积极，有责任感，有较强的适应能力和抗压能力；

⑦ 服从公司管理安排，能够在既定时间内独立完成公司安排的工作及任务。

（2）工作内容

① 负责店铺整体的页面创意设计；

② 对拍摄后的产品图进行校色、美化处理；

③ 结合商品的特性制作图文并茂、有美感、有吸引购买力的描述模板；

④ 定期更新促销图片和页面，配合店铺销售活动；

⑤ 美化修改产品页面，定期更新店铺主页；

⑥ 熟悉网页焦点理论，对网页布局有丰富的经验；对色彩敏感，能处理各种视觉冲突，有良好的审美观；

⑦ 站在用户角度去思考，提高网站的观赏性和实用性，能够挖掘消费者的浏览习惯来优化设计；

⑧ 完成上级交办的其他设计工作。

6. 直播类

主要包括淘宝、拼多多、抖音、快手平台的电商主播和娱乐主播等。

（1）职位要求

① 形象好、气质佳，镜头感强，性格开朗，喜欢与人互动交流，善于调动气氛，表达能力好，条理清晰、谈吐清楚，普通话标准，如有主播经验优先；

② 学习能力强，责任感强，工作积极主动，有一定的产品销售基础，能够掌握公司产品知识，按照要求讲解直播产品的卖点，并能够用通俗的语言进行解说；

③ 有亲和力和情绪控制能力，应变和沟通能力强，具备良好的服务意识及团队精神；

④ 对热点新闻、新鲜事物有感觉、有想法，热爱直播行业，有志往直播红人方向发展。

（2）工作内容

① 负责公司网络平台的日常直播工作，清晰讲解产品卖点，及时回复直播间客户提

出的各类问题；

② 准确有趣地在直播中向用户传达公司产品的店铺活动等信息，及时响应并正确引导，促成交易达成；

③ 与粉丝用户积极互动沟通，根据直播气氛与用户互动、调动粉丝情绪，增加粉丝黏性和活跃度；

④ 收集总结用户对产品、体验、服务等方面的评价并及时反馈，推动产品运营优化；

⑤ 收集整理直播数据和意见反馈，优化直播内容，完善直播话术，提升用户满意度；

⑥ 配合公司安排的直播活动、产品培训及其他工作。

7. 短视频营销类

主要包括网络平台的短视频编辑师、短视频营销专员等。

（1）职位要求

① 具备良好画面感、节奏感、镜头感、分镜把控能力和优秀的音乐渲染气氛能力；

② 有强大的自我驱动力，不断学习和进阶新的视频相关技能；

③ 有较强的视频拍摄、剪辑能力，具备一定编导思维；

④ 有洞察力，熟悉各平台的短视频创作形式，并擅长从中寻找创意灵感，并与部门团队合作输出拍摄剧本；

⑤ 想象力丰富，有创新和娱乐精神，对热点新闻、新鲜事物有感觉，有想法，能够以当下热点制造话题；

⑥ 沟通能力强，良好的团队合作精神。

（2）工作内容

① 负责短视频的拍摄工作，熟练掌握剪映 PR、AE 软件的使用，能独立完成视频剪辑，高效拍摄出用户喜欢的热点视频内容；

② 短视频拍摄、拍摄现场统筹及进度把控，具备较强的现场沟通协调能力；

③ 负责后期视频的字幕、特效等工作，根据创意脚本和前期人员的需求对素材进行制作、剪辑等后期处理工作；

④ 协调制作过程中的相关环节，统筹制作全过程，保证成片质量。

大家可以参考如上所述的就业方向，进行职业生涯规划，并制订相应的学习计划，以便将来更好地发展。

（四）电子商务专业的就业岗位趋势分析

在上述的职业岗位中，网店客服、网店美工、网店运营、直播领域就业人数较多，下面以某网站统计数据为例，对这几种岗位的地区招聘需求量、工资待遇和发展前景等方面进行就业趋势分析。

1. 网店客服的就业趋势分析

（1）网店客服的招聘需求量（2021 年）

网店客服的招聘需求量详见图 1-1。其中广州、上海、深圳这三个地区对客服的需求量比较大。

（2）网店客服的工资待遇（2021 年）

网店客服的工资待遇会根据学历和工作经验的差异而有所不同，当然也会因为地区的不同，工资待遇有所增长或下降。以热门地区为例，上海、北京的网店客服平均工资在 6.8 K/月，重庆、佛山的网店客服平均工资在 5.3 K/月左右，详情见图 1-2、图 1-3。

招聘需求量地区排名（全国）

地区	职位量，占比
1 广州	23.5K，12.6%
2 上海	20.1K，10.8%
3 深圳	19.1K，10.3%
4 成都	11.3K，6.1%
5 武汉	9.3K，5.0%
6 合肥	8.0K，4.3%
7 重庆	6.2K，3.3%
8 杭州	6.1K，3.3%
9 北京	5.4K，2.9%
10 东莞	5.1K，2.7%

图 1-1 全国网店客服的招聘需求量

热门地区工资

广州 5.8K	上海 6.8K
深圳 6.7K	成都 5.7K
武汉 6.0K	合肥 6.3K
重庆 5.2K	杭州 6.0K
北京 6.8K	东莞 5.6K
苏州 5.7K	佛山 5.4K

图 1-2 全国网店客服热门地区的工资待遇

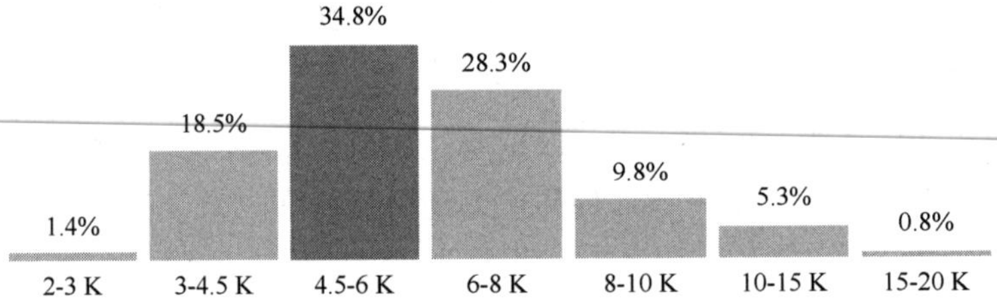

图 1-3 全国网店客服每月工资待遇的占比

（3）网店客服的发展前景

网店客服岗位需要有良好的沟通能力和团队协作解决问题的能力，工作能力突出者，有机会晋升到客服主管或客服总监，拿到业绩提成；可以跨越到销售行业，从事新的领域；也可以发展专业客服业务，承揽其他公司的客服外包业务。

2. 网店美工的就业趋势分析

（1）网店美工的招聘需求量（2021 年）

全国网店美工的招聘需求量详见图 1-4。招聘需求量地区排名第一的是广州，深圳位居第二，上海排在第三位。

招聘需求量地区排名（全国）

地区	职位量，占比
① 广州	4.0K，15.8%
② 深圳	3.8K，14.8%
③ 上海	2.6K，10.1%
④ 东莞	1.5K，6.0%
⑤ 杭州	1.2K，4.7%
⑥ 厦门	1.0K，4.0%
⑦ 武汉	797，3.1%
⑧ 佛山	696，2.7%
⑨ 成都	645，2.5%
⑩ 宁波	634，2.5%

图 1-4　全国网店美工的招聘需求量

（2）网店美工的工资待遇（2021 年）

由于美工的职业要求较高，薪资待遇也较高，而且随着工作经验的提升，基本上超过两年工作经验的网店美工员工，大部分都可以拿到每月 8000 以上的薪资。

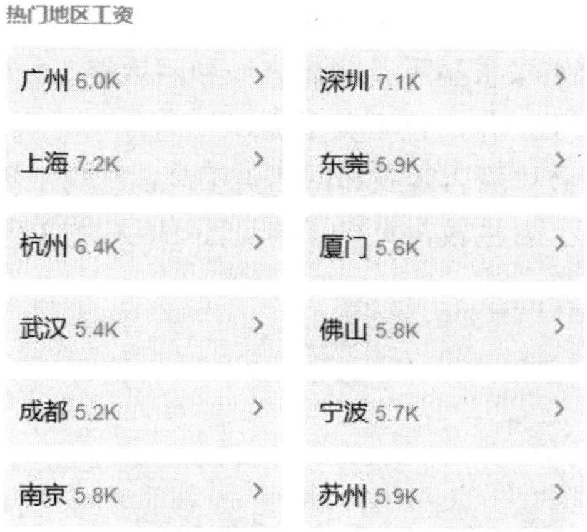

图 1-5　全国网店美工热门地区的工资待遇

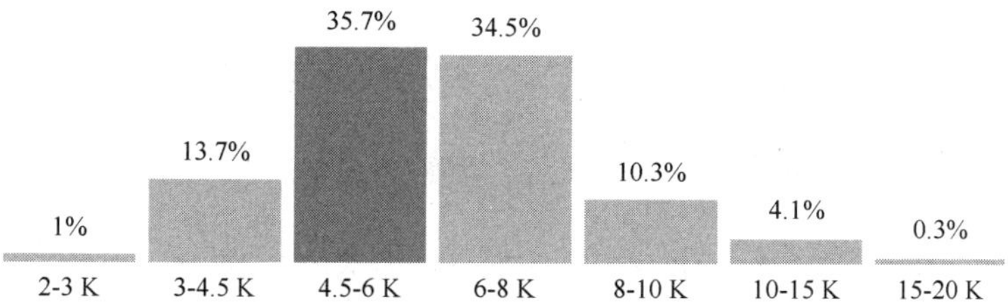

图 1-6　全国网店美工每月工资待遇的占比

（3）全国美工的发展前景

在视觉化的时代，电商行业对美工有很大的需求，有很好的市场前景。随着能力的不断提升，淘宝美工可以往美工外包业务承接、平面设计、电商摄影、短视频制作等方向发展。

3. 网店运营店长的就业趋势分析

（1）网店运营店长的招聘需求量（2021 年）

招聘需求量地区排名（全国）

地区	职位量，占比
1 广州	2.8K，13.0%
2 上海	2.6K，12.3%
3 深圳	2.0K，9.2%
4 杭州	1.1K，5.1%
5 厦门	1.1K，5.0%
6 成都	848，4.0%
7 武汉	716，3.4%
8 北京	677，3.2%
9 重庆	612，2.9%
10 苏州	521，2.4%

图 1-7　全国网店运营店长的招聘需求量

从图 1-7 可以看出广州、上海、深圳、杭州、厦门这几大地区需要量最大。

（2）网店运营店长的工资待遇（2021 年）

网店运营店长的招聘需求量虽不及网店客服和网店美工，但会较看中招聘者的运营推广成果和工作经验，由于工作岗位至关重要，一个方案的执行可能关系到网店的生死存亡，所以在工资待遇上会比网店客服和网店美工高，平均工资在每个月 8000 以上。有了一定工作经验后，月薪上万也较常见，详情见图 1-8 和图 1-9。

热门地区工资

广州 9.0K	上海 11.5K
深圳 10.4K	杭州 10.9K
厦门 8.0K	成都 8.5K
武汉 8.6K	北京 11.7K
重庆 8.5K	苏州 8.7K
佛山 9.0K	东莞 7.7K

图 1-8　全国网店运营店长热门地区的工资待遇

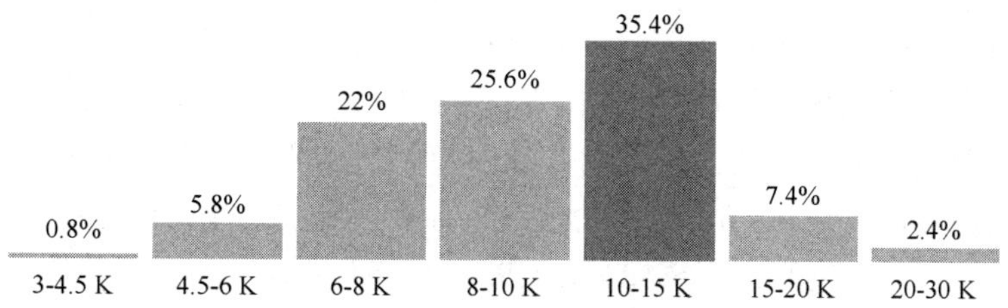

图 1-9　全国网店运营店长每月工资待遇的占比

（3）网店运营店长的发展前景

网店运营店长在工作过程中，能更加熟悉业务操作、行业规范，了解货源的情况，提高市场敏锐度，积累一定的人脉和资金等，这些资源对他们以后的发展大有益处。

4. 直播的就业趋势分析

（1）直播职位人才需求猛增

当下，直播行业在经历野蛮生长后快速洗牌分化，朝着专业化、优质化方向发展，成为国内新的经济增长点和人才集聚高地。直播朝着更多元化方向发展的同时，企业对直播职位人才的需求一直保持高增长势头。

猎聘大数据研究院发布《2020 年中国直播从业者大数据报告》，展示各行业对直播类中高端人才的需求状况，为我们提供参考。猎聘大数据显示，2019 年企业新增直播相关职位较 2018 年激增 329.36%，可见直播行业具有极大的就业吸纳空间，2021 年企业对直播类人才的需求依然保持较高增长。

（2）直播类职位人才需求分析

① 城市人才需求分布

2019 年 3 月—2020 年 2 月，在直播类职位人才需求占比最高的前 5 个城市中，北京以 26.52%的占比位居榜首。“千年商都”广州与素有“电商大本营”之称的杭州并列第二，人才需求占比均为 15.91%，上海以 14.75%的占比紧随其后，深圳则以 7.96%的占比挤入前五，见图 1-10。

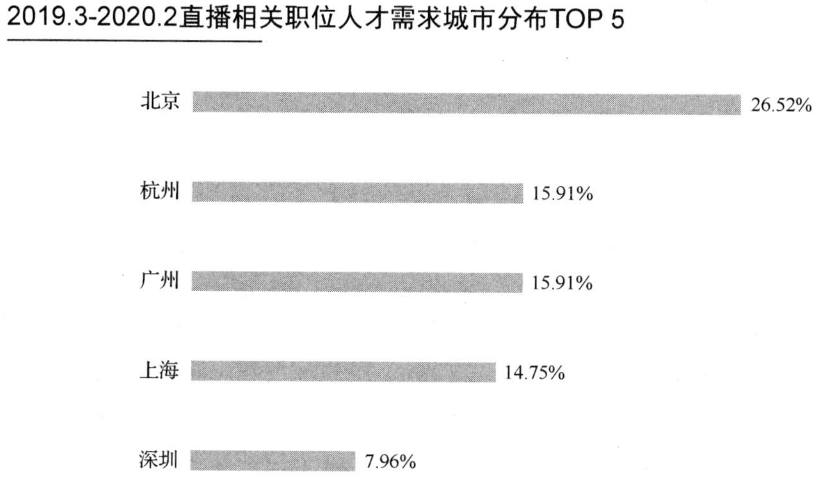

图 1-10　直播相关职位人才需求城市分布

北京作为创新创业的集聚地，是国内众多知名直播、短视频类公司的所在地。如抖音、快手、映客、花椒直播等都将公司总部设在北京，因此北京对直播类人才需求最旺盛。而杭州作为我国电商行业的大本营，以及有阿里的坐镇，对直播带货类人才的需求一直以来都较为旺盛，超过半数淘宝机构都在杭州，淘宝直播的产业链上下流催生了大量相关岗位需求。“千年商都”广州自 2019 年起开始化身“直播之城”，当地的服装、旅游、美食等越来越多行业从业者在直播间里找到源源不断的消费者。

② 热招职能

在与直播相关的十大热招职能中，人才需求占比排名第一的职能是运营经理/主管，占比为 13.02%；运营专员、主持人/播音/DJ 位列第二、第三，占比分别为 9.84%、8.89%；产品经理排名第四，占比为 6.51%。此外，运营总监、新媒体运营、电商运营、部门/事业部管理占比均高于 2%。

值得注意的是，在与直播相关的前十大热招职能中，运营类相关的岗位和人才需求量最大，其次是主播类人才，见图 1-11。运营类人才作为直播的幕后操盘手，是直播顺利进行并达成业绩目标的关键，随着企业精细化运营该类人才会越来越受到关注；主播作为直播的核心之一，在主播职业化趋势成为必然的今天，同样拥有可观的发展机会。

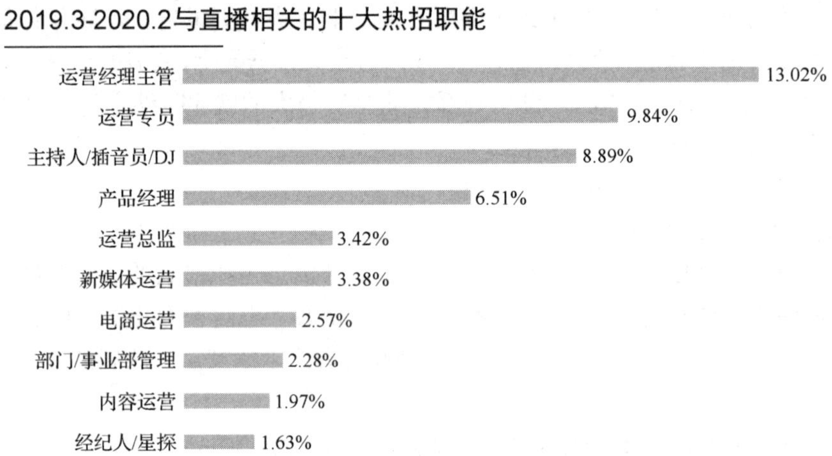

图 1-11　直播相关热招职能

（3）中高端直播从业者画像分析

① 直播从业者年轻化

近年来，随着直播行业的快速发展，越来越多的人才开始在这一行业聚集。从年龄结构来看，中高端直播从业者呈现年轻化、青年人才云集的特点。主要集中在 20～35 岁之间，比例高达 87.74%。其中，25～30 岁中高端人才占比最高，为 43.99%；20～25 岁排名第二，为 25.08%；30～35 岁排名第三，为 18.67%，详情见图 1-12。

总体来看，直播行业发展变化迅速，竞争激烈，需要大量的体力和精力投入，因此接近九成的中高端从业者都在 35 岁以下。年轻人居多也意味着直播行业有源源不断的新生力量加入，未来发展拥有无限可能性。

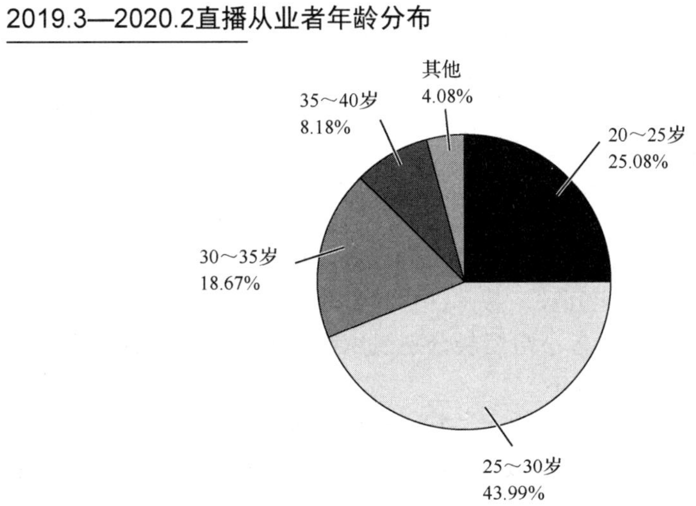

图 1-12　直播从业者年龄分布图

② 中高端直播从业者平均月薪较高

从薪资方面来看，猎聘大数据显示，2019 年中高端直播从业者平均月薪为 1.69 万元，同比 2018 年上涨 6.02%，在全行业中高端人才平均月薪中处于中上等水平。

直播是一个快速发展中的行业，具有人才需求量大、从业者年轻化、高薪等的突出特点。然而这个行业在急需补充大量人才的同时，还需要更多专业化、系统化的培训，以提高从业者的人才质量，助力行业健康有序发展。

另外，直播专业的相关毕业生也相当抢手。对于有志于进入这个行业的从业者，应持续保持学习的状态，紧随行业变化的步伐，将自己武装成高潜质的入局者。

电子商务专业主要依托于互联网信息技术，融市场营销学、国际贸易、管理、法律、现代物流多学科交叉。除了以上工作岗位，很多电子商务专业的学生毕业后还会从事其他岗位，比较常见的有销售专员、策划专员、行政文员等。

任务 1.2　电子商务初探

任务要求与准备

按照之前分好的合作学习小组，各小组共同完成以下学习任务：

（1）结合现实生活，举出 2～3 个与电子商务相关的例子。

（2）分析这些例子对人们日常生活的影响。

任务实施

1．各合作学习小组认真商量讨论，做好人员分配工作。

2．任课老师给予一定的准备时间，小组成员开始认真收集资料，讨论分析和整理，并在课堂上展示任务的成果。

3．各小组代表发言的时间规定在 4～6 分钟，而提问环节统一为 3 分钟。等所有的小组全部发言完毕，则每位同学填写评价量化表。

4．本次的任务表现会做详细记录，作为学生的平常表现成绩。

任务评价

评价量化表（见表 1-2）填写说明：

1．填写分数时要遵循公平、公正的原则，切勿徇私。

2．自我评价、小组互评、教师评价分数都是百分制。

3．小组互评环节，各小组组长分别组织组内成员进行讨论，给予发言的小组一个分数，最终求得各小组平均分。

4．自我评价分数由学生本人填写。教师评价分数由任课老师填写。

5．总评分数=自我评价分数×0.4+小组互评分数×0.3+教师评价分数×0.3。

6．分数等级分为五大类，分别是优秀（90～100 分）、良好（80～89 分）、中等（70～79 分）、及格（60～69 分）与不及格（60 分以下）。

7．“成果点评”这一栏目由任课老师填写。

表 1-2　学生任务成果展示评价量化表

班级：　　　　姓名：　　　　学号：　　　　　　　　（单位：分）

序号	评价项目	具体评价内容	评价分数参考	量化评价（等级分值）			
				满分	自评	组评	师评
1	内容准备	利用多种渠道收集资料	好（9～10），一般（6～8），不好（1～5）	10			
2		资料准备充分详实	好（13～15），一般（9～12），不好（1～8）	15			
3	展示成果	观点新颖，见解独到	好（13～15），一般（9～12），不好（1～8）	15			
4		演讲姿态自然、大方、得体	好（13～15），一般（9～12），不好（1～8）	15			
5		语言表达清楚，逻辑清晰	好（13～15），一般（9～12），不好（1～8）	15			
6		积极明确回答同学提出的问题	好（13～15），一般（9～12），不好（1～8）	15			
7	小组合作	在小组讨论时积极参与	好（13～15），一般（9～12），不好（1～8）	15			
分数等级			总分	100			

自我评价（×40%）	小组互评（×30%）	教师评价（×30%）	总评

续表

序号	评 价 项 目	具体评价内容	评价分数参考	量化评价（等级分值）			
				满分	自评	组评	师评
成果点评（特色及不足）：							

案例导入

2020年天猫“双十一”完美落幕，跟以往不同的是，今年活动时间首次借鉴京东的模式，从2020年11月1日0时至11月11日23:59，累计成交额达4982亿元，再次创下新高。从2009年天猫首创“双十一”购物节发展至今，“双十一”不再是单纯的“光棍节”，而是一个不单只有天猫平台参与的全球购物狂欢节。

一、电子商务的特点

电子商务作为一种新的商务交易模式，突破了传统商务的时空限制，大大提高了信息流、资金流和物流的有效传递和处理，缩短了产品订购、生产、加工、包装、运输等周期，同时也为制造商、供应商、分销商、消费群体的交易带来便利，极大地改善了人们的生活，对社会的发展有着不可磨灭的贡献。与传统商务活动相比，电子商务的特点主要如下。

1. 全球化

在互联网迅速发展的时代，网络几乎涵盖全球各个角落，网络用户逐年快速增长，全球已形成一个庞大的网络交易平台，买卖双方的交易区域不再限制在本国以内，许多人都可以通过互联网把自己的产品和服务推销到全球各地。无论你身处何地，只要利用浏览器，轻点鼠标，就可以登录任何国家、地域的网站，与你想交流的人面对面沟通。

2. 全天候

电子商务突破时间的限制，实现了7×24小时全天候业务运作，为政府、企业、市场和消费者提供高品质的服务，而且克服了各国之间的时间差，有利于各国贸易和跨境电商的发展。

3. 高效性

在传统商务模式中，很多工作都由人工完成，常常会因为产品采购、加工、包装、运输、贸易双方工作交接跟进、人员合作、信息处理等一系列问题而花费很多不必要的时间、人力、物力和财力，而电子商务常以电子化代替人工化，极大地克服了传统商务模式交易费用高、易出错、办事效率低等缺点，使整个交易变得高效和便捷。

4. 低成本

电子商务使整个交易的成本大大降低，主要体现在以下几个方面：

一是传统商务贸易平台多为地面店铺，且建设费用昂贵，而电子商务贸易平台多租赁办公室或办公楼，节省了大量的经营成本。

二是可快捷、高效地完成产品的采购、加工、包装等一系列工作，节省了成本。

三是卖家可通过网络对产品进行介绍和宣传，减少很多线下的推广费用；而买家可不受时间和空间的限制，通过网络跟卖家进行贸易活动，无须中介的介入，省去很多中间环节，节省了运营成本。

四是通过买卖双方信息的即时沟通，使产品零库存化成为可能，避免出现很多库存积累的局面，节省了很多售后成本。

五是电子化办公，便于企业管理员工，提升办事效率，节省了管理成本。

5. 交互性

通过互联网，企业可以展示商品的各项详细信息，同时设立客户服务中心，专门为客户提供业务咨询和疑问解答等服务，为客户选购商品提供参考。而客户可通过聊天工具或网络平台等途径把商品使用的信息反馈给企业，及时加以改进，实现企业和用户供需互动与双向沟通。

6. 个性化

互联网上的促销是一对一的、理性的、消费者主导的、非强迫性的、循序渐进式的，而且是一种低成本与人性化的促销，避免推销员强势推销的干扰，并通过信息提供与交互式交谈，与消费者建立长期良好的关系。

二、电子商务的产生和影响

（一）电子商务的产生

电子商务并非新事物，早在 1839 年，当电报刚出现的时候，人们就开始运用电子手段进行商务活动讨论。电子商务最早产生于 20 世纪 60 年代，发展于 90 年代，而在 20 世纪 90 年代后期，在计算机的广泛应用、网络的普及和成熟、信用卡的普及与应用、电子安全交易协议的制定和政府的支持与推动等有利条件下，电子商务才开始真正步入发展的正轨。总的来说，我国电子商务的发展历程（见图 1-13）可分为以下几个阶段。

1. 萌芽期（1996—1999 年）

1996 年，国家信息化工作小组成立。1997 年，各省成立信息化小组，中国化工网 B2B 上线。1998 年，中国第一笔互联网交易成功，腾讯成立，最主要的是为促进我国商品流通领域电子化和信息化建设而实施的金贸工程启动。1999 年，8848 网、奇趣网、阿里巴巴、当当网，以及招商银行与建设银行推行网上银行服务等一系列电商网站和业务纷纷上线，开始电子商务发展的新纪元。

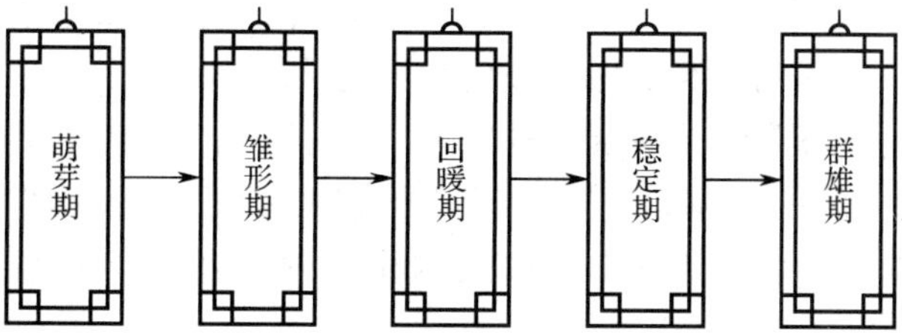

图 1-13 我国电子商务的发展历程

2. 雏形期（2000—2002 年）

2000 年，我国网民爆增到 890 万，联网的计算机大约有 350 万台，为电子商务的发展起到很重要的推进作用。同年，慧聪网开启 B2B 时代；卓越网成立，开启 B2C 视野；中国电子商务协会成立；阿里巴巴获得 2500 万美元投资。2001 年，中国 13 所大学试办电子商务专业。2002 年，eBay 购入易趣 33%的股份。这一时期我国电子商务渐渐有了市场，而那时境外多国的互联网遭遇泡沫危机，使得众多资本家把市场聚集到中国，我国电子商务渐渐有了雏形。

3. 回暖期（2003—2005 年）

2003 年是电子商务发展历史上的一个新篇章，慧聪网于香港上市；携程网在纳斯达克上市；阿里巴巴创立淘宝网进军 C2C，并推出支付宝。2004 年，马云提出“网商”概念，亚马逊收购卓越网。2005 年，阿里巴巴收购雅虎中国，腾讯依托 5.9 亿用户推出拍拍网，出现易趣 eBay、淘宝网、拍拍网 C2C 平台三足鼎立的局面。

4. 稳定期（2006—2008 年）

2006 年到 2008 年，电子商务发展趋于稳定。很多企业已经奠定基础，有着雄厚的实力，不用担心面临经营破产的情况。

5. 群雄期（2009 年至今）

2008 年，金融风暴波及我国，曾一度出现经济萧条的局面，电子商务低成本、高收益的特性让很多传统企业看到了新方向，电子商务行业群雄割据的局面越演越烈。马云的阿里巴巴、天猫、淘宝网、聚划算，马化腾的腾讯、微信，刘强东的京东商城，李彦宏的百度，王兴的美团，黄峥的拼多多，张一鸣的字节跳动等，他们都想在电商行业中捍卫自己的地位，不断扩张疆土，成就自己的霸业。

电子商务渐渐地出现了融合期，很多中小企业合并收购，变得更加专业和强大，如美团与大众点评合并，滴滴与快的合并，58 同城与赶集网合并，去哪儿与携程合并。

近年来，国家鼓励电子商务发展，尤其重视跨境电商、农村电商和移动电商等的发展，它们的发展前景颇为乐观。

（二）电子商务的影响

随着互联网的发展，电子商务在全球迅速普及，越来越多的人相信电子商务代表着未来贸易方式的发展方向，它的应用和推广将对社会、企业和人们有着不可磨灭的影响。

1. 对社会的影响

电子商务促进了我国社会经济的发展，带动社会各行各业的发展，特别是服务业、物流业、饮食行业，对我国的经济增长起到很大的贡献作用。

跨境电商和农村电商带动了我国对外贸易，并对区域经济协调发展起到积极的作用。

另外，由于电子商务的发展，很多新的就业岗位应运而生，而且其低成本、高收益的特性也吸引很多人创业，为社会提供了很多就业岗位和创业机会，缓解了我国就业压力。

2. 对企业的影响

电子商务作为一种新的商业经济模式，对企业的发展起到十分重大的影响，主要体现在以下方面。

（1）降低企业采购成本

电子商务使得企业可以直接跟供应商交涉，无须通过分销商和中介，减少了很多中间环节，不仅使企业和供应商的联系更加密切，采购工作更容易进行，而且还减少了采购时间，提高了企业的采购效率，降低了企业的采购成本。

（2）为企业生产加工提供便利

电子商务改变传统企业的生产方式，用智能化代替了人工化，使得产品的生产加工变得快捷而高效，缩短了生产和研发的周期。而且还可以根据销售产品的数量来生产产品，减少产品库存积压，提高库存管理水平。另外，利用便利的互联网资源，将产品生产与加工业务外包给资质良好的承包商，不仅可以按照企业要求的生产加工理念生产产品，还可以减少人力、物力，降低成本。

（3）增加企业产品销量

企业产品销售突破了时间和空间的限制，使得消费的客户群体扩展到全国甚至全球各地。在商品介绍页面配以全方位360°的产品展示，可以更加立体、形象、具体地展示产品卖点。企业最大限度地让利于最终消费者，同时，产品销量也得到大幅提升。

（4）更好地提供客户服务

电子商务时代下，客户是上帝的理念深入企业，企业越来越关注客户的关系维护，引用先进的客户服务系统，提升客户的服务质量，并且促进与客户的密切联系，全心全意为客户服务，争取把潜在客户变为新客户，甚至是忠诚客户。

3. 对个人的影响

随着电子商务的不断普及和成熟，人们的生活跟以往相比发生了天翻地覆的变化。

在学习方面，人们不再像之前那样依赖课本和老师，可以上网查询资料、浏览网站、观看视频、在线听课、在线测试。

在工作方面，人们可以通过招聘网站找到工作，借用智能化设备提高工作效率，甚至可以利用一些零散时间进行“网赚”。

在社交方面，人们交谈的对象、方式和距离有了很大改变，大家甚至可以通过社交平台和翻译软件，和全球不同种族、不同语种的人进行交谈。

在交通方面，用户体验满意度增强，人们的交通方式有了更多的选择。近距离，大家可通过刷卡乘坐公交车，也可以通过打车软件下订单叫车；而远距离，人们可通过网上预订线下取票。

在消费方面，产品的信息展示清晰且多元化，人们可以足不出户就买到自己喜欢的东西。同时，电子商务为人们进行精神消费搭建了更便利的渠道，人们可以利用 App 软件订购 KTV、餐饮、影院和棋牌室等娱乐场所，然后线下去体验，减少以往线下排队、电话咨询订购等烦琐环节。而且现在支付方式丰富多样，甚至出现“手机在手，吃喝玩乐行不愁”的现象。

总而言之，电子商务无时无刻不在影响人们的日常生活，不仅丰富了人们的生活方式，还提高了人们的生活质量。

三、电子商务的发展趋势

我国电子商务发展速度，短短十几年，已经渗透到人们的生活之中。从未来发展看，我国电子商务将呈现以下发展趋势。

1. 直播营销

直播不仅是人们休闲娱乐、获取资讯的重要渠道，也是线上线下开展经营活动的重要途径。毫无疑问，直播已经成为一股新的商业力量，各行各业都在直播上找到新的可能性。直播将成为更多品牌的营销工具，让商家的业务变得更加灵活和有弹性。

2021 年，中国直播电子商务市场规模达到 2 万亿元，较 2019 年增长 384%，未来发展势头强劲。

2. 短视频营销

近几年，短视频平台的活跃用户数量不断增加。以抖音、快手为首的短视频平台发展迅速，将用户内容与购物活动结合起来，促进销售。未来将占据更大的电子商务市场份额。

3. 智能制造和 C2M 将推动电子商务向前发展

制造商已经意识到以消费者为中心来不断变化需求的重要性，基于数据的 C2M（Customer-to-Manufacturer，用户直接对接制造）模式将加速发展。该模式有助于零售商预测产品需求，并减少库存和供应链风险。

C2M 产品在中国已逐渐被广泛接受，预计中国 C2M 市场规模将在 2022 年达到 1.4 万亿元，在 2018 年至 2022 年之间的复合年增长率为 191%。

4. 跨境电子商务

随着经济的发展，人们的生活水平不断提高，人们对物质生活和精神生活的需求也随之增大。在全球化趋势下，跨境网购变得更加便利。人们已不再单单满足于国内消费，而逐渐把消费目光转移到国外，跨境网购的需求日益扩大。据不完全统计，跨境电商鼓励出口，进一步规范进口。随着消费者跨境网购行为日趋成熟和国家的大力支持，跨境电子商务的时代即将到来。

5. 奢侈品电商市场

奢侈品牌正在中国电子商务领域不断扩张，随着国际旅行的减少，一些需求将从海外转移到国内市场，奢侈品的需求将会继续强劲，在线渠道会迎来奢侈品需求的增加。

到 2025 年，中国将占全球奢侈品消费的 30%～40%。中国的奢侈品电子商务市场规模将从 2020 年的 930 亿元增长到 2025 年的 1470 亿元，复合年增长率为 9.6%。

6. 农村电子商务

随着一、二、三线城市网购渗透率趋于饱和，很多电商企业把目标放在农村，大力投资开拓自己的电商市场。而且为了拉近发达城市和农村之间的经济差距，国家大力提倡发展农村电子商务，还给出很多优惠政策，让农村的人们踊跃参与电子商务就业和创业。

7. 云计算

利用云计算的相关技术，通过网络将分布在各地的资源连接起来，虚拟地构建成一个可无限扩展的“资源池”。云计算技术能够为电子商务企业提供扩充的服务器设施，增加存储容量，针对海量数据能够进行快速且有效的处理。云计算降低了电子商务企业运行的成本，提升了电子商务运营效率，实现应用资源和工具的“即需即用，灵活配置”。

8. 物联网

电子商务遇到的客户投诉很多集中在物流配送服务的质量上。未来物联网将和电子商务物流有更深层面的结合，借助 GPS 等技术，将配送包裹模块化以及对商品的仓储、销售终端、出库、运输等方面进行实时监控，让消费者、网上零售商户和物流公司三方实时获悉货物的路线，可以及时发现物流过程中出现的问题。

9. 大数据应用

随着大数据时代的到来，如何通过技术手段利用数据驱动对客户进行精准营销显得非常重要。大数据为电子商务发展插上腾飞的翅膀。通过大数据技术对电商的商品交易信息、价格信息、品牌信息以及消费者个人的属性信息，还有消费者对商品的评论和反馈留言等信息进行整理分析建模，可以对电商消费者进行人物画像分析，准确了解消费者的消费习惯、消费心理以及品牌喜好，进而对产品的销售模式与销售方向进行调整，以促进消费的持续增加。

大数据的应用将对客户各方面的信息进行充分有效的管理并深度挖掘，可以为特定客户群体提供更有针对性的个性化服务。

10. 人工智能

结合人工智能技术，品牌能够更有效地预测客户的需求和购买行为，并为其提供个性化推荐。以淘宝为例，它利用人工智能分析收集到的用户数据，综合考虑客户信息、客户偏好、客户历史购买行为、第三方数据以及上下文信息后，为客户提供个性化建议。

项目小结

本项目主要让学生了解电子商务的认识误区，掌握电子商务的概念；清楚电子商务专业的就业前景和就业岗位方向，对电子商务发展充满信心和期待，并初步规划自己的职业生涯，制订学习计划；了解电子商务业内名人事迹和创业案例，获得专业认同感并形成积极的心理暗示；理解电子商务的特点，发挥其优势；了解电子商务的产生、影响和发展趋势，养成关注电子商务资讯的良好习惯。

练习与自测

总分：100 分
哇，我得了______分！

一、填空题（每空 2 分，共 40 分）

1. 电子商务涵盖两个方面，____________是核心，____________是工具。

2. 电子商务专业的就业岗位大致可以为_________、销售类、营销文案类、运营推广类、_________、和短视频营销类。

3. 电子商务的特点有__________、__________、__________、__________、__________和__________。

4. 中国电子商务的发展经历了__________、__________、__________、__________和__________。

5. 电子商务对企业的影响有____________________、____________________、____________________和____________________。

二、判断题（每题 2 分，共 10 分）

1. 电子商务等同于淘宝创业。（　　）
2. 广义的电子商务是指利用 Internet 从事商务或活动。（　　）
3. 2020 年，天猫“双十一”累计交易额为 4982 亿元。（　　）
4. 相对客服和网店运营店长而言，美工的需求量较少。（　　）
5. 淘宝客服岗位要求打字速度快，有良好的服务意识和较强的抗压能力。（　　）

三、将下列年份及对应的事件进行连线（每线 2 分，共 10 分）

1998 年	电商移动端支付首次超过 PC 端
1999 年	中国第一笔互联网交易成功
2001 年	淘宝网创立，慧聪网上市
2003 年	中国 13 所大学试办电子商务专业
2015 年	阿里巴巴、网上银行服务等一系列电商网站和业务上线

四、简答题（每题 5 分，共 20 分）

1. 广义的电子商务和狭义的电子商务有哪些区别？
2. 电子商务专业的就业方向主要有哪些？
3. 可以通过哪些主要渠道寻找工作？
4. 简述电子商务的发展趋势。

五、论述题（共 10 分）

收集成功和失败的创业案例各一例，并分析其原因。

六、实操题（共 10 分）

体验一次简单真实的电子商务交易。例如，微信支付、超市刷卡、网上购物、美团下单、滴滴出行叫车、网银转账等。

微课拓展

电子商务专业的就业前景

电子商务的发展趋势

项目 2

互联网知识与工具

电子商务专业一般需要运用哪些软件呢?

任知：袁莱老师，我们需要用到哪些软件呢?

袁莱：本学期主要学习和运用的一些工具软件，比如压缩软件、下载软件等；更专业一点的软件会单独设置为一门课程，比如Photoshop等。

知识与能力目标

- 掌握计算机和互联网基础知识，理解 IP 地址的作用
- 了解域名和 IP 地址的关系，明白及时申请域名对企业的意义
- 熟练掌握互联网常用软件的操作方法，尝试挖掘各种软件的其他功能

过程与方法

- 通过互相讨论和交流，找到自己欠缺的计算机和互联网知识
- 通过合作探究和创设情景法，了解各种网络接入方式的优缺点
- 采用任务驱动法，举例和分析常用软件的功能
- 通过实际操作，体验各种软件的操作方法

情感态度与价值观

- 解析生活中常见的一些互联网之惑，使学生能够学以致用并产生进一步探索的欲望
- 了解众多互联网企业巨资收购域名的案例，明白学好专业知识可以帮助自己少走弯路，坚定了学生学好专业的意志
- 通过学习和操作实践，培养学生的动手能力、自学能力、创新能力以及分析和解决问题的能力

任务 2.1　计算机和互联网基础知识

任务要求与准备

1．教师构建合作学习小组：将全班同学分为不同的学习小组，每个小组由 5～8 名同学组成，同时选举小组长，起一个响亮的组名，设计小组标志和口号，组长负责全组的组织、分工、协调、合作等工作。

2．合作学习小组的成员共同完成以下学习任务，解决以下学习问题：

（1）讨论计算机有哪些硬件。

（2）讨论计算机软件可以分为哪些类型。

任务实施

1．学生构建合作学习小组，并商量讨论，做好人员分配工作。

2．各小组组长把自己组员的姓名、学号和分工情况汇总在一张纸上，交给任课老师。

3．任课老师给予一定的准备时间，小组成员开始认真收集资料，讨论分析和整理，并在课堂上展示任务的成果。

4．各小组代表发言的时间规定在 3～5 分钟，提问环节统一为 3 分钟。等所有的小组全部发言完毕后，每位同学都填写评价量化表。

5．本次的任务表现会做详细记录，作为学生的平常表现成绩。

任务评价

评价量化表（见表 2-1）填写说明：

1．填写分数时要遵循公平、公正的原则，切勿徇私。

2．自我评价、小组互评、教师评价分数都是百分制。

3．小组互评环节，各小组组长分别组织组内成员进行讨论，给予发言的小组一个分数，最终求得各小组平均分。

4．自我评价分数由学生本人填写。教师评价分数由任课老师填写。

5．总评分数=自我评价分数×0.4+小组互评分数×0.3+教师评价分数×0.3。

6．分数等级：分为五大类，分别是优秀（90～100 分）、良好（80～89）、中等（70～79）、及格（60～69）与不及格（60 分以下）。

7．“成果点评”这一栏目，由任课老师填写。

表 2-1 学生任务成果展示评价量化表

班级：　　　　　姓名：　　　　　学号：

<table>
<tr><th rowspan="2">序号</th><th rowspan="2">评 价 项 目</th><th rowspan="2">具体评价内容</th><th rowspan="2" colspan="2">评价分数参考</th><th colspan="4">量化评价
（等级分值）</th></tr>
<tr><th>满分</th><th>自评</th><th>组评</th><th>师评</th></tr>
<tr><td>1</td><td rowspan="2">内容准备</td><td>使用多种渠道收集资料</td><td colspan="2">好（9～10），一般（6～8），不好（1～5）</td><td>10</td><td></td><td></td><td></td></tr>
<tr><td>2</td><td>资料准备充分详实</td><td colspan="2">好（13～15），一般（9～12），不好（1～8）</td><td>15</td><td></td><td></td><td></td></tr>
<tr><td>3</td><td rowspan="4">展示成果</td><td>观点新颖，见解独到</td><td colspan="2">好（13～15），一般（9～12），不好（1～8）</td><td>15</td><td></td><td></td><td></td></tr>
<tr><td>4</td><td>演讲姿态自然、大方、得体</td><td colspan="2">好（13～15），一般（9～12），不好（1～8）</td><td>15</td><td></td><td></td><td></td></tr>
<tr><td>5</td><td>语言表达清楚，逻辑清晰</td><td colspan="2">好（13～15），一般（9～12），不好（1～8）</td><td>15</td><td></td><td></td><td></td></tr>
<tr><td>6</td><td>积极明确回答同学提出的问题</td><td colspan="2">好（13～15），一般（9～12），不好（1～8）</td><td>15</td><td></td><td></td><td></td></tr>
<tr><td>7</td><td>小组合作</td><td>在小组讨论时积极参与</td><td colspan="2">好（13～15），一般（9～12），不好（1～8）</td><td>15</td><td></td><td></td><td></td></tr>
<tr><td colspan="2">分 数 等 级</td><td></td><td colspan="2">总　分</td><td>100</td><td></td><td></td><td></td></tr>
<tr><td colspan="2">自我评价（×40%）</td><td>小组互评（×30%）</td><td colspan="2">教师评价（×30%）</td><td colspan="4">总　评</td></tr>
<tr><td colspan="2"></td><td></td><td colspan="2"></td><td colspan="4"></td></tr>
<tr><td colspan="9">成果点评（特色及不足）：</td></tr>
</table>

一、计算机基础知识

（一）计算机系统的组成

一个完整的计算机系统由硬件系统和软件系统两大部分组成，它们是相辅相成、缺一不可的。没有安装软件系统的硬件系统（俗称裸机）根本无法运行，而没有硬件系统，软件系统则无立足之地。

1. 硬件系统的组成

1946 年 2 月，美国宾西法利亚大学莫尔电机学院研制的“埃尼阿克”（ENIAC）是世界上第一台通用的电子计算机，它是人类科学史上的一座丰碑。随后，数学家对计算机提出了重大改进理论，明确提出计算机的结构应由运算器、控制器、存储器、输入设备和输出设备五大部分组成。运算器和控制器集成在一起又称为中央处理器，简称为CPU；存储器分为内部存储器和外部存储器，内部存储器简称为内存（RAM），外部存储器简称为外存，如硬盘、光盘、U 盘等；输入设备是用来从外界向计算机系统输入数据的唯一途径，常见的输入设备有鼠标、键盘、扫描仪等；输出设备是计算机将处理结果显示给用户的，常见的输出设备有显示器、绘图仪、音响等。

2. 软件系统的组成

计算机软件一般分为系统软件和应用软件，是指在硬件设备之上运行服务的全部技术、程序和数据。其中系统软件是指控制和协调计算机及外部设备，支持应用软件开发和运行的系统，是无需用户干预的各种程序的集合，主要功能是调度、监控和维护计算机系统；负责管理计算机系统中各种独立的硬件，使得它们可以协调工作。系统软件使得计算机使用者和其他软件将计算机当作一个整体而不需要顾及底层每个硬件是如何工作的。常见的系统软件包括操作系统、编译软件和数据库管理软件。

应用软件是为满足用户不同领域、不同问题的应用需求而提供的软件，它可以拓宽计算机系统的应用领域，放大硬件的功能。市面上的应用软件十分丰富，常见的类型有视频播放软件、聊天工具、浏览器、游戏软件、杀毒软件、下载工具、办公软件、输入法、系统工具、图形图像处理软件等。

情景导入

为什么市面上的U盘容量缩水了

任知刚刚从网上购买了一个4G的U盘，可是插在电脑里却显示只有3.68G，她怀疑自己买了一个假U盘，便打电话咨询袁莱老师。

任知：老师，我好像买了一个假U盘。

袁莱：为什么这么说？

任知：我刚买了一个4G的U盘，但是电脑上却显示只有3.68G的容量。

袁莱：嗯，这个U盘应该没有问题。你可以试着向U盘里存储3.6G的数据，如果数据都还在并且都显示正常，那就没有问题。如果不是那可能就买了一个扩容U盘。

任知：那为什么电脑显示的不是4G呢？

袁莱：这主要是U盘厂家是按照1 GB=1000 MB的换算单位计算的，而电脑是按照1 GB=1024 MB计算，所以市场上标称4G容量的U盘实际上只有3G多。要想详细了解数据单位的换算关系，我们课堂上再详细讲解，好吧？

任知：好的，谢谢老师。

（二）计算机的数据存储单位

计算机能识别和处理的只能是二进制数，使用计算机处理数值、文字、图形、图像或声音等信息时，首先要将各类信息转换成计算机能够识别的二进制数据。数据的最小单位是一个二进制位，称为1比特（bit），通常用小写字母b表示。八个二进制位称为1字节（Byte），即1 Byte=8 bits，通常用大写字母B表示。它是数据处理和数据存储的基本单位。

计算机存储容量通常用KB、MB、GB和TB表示，它们之间的换算关系如下：

1 B（Byte 字节）$=2^3$b=8 bit

1 KB（Kilobyte 千字节）$=2^{10}$B =1024 B

1 MB（Mega byte 兆字节简称“兆”）$=2^{10}$ KB =1024 KB

1 GB（Giga byte 吉字节又称“千兆”）$=2^{10}$ MB =1024 MB

1 TB（Tera byte 万亿字节太字节）$=2^{10}$ GB =1024 GB

一个英文字符和数字占用1个字节，汉字和全角字符都是2个字节，例如逗号，如果是半角就是一个字节，如果是全角就是2个字节。全角、半角可以在输入法中切换，其中月牙状代表半角，全月状代表全角，如图2-1所示（以搜狗输入法为例）：

图2-1　全角半角的切换

想一想：

1 GB的U盘理论上可以存储多少英文字符呢？

二、互联网基础知识

互联网（Internet）是计算机交互网络的简称，中文音译为因特网。简单来说，它就是由许多小网络（子网）互联而成的一个全球性网络，每个子网里都连接着若干台计算机或网络设备。

（一）互联网发展历程

互联网的起源可以追溯到20世纪60年代末至70年代初美国的ARPA项目，该项目由美国国防部出资，美国高级研究计划署（ARPA）主持研制，其研制的网络也就称之为ARPANet，主要用于军事、国防。

20世纪80年代，为了促进各大学及政府机构的研究工作，美国国家科学基金会（NSF）开发了NSFNet广域网，主要为科研、教育单位服务。NSFNet的成功设计使它迅速取代了APRANet，成为互联网的主干网。

1989年MILNet（由ARPANet分离出来）实现和NSFNet连接后，就开始采用Internet这个名称。自此以后，其他部门的计算机网络相继并入Internet。20世纪90年代初，商业机构开始进入Internet，使Internet开始了商业化的新进程，成为Internet快速发展的强大推动力。1995年，NSFNet停止运作，Internet此时已彻底商业化。

知识拓展

物联网的概念是在1999年提出的，其英文名称是：“Internet of things（IoT）”。2005

年，在突尼斯举行的信息社会世界峰会上，国际电信联盟发布了《ITU 互联网报告 2005：物联网》，正式提出了“物联网”的概念。物联网是新一代信息技术的重要组成部分，也是“信息化”时代的重要发展阶段。顾名思义，物联网就是物物相连的互联网。这有两层意思：其一，物联网的核心和基础仍然是互联网，是在互联网基础上延伸和扩展的网络；其二，其用户端延伸和扩展到了任何物品与物品之间，进行信息交换和通信，也就是物物相息。物联网通过智能感知、识别技术与普适计算等通信感知技术，广泛应用于网络的融合中，也因此被称为继计算机、互联网之后世界信息产业发展的第三次浪潮。物联网是互联网的应用拓展，与其说物联网是网络，不如说物联网是业务和应用。因此，应用创新是物联网发展的核心，以用户体验为核心的创新是物联网发展的灵魂。

在全球高新技术企业在物联网上发力之时，我国高科技领军企业华为技术有限公司率先发布了适用于物联网的鸿蒙系统（英文:huaweiHarmonyOS，HongmengOS）。在 2019 年 8 月 9 日，华为在东莞举行华为开发者大会，正式发布操作系统鸿蒙系统；2021 年 6 月 2 日，华为正式发布 HarmonyOS 2 及多款搭载 HarmonyOS 2 的新产品。

华为对于鸿蒙系统的定位完全不同于安卓系统，它是一款“面向未来”的操作系统，一款基于微内核的面向全场景的分布式操作系统，它不是一个手机或某一设备的单一系统，而是一个可将所有设备串联在一起的通用性系统，可按需扩展，实现更广泛的系统安全，特点是低时延，甚至可到毫秒级乃至亚毫秒级，已经开始逐步适配智慧屏、手机、平板、电脑、智能汽车、可穿戴设备等多终端设备。

（二）IP 地址

IP 地址是指互联网协议地址（Internet Protocol Address），是 IP 协议提供的一种统一的地址格式，它为互联网上的每一台主机分配一个唯一的标识固定的逻辑地址，以区别网络上成千上万个用户和计算机。

IP 地址用二进制数来表示，每个 IP 地址长 32 比特，由四个从 0 到 255 之间的数字组成，数字之间用点间隔，例如天津职业技术师范大学的 IP 地址为 111.30.64.168。

1. IP 地址的分类

每个 IP 地址包括两个标识码（ID），即网络 ID 和主机 ID。同一个物理网络上的所有主机都使用同一个网络 ID，所有的主机 ID 不相同；不同的物理网络使用的网络 ID 都不相同，主机 ID 可以相同。Internet 委员会定义了 5 种 IP 地址类型以适合不同容量的网络，即 A 类～E 类。

（1）A 类地址：地址范围从 1.0.0.0 到 127.255.255.255，网络 ID 占第一个字节，主机 ID 占后面三个字节，例如 IP 地址 111.30.64.168 共有四个字节，其中网络 ID 是 111，主机 ID 为 30.64.168。A 类地址允许有 $2^7-2=126$ 个 A 类网络，每个网络大约允许有 1670 万台主机。通常分配给拥有大量主机的网络，如一些大公司（如 IBM 公司等）和互联网主干网络。

（2）B 类地址：地址范围从 128.0.0.0 到 191.255.255.255，网络 ID 占前两个字节，允许有 $2^{14}-2=16382$ 个网络，每个网络允许有 65534 台主机。通常分配给结点比较多的网络，如广域网。

（3）C 类地址：地址范围从 192.0.0.0 到 223.255.255.255，网络 ID 占前三个字节，允

许有 $2^{21}-2=2097150$ 个网络，每个网络允许有 254 台主机。通常分配给结点比较少的网络，如校园网。一些大的校园网可以拥有多个 C 类地址。

（4）D 类地址：地址范围从 224.0.0.0 到 239.255.255.255，用于多址投递系统（组播）。目前使用的视频会议等应用系统都采用了组播技术进行传输。

（5）E 类地址：保留未用。

2. IPv4 和 IPv6

现有的互联网是在 IPv4 协议的基础上运行的。IPv6 是下一版本的互联网协议，也可以说是下一代互联网的协议，它的提出最初是因为随着互联网的迅速发展，IPv4 定义的有限地址空间将被耗尽，而地址空间的不足必将影响互联网的进一步发展。为了扩大地址空间，通过 IPv6 以重新定义地址空间。IPv4 采用 32 位地址长度，只有大约 43 亿个地址，而 IPv6 采用 128 位地址长度，几乎可以不受限制地提供地址。按保守方法估算 IPv6 实际可分配的地址，整个地球的每平方米面积上仍可分配 1000 多个地址。随着互联网的飞速发展和互联网用户对服务水平要求的不断提高，IPv6 在全球将会越来越受到重视。

根据 CNNIC（中国互联网络信息中心）第 47 次报告显示，截至 2020 年 12 月，我国 IPv4 地址数量为 38923 万个；我国拥有的 IPv6 地址数量为 57634 块/32，即我国已经申请获得了 57634 个网络号为 32 位的 IPv6 地址块，每一块地址又可提供大约 2^{96} 个有效地址。

案例导入

昂贵的域名

最近几年，域名交易市场频频出现高价收购域名的案例，比较典型的案例如表 2-2 所示。

表 2-2　域名收购案例表

公司名称	收购价格
奇虎 360	1700 万美元
新浪微博	800 万元
京东	3000 万元
小米	300 万美元
唯品会	1200 万元
乐视	1000 万元

如果上述企业在成立之初就把相关的域名全部注册，那么就不会在后期投入大量的资金在域名之上，因为正常注册一个域名不过几十元而已！可见每一个现代企业都应该重视域名并尽早注册，因为每一个域名在全世界都是唯一的！

（三）域名

网络中的地址方案分为两套：IP 地址系统和域名地址系统。这两套地址系统其实是一一对应的关系。IP 地址是由数字和符号“.”构成，使用时难以记忆和书写，因此在 IP

地址的基础上发展出一种符号化的地址方案，来代替数字型的 IP 地址。每一个符号化的地址都与特定的 IP 地址对应，称之为域名（domain name）。

域名由若干个从 a 到 z 的 26 个英文字母及 0 到 9 的 10 个阿拉伯数字及“-”“.”符号构成并按一定的层次和逻辑排列。一个完整的域名由两个或两个以上部分组成，各部分之间用实点“.”来分隔。如“abc.com”，其中“com”称为“域尾”。域名系统采用层次结构，其一般结构为：主机名.三级域名.二级域名.顶级域名。例如，在 www.***.edu.cn 中，顶级域名为 cn，二级域名为 edu，三级域名为***，主机名为 www。

1. 域名的分类

根据 Internet 国际特别委员会 IAHC 报告，将顶级域定义为两类：机构域和地理域。

（1）机构域

在机构性域名中，最右端的末尾大都是三个字母的最高域字段，常见的机构性域见表 2-3。

表 2-3　常用机构性域

域　　名	表示的组织或机构的类型	域　　名	表示的组织或机构的类型
com	商业机构	firm	商业企业或公司
edu	教育机构或设施	store	商场
gov	非军事性的政府机构	web	和 WWW 有关的实体
int	国际性机构	arts	文化娱乐
mil	军事机构或设施	arc	消遣性娱乐
net	网络组织或机构	info	信息服务
org	非营利性组织机构	nom	个人
rec	突出消遣、娱乐活动的单位		

（2）地理域

在地理性域名中，则根据地理位置来命名主机所在的区域。对于美国以外的主机，其最高层次域基本上都是按地理域命名的，常见的地理性域见表 2-4。

表 2-4　常用地理性域

域　　名	表示国家或地区	域　　名	表示国家或地区
CA	加拿大	CN	中国
FR	法国	JP	日本
UK	英国	KR	韩国
US	美国	MO	中国澳门
HK	中国香港	TW	中国台湾

我国在国际互联网络信息中心（Inter NIC）正式注册并运行的顶级域名是 cn，这也是我国的一级域名。截至 2020 年 12 月，我国国家和地区顶级域名“.cn”数量为 1897 万个。在顶级域名之下，我国的二级域名又分为类别域名和行政区域名两类。类别域名共 7 个，包括用于科研机构的 ac，国际通用域名 com、top，用于教育机构的 edu，用于政府

部门的 gov；用于互联网络信息中心和运行中心的 net，用于非营利组织的 org。而行政区域名有 34 个，各省各市按其拼音组成。三级域名用字母（ A～Z，a～z，大小写等价）、数字（0～9）和连接符（-）组成，各级域名之间用实点（.）连接，三级域名的长度不能超过 20 个字符。如无特殊原因，建议采用申请人的英文名（或者缩写）或者汉语拼音名（或者缩写）作为三级域名，以保持域名的清晰性和简洁性。

知识拓展

中文域名泛指含有中文字元的域名，可以指：国际化域名（IDN），可含有中文字的域名，例如新华网.cn 等；国际化国家及地区顶级域（IDN ccTLD），可含有中文字的顶级域，例如“.中国”、“.香港”等。截至 2020 年 12 月，“.中国”域名数量为 170 万个。2020 年 1 月开始，百度搜索将全面支持中文域名。

2. 域名命名的一般规则

（1）域名中只能包含以下字符

① 26 个英文字母；

② “0、1、2、3、4、5、6、7、8、9”十个数字；

③ “-”（英文中的连接符）。

（2）域名中字符的组合规则

① 在域名中，不区分英文字母的大小写；

② 域名的长度是有一定限制的，国际域名长度不能超过 63 个字符。

（3）CN 下域名命名的规则

① 遵照域名命名的全部共同规则。

② 只能注册三级域名，三级域名用字母（A～Z，a～z，大小写等价）、数字（0～9）和连接符（-）组成，各级域名之间用实点（.）连接，三级域名长度不得超过 20 个字符。

③ 不得使用，或限制使用以下名称：

a．注册含有“CHINA”“CHINESE”“CN”“NATIONAL”等字符须经国家有关部门（指部级以上单位）正式批准；

b．公众知晓的其他国家或者地区名称、外国地名、国际组织名称不得使用；

c．县级以上（含县级）行政区划名称的全称或者缩写，须经相关县级以上（含县级）人民政府正式批准；

d．行业名称或者商品的通用名称不得使用；

e．他人已在中国注册过的企业名称或者商标名称不得使用；

f．对国家、社会或者公共利益有损害的名称不得使用；

g．经国家有关部门（指部级以上单位）正式批准和相关县级以上（含县级）人民政府正式批准是指，相关机构要出据书面文件表示同意××××单位注册×××域名。如：要申请 guangdong.com.cn 域名，则要提供广东省人民政府的批文。

知识拓展

URL，习惯上称为网址，全称为统一资源定位符（Uniform Resource Locator，URL），是对可以从互联网上得到的资源的位置和访问方法的一种简洁的表示，是互联网上标准资源的地址。互联网上的每个文件都有一个唯一的 URL，它包含的信息指出文件的位置以及浏览器应该怎么处理它。

（四）常见互联网接入方式

1. ADSL 上网

ADSL（Asymmetrical Digital Subscriber Line，非对称数字用户线路），亦可称作非对称数字用户环路。ADSL 技术提供的上行和下行带宽不对称，因此称为非对称数字用户线路。ADSL 技术采用频分复用技术把普通的电话线分成了电话、上行和下行三个相对独立的信道，从而避免了相互之间的干扰。用户可以边打电话边上网，不用担心上网速率和通话质量下降的情况。理论上，ADSL 可在 5 km 的范围内，在一对铜缆双绞线上提供最高 1 Mbps（Mbps：兆比特每秒）的上行速率和最高 8 Mbps 的下行速率（也就是人们通常说的带宽），能同时提供语音和数据业务。

一般来说，ADSL 速率完全取决于线路的距离，线路越长，速率越低。ADSL 因其下行速率高、频带宽、性能优、安装方便、不需交纳电话费等特点而深受广大用户喜爱，是一种高效的接入方式，目前已成为国内家庭用户接入互联网的主要方式。

2. 光纤上网

2013 年 8 月，国务院办公厅发布实施“宽带中国”战略，加快宽带网络升级改造，推进光纤入户，统筹提高城乡宽带网络普及水平和接入能力。截至 2020 年 12 月，光纤接入用户规模达 4.54 亿户，占固定互联网宽带接入用户总数的 93.9%。那么是什么原因让光纤上网在众多入网方式中脱颖而出呢？

光纤上网是以激光为载体，以光纤为物理传输信道的通信网络。与传统宽带接入方式相比，光纤上网具有大容量、长距离和抗电磁干扰等优点，其最大的特点是进入家庭的线路由“铜线”变成“光纤”，信号不再受外界干扰，上网稳定。同时，上网数据通过光信号来传送，网速可轻松达到百兆，甚至更高，是宽带接入的终极方式，而普通宽带通过铜线传输受距离限制带宽一般在 8 M 以下。

3. WiFi 上网

WiFi 全称 wireless fidelity，是当今使用最广的一种无线网络传输技术，实际上就是把有线网络信号转换成无线信号，几乎所有智能手机、平板电脑和笔记本电脑都支持 WiFi 上网。

虽然使用 WiFi 技术传输的无线通信质量不是很好，数据安全性能比蓝牙差一些，传输质量也有待改进，但其传输速度非常快，目前主流产品理论速度高达 300 Mbps，传输距离也可达百米。WiFi 最主要的优势在于不需要布线，可以不受布线条件的限制，因此非常适合移动办公用户的需要。

案例导入

危险的WiFi！

现在很多人不管去哪里首先就会问有没有 Wifi，很多店铺一般也会免费提供 WiFi 来招揽生意，但是这些公共场合的 WiFi 安全吗？请看图 2-2 所示的新闻。

中商情报网 产业 地产 汽车 科技 互联网 能源 钢铁 物流 食品 健康 农业

2016年央视315晚会曝光：公共免费WIFI可瞬间盗取隐私

互联网 来源：中商情报网 时间：2016年03月15日 21:23 编辑：中商情报网 评论

中商情报网讯：3月15日消息，央视315晚会爆料，315晚会现场，进行了这样一个实验：大家加入一个免费的公共WIFI，然后惊人地发现，观众手机连上现场无线网络信号，打开消费类软件，订单和消费记录统统被提取！包括你的电话号码、家庭住址、身份证号码、银行卡号、甚至哪天几时你看了一场什么电影。

图 2-2 危险的 WiFi

如今，到处都是免费 WiFi，很难识别出哪个是“钓鱼 WiFi”。另外，由于商家设置的密码过于简单，也没有关闭各类管理端口，一旦有人进入主路由器，篡改服务器信息，劫持路由器等，我们就可能被攻击 IP 地址，个人信息和数据有被窃取的风险。所以我们在享受 WiFi 上网的便利之时也要加强安全意识，不要轻易在公共场合连接一些没有保障的无线网络。

小技巧

安全使用公共 WiFi

（1）将 WiFi 连接设为手动

通过设置—无线局域网—开启“询问是否加入网络”，这样可以降低在不知情的情况下落入黑客圈套的概率。

（2）不要在公共 WiFi 下进行任何支付操作

在一些提供免费 WiFi 的公共场合，黑客通过“钓鱼 WiFi”很快就可以窃取你的个人信息。所以最好不要在免费 WiFi 上网的情况下操作网银和转账支付，这样很容易泄露账号密码。

（3）不连接名称相似的迷惑 WiFi

去商场这样的场所，往往会发现很多名称类似的公共 WiFi，这时候一定要核实清楚，不要轻易连接。

（4）开启密码双重验证

将手机 App 设置为密码+验证码双重验证，需要同时输入密码和验证码才能登录相关 App。

（5）不点击可疑链接

在公共场合不点击陌生可疑链接，不安装可疑软件，关闭流量分享功能，少分享私人信息等。

4. Cable-modem：用于有线电视网

我国广电部门近几年正大力推广 Cable Modem（电缆调制解调器）入网，它是利用有线电视网访问 Internet，已成为越来越受业界关注的一种高速接入方式。Cable Modem 可以把数字信号转化成模拟信号，从而可以与电视信号一起通过有线电视网络传输，在用户端，再使用电缆分线器将电视信号和数据信号分开。采用这种方法，连接速率高、成本低，不受距离的限制，利用不同的频率可产生 27 Mbps 或 36 Mbps 的带宽。这种方法的不足之处在于有线电视是一种广播服务，同一信号发向所有用户，从而带来了很多网络安全问题，另外，由于是共享信道，如一个地方的用户多，那么数据传输速率就会受到影响。

5．移动上网

我国目前主流的移动通信技术是第四代移动通信技术（4th-generation，4G），该技术包括 TD-LTE 和 FDD-LTE 两种制式。4G 是集 3G 与 WLAN 于一体，并能够快速、高质量地传输数据、音频、视频和图像等。4G 能够以 100 Mbps 以上的速度下载，能够满足几乎所有用户对于无线服务的要求。

虽然 4G 目前仍是主要的移动上网方式，但是 5G 时代也将很快全面到来。2020 年上半年，中央密集部署加快“新基建”进度，在 5G 领域，截至 2020 年 12 月底，5G 终端连接数已超过 2 亿，已开通的 5G 基站超 71.8 万个，建设速度和规模超出预期。

5G 全称是第五代移动通信技术，是最新一代蜂窝移动通信技术，是 4G（LTE-A、WiMax）、3G（UMTS、LTE）和 2G（GSM）系统后的延伸。5G 的性能目标是高数据速率、减少延迟、节省能源、降低成本、提高系统容量和大规模设备连接。国际电信联盟（ITU）IMT-2020 规范要求速度高达 20 Gbit/s，可以实现宽信道带宽和大容量 MIMO（Multiple-Input Multiple-Output，多输入多输出技术）。

5G 将推动和实现人工智能、智慧城市、智慧家居、无人驾驶、智能制造、物流、物联网、大数据、云计算、区块链等领域的发展，引领全球新一轮的工业革命，推动人类社会向前发展。

任务 2.2　常用计算机和互联网工具

任务要求与准备

1．按照之前分好的合作学习小组，各小组共同完成以下学习任务：

（1）列举至少 5 种自己常用的软件。

（2）讨论每种软件的主要功能有哪些。

任务实施

1．各合作学习小组认真商量讨论，做好人员分配工作。

2．任课老师给予一定的准备时间，小组成员开始认真收集资料，讨论分析和整理，并在课堂上展示任务的成果。

3．各小组代表发言的时间规定在 4～6 分钟，而提问环节统一为 3 分钟。等所有的小组全部发言完毕后，每位同学都填写评价量化表。

4．本次的任务表现会做详细记录，作为学生的平常表现成绩。

任务评价

评价量化表（见表 2-5）填写说明：

1．填写分数时要发扬公平公正精神，切勿徇私。

2．自我评价、小组互评、教师评价分数都是百分制。

3．小组互评环节，各小组组长分别组织组内成员进行讨论，给予发言的小组一个分数，最终求得各小组平均分。

4．自我评价分数由学生本人填写。教师评价分数由任课老师填写。

5．总评分数=自我评价分数×0.4+小组互评分数×0.3+教师评价分数×0.3。

6．分数等级：分为五大类，分别是优秀（90～100 分）、良好（80～89）、中等（70～79）、及格（60～69）与不及格（60 分以下）。

7．“成果点评”这一栏目，由任课老师填写。

表 2-5　学生任务成果展示评价量化表

班级：　　　　姓名：　　　　学号：

序号	评价项目	具体评价内容	评价分数参考	量化评价（等级分值）			
				满分	自评	组评	师评
1	内容准备	使用多种渠道收集资料	好（9～10），一般（6～8），不好（1～5）	10			
2		资料准备充分详实	好（13～15），一般（9～12），不好（1～8）	15			
3	展示成果	观点新颖，见解独到	好（13～15），一般（9～12），不好（1～8）	15			
4		演讲姿态，自然大方得体	好（13～15），一般（9～12），不好（1～8）	15			
5		语言表达清楚，逻辑清晰	好（13～15），一般（9～12），不好（1～8）	15			
6		积极明确回答同学提出的问题	好（13～15），一般（9～12），不好（1～8）	15			
7	小组合作	在小组讨论时积极参与	好（13～15），一般（9～12），不好（1～8）	15			
分数等级			总分	100			

自我评价（×40%）	小组互评（×30%）	教师评价（×30%）	总评

成果点评（特色及不足）：

一、浏览器

浏览器是用户最经常使用的一种客户端程序，是指可以显示网页服务器或者文件系统的 HTML 文件内容，并让用户与这些文件交互的一种软件。我国网民常用的网页浏览器有 QQ 浏览器、Internet Explorer、Firefox、Safari、Opera、Google Chrome、百度浏览器、搜狗浏览器、360 浏览器、UC 浏览器、傲游浏览器等。

因篇幅所限，下载和安装过程不再赘述。本次操作流程以 360 安全浏览器为例。

（一）上网浏览网页

（1）双击桌面上的 360 安全浏览器图标（见图 2-3）打开浏览器。

图 2-3　360 安全浏览器图标

（2）在地址栏中输入网址并按回车键即可打开网站。

（3）也可以在导航页面中任意点击一个网站链接并浏览。

（二）收藏网址

（1）收藏网址可以方便以后浏览，在网页的空白位置鼠标右击，在弹出的快捷菜单中选择“添加到收藏夹”项，如图 2-4 所示。

图 2-4　“添加到收藏夹”菜单

（2）在弹出的“添加到收藏夹”对话框中可以设置网页标题和创建位置，如图 2-5 所示。

（3）按默认设置不做改动，点击“添加”按钮后该网站图标和名称会在收藏栏上显示并形成按钮，以后可以直接点击该按钮进入网站，如图 2-6 所示。

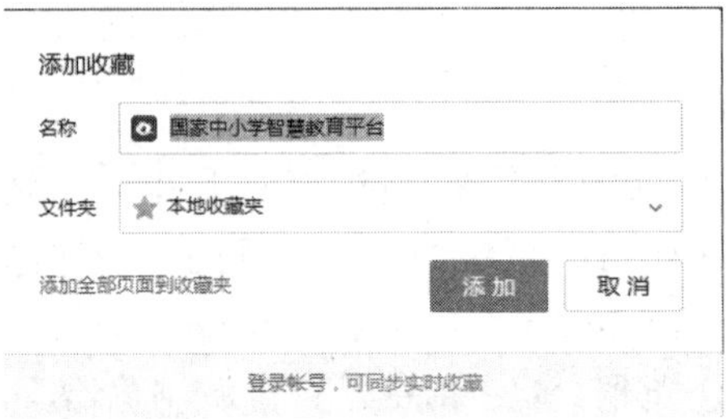

图 2-5 “添加到收藏夹”对话框

图 2-6 网站快捷按钮

（三）设置默认主页

（1）如果需要经常打开某个网站可以将该网站设置为默认主页。点击浏览器右上角方框内的按钮可以打开菜单，如图 2-7 所示。

图 2-7 “打开”菜单

（2）选择“选项/设置”命令，打开“选项”页面并在“基本设置”选项卡中点击“修改主页”按钮，如图 2-8 所示。

图 2-8　修改主页

（3）如图 2-9 所示，浏览器主页已被锁定，点击“修改主页”即可取消锁定。

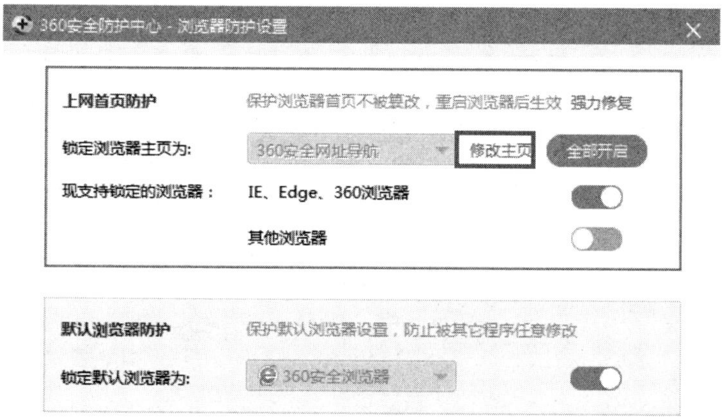

图 2-9　“浏览器防护设置”对话框

（4）取消锁定后可以打开“锁定浏览器主页为：”下拉列表，在其中可以选择一个提供的网页，也可以自定义设置，如图 2-10 所示。

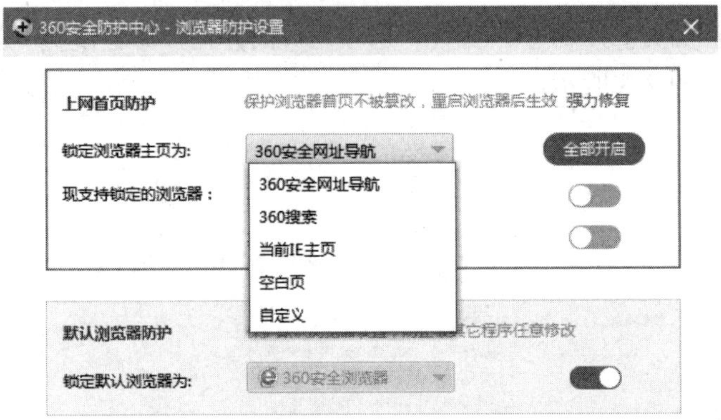

图 2-10 “锁定浏览器主页为：”下拉列表

（5）选择“自定义”菜单命令，打开“主页设置”对话框，输入想要设置为默认主页的网址，点击“确定”按钮即可，如图 2-11 所示。

（6）以上设置完成后，关闭并重新打开浏览器后会自动打开百度网站首页。

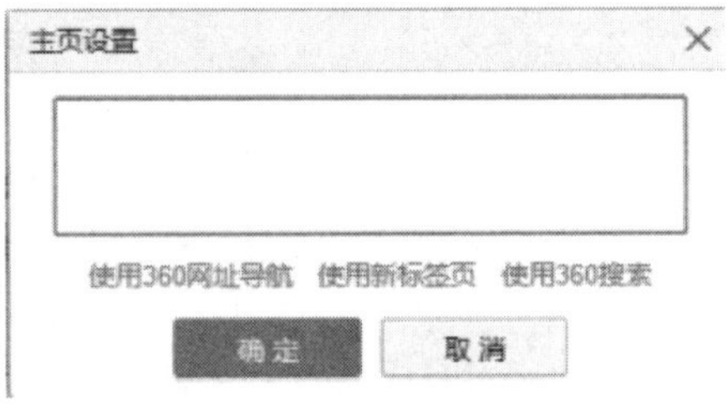

图 2-11 “主页设置”对话框

二、搜索引擎

搜索引擎（Search Engine）是指根据一定的策略、运用特定的计算机程序从互联网上搜集信息，在对信息进行组织和处理后，为用户提供检索服务，将用户检索相关的信息展示给用户的系统。常见的搜索引擎有百度等。

本次操作流程以我国网民最常用的中文搜索引擎——百度为例。

（一）使用百度搜索

（1）在浏览器地址栏中输入百度网址，打开百度首页，如图 2-12 所示。

图 2-12 百度首页

（2）在百度搜索框中输入想要查找的信息关键词，如电子商务，搜索引擎返回了大约一亿个结果，如图 2-13 所示。

图 2-13　搜索“电子商务”

（3）点击其中任意一个链接即可查看相关信息。

（二）百度搜索高级语法技巧

1. 把搜索范围限定在网页标题中——intitle: 标题

网页标题通常是对网页内容提纲挈领式的归纳，把查询内容范围限定在网页标题中，有时能获得良好的效果。例如：电子商务 intitle:B2C，如图 2-14 所示。

注意：“intitle:”和后面的关键词之间不要有空格。

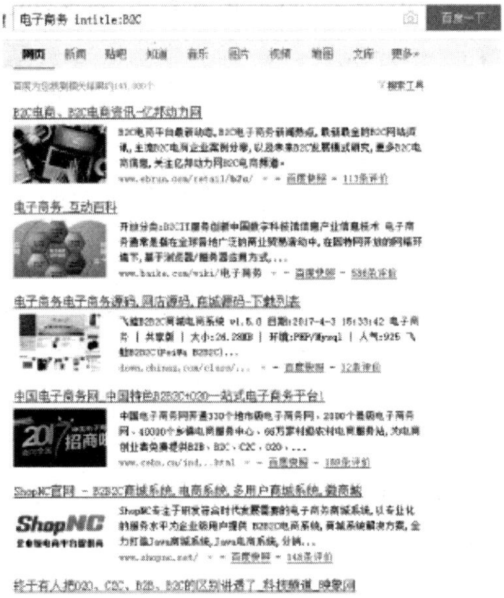

图 2-14　搜索“电子商务 intitle:B2C”

2. 把搜索范围限定在特定站点中——site：站名

如果知道某个站点中有自己需要找的东西，就可以把搜索范围限定在这个站点中，提高查询效率。例如：电子商务 site:www.iresearch.cn，如图 2-15 所示。

注意："site:"后面跟的网址不要带 http://，"site:"和站点名之间，不要带空格。

图 2-15　搜索"电子商务 site:www.iresearch.cn"

3. 把搜索范围限定在 url 链接中——inurl：链接

网页 url 中的某些信息，常常有某种有价值的含义。如果对搜索结果的 url 做某种限定，可以获得良好的效果。例如：photoshop 视频教程 inurl:video，如图 2-16 所示。

图 2-16　搜索"photoshop 视频教程 inurl:video"

查询词“photoshop 视频教程”是可以出现在网页的任何位置，而“video”则必须出现在网页 url 中。

4. 精确匹配——双引号“ ”和书名号《》

（1）查询词加上双引号“”则表示查询词不能被拆分，在搜索结果中必须完整出现，可以对查询词精确匹配，如图2-17所示。如果不加双引号“ ”经过百度分析后可能会拆分。

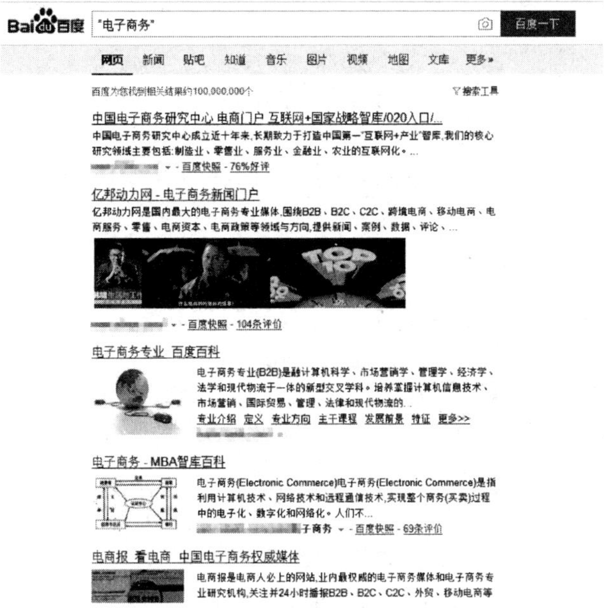

图 2-17　搜索““电子商务””

（2）查询词加上书名号《》有两层特殊功能，一是书名号会出现在搜索结果中；二是被书名号扩起来的内容，不会被拆分。书名号在某些情况下特别有效果，比如查询词为手机，如果不加书名号在很多情况下出来的是通信工具手机，而加上书名号后，《手机》结果就都是关于电影方面的了，如图 2-18 所示。

图 2-18　搜索结果对比

5. 要求搜索结果中同时包含或不含特定查询词——“+”、“-”（减）

（1）查询词用减号-语法可以在搜索结果中排除包含特定关键词的所有网页。例子：电子商务-移动电商，注意减号前有空格。

查询词“电子商务”在搜索结果中，“移动电商”被排除在搜索结果中，如图2-19所示。

图2-19 搜索“电子商务-移动电商”

（2）查询词用加号+语法可以帮您在搜索结果中必须包含特定关键词的所有网页。例子：电子商务 +移动电商，注意加号前有空格。

查询词“电子商务”在搜索结果中，“移动电商”必须被包含在搜索结果中，如图2-20所示。

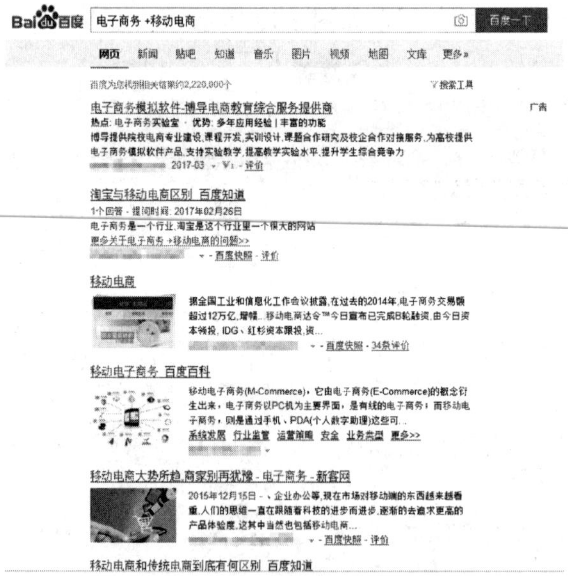

图2-20 搜索“电子商务 +移动电商”

6. 专业文档搜索——filetype：文档格式

查询词用 Filetype 语法可以限定查询词出现在指定的文档中，支持的文档格式有 pdf，doc，xls，ppt，rtf，all（所有上面的文档格式）。对于找文档资料相当有帮助。

例子：电子商务 filetype:doc，如图 2-21 所示。

图 2-21　搜索“电子商务 filetype:doc”

7. 百度高级搜索页面

（1）将鼠标移动到百度首页右上角的“设置”上，会弹出下拉列表，选择“高级搜索”命令，如图 2-22 所示。

图 2-22　“高级搜索”菜单

（2）选择“搜索设置”选项卡可以设置搜索结果展示形式，如图 2-23 所示。

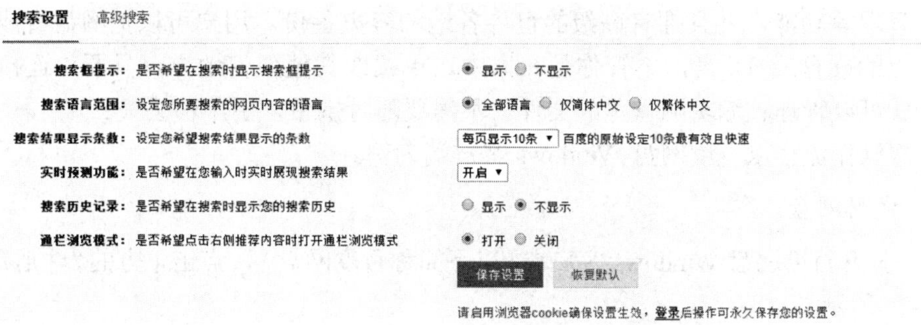

图 2-23　搜索设置

（3）选择“高级搜索”选项卡，该选项卡集成了上面的所有高级语法，用户不需要记忆语法，只需要填写查询词和选择相关选项就能完成复杂的语法搜索，如图 2-24 所示。

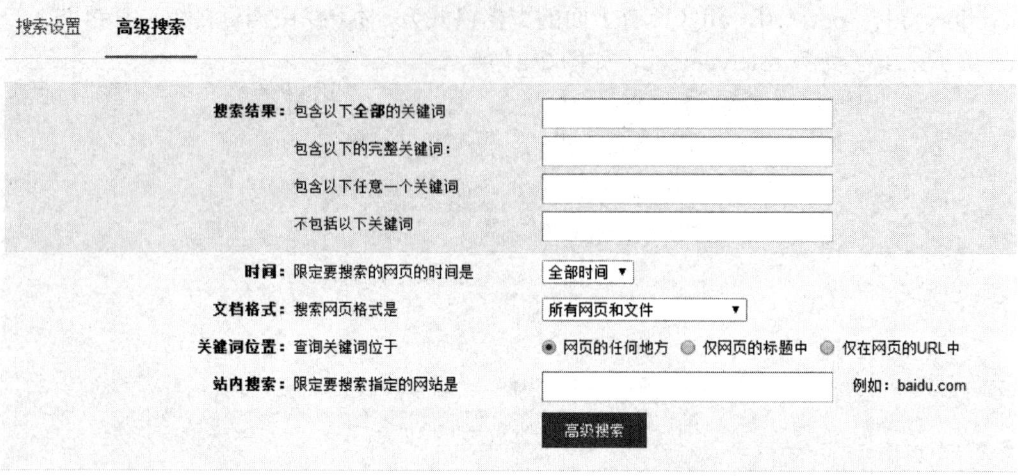

图 2-24　高级搜索

（4）也可通过访问网址进入高级搜索页面，如图 2-25 所示。

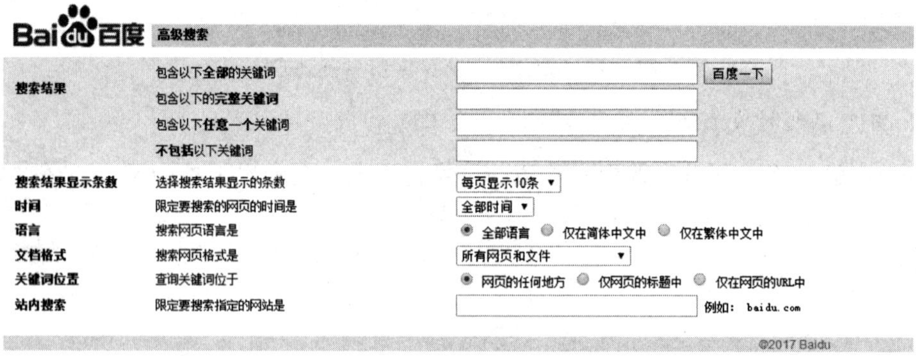

图 2-25　“高级搜索”页面

三、网盘

网盘，又称网络 U 盘、网络硬盘，是由互联网公司推出的在线存储服务，服务器机房为用户划分一定的磁盘空间，为用户免费或收费提供文件的存储、访问、备份、共享等文件管理等功能，并且拥有高级的世界各地的容灾备份。用户可以把网盘看成一个放在网络上的硬盘或 U 盘，不管你是在家中、单位或其他任何地方，只要你连接到因特网，你就可以管理、编辑网盘里的文件。不需要随身携带，更不怕丢失。

本次操作流程以百度网盘 Windows 客户端为例。

1. 注册网盘

（1）打开百度网盘 Windows 客户端（以下简称百度网盘），点击下方的“注册账号”，如图 2-26 所示。

图 2-26　百度网盘账号登录界面

（2）在打开的注册页面里输入注册信息，如图 2-27 所示。

图 2-27　百度网盘注册页面

2. 登录网盘

注册账号完成后，回到百度网盘登录界面输入账号和密码，进入图2-28所示的界面。

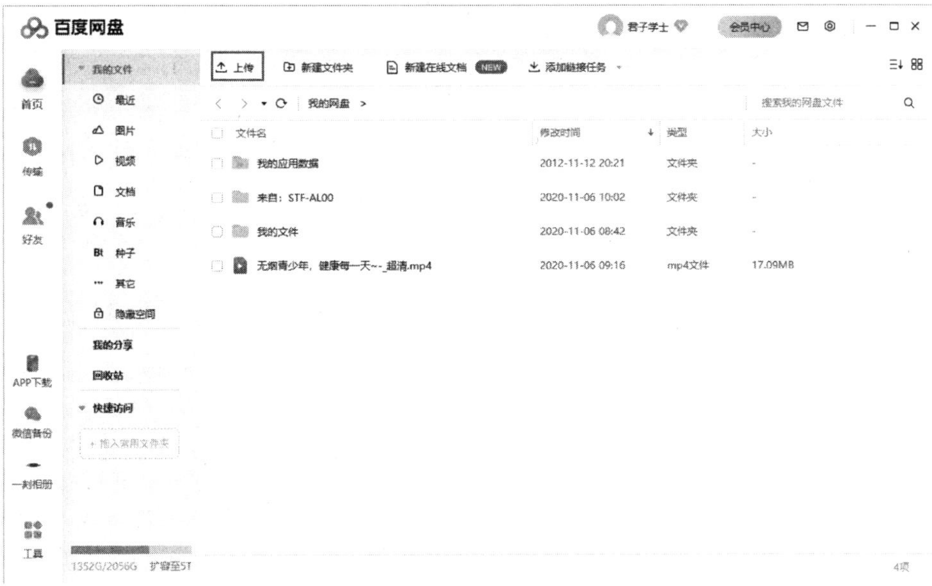

图 2-28　百度网盘登录后显示的界面

3. 上传文件

点击图2-28所示的“上传”按钮，打开“请选择文件/文件夹”对话框，选择需要上传的文件后，点击“存入百度网盘” 按钮即可上传至网盘，如图2-29所示。

图2-29 “请选择文件/文件夹”对话框

4. 下载文件

（1）可以下载自己网盘中的文件，也可以在上网时将自己需要的他人的网盘文件下载下来，有的文件需要提取码验证则须正确输入后才可以下载，如图2-30所示。

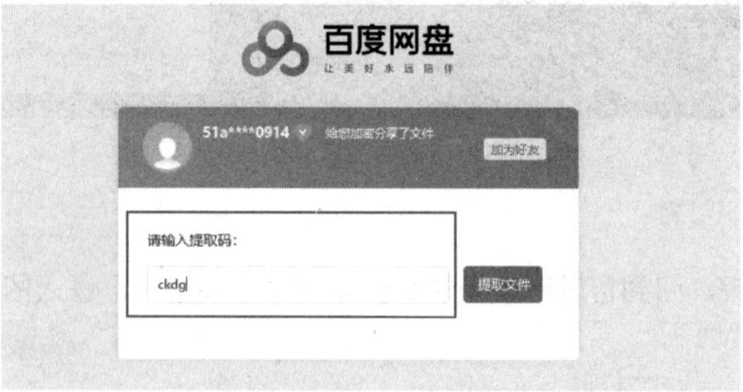

图2-30 提取码输入框

（2）正确输入提取码后进入下载页面，点击“下载”按钮，如图2-31所示。

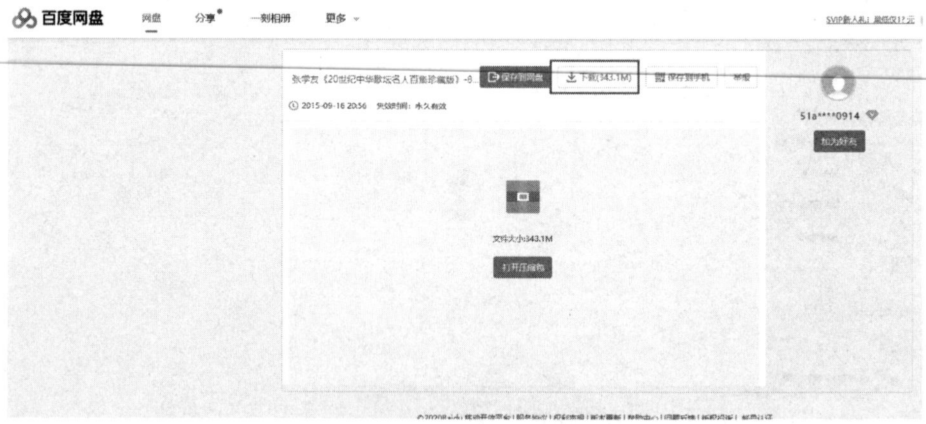

图2-31 百度网盘下载页面

（3）设置下载存储路径，点击“下载”按钮，如图 2-32 所示。

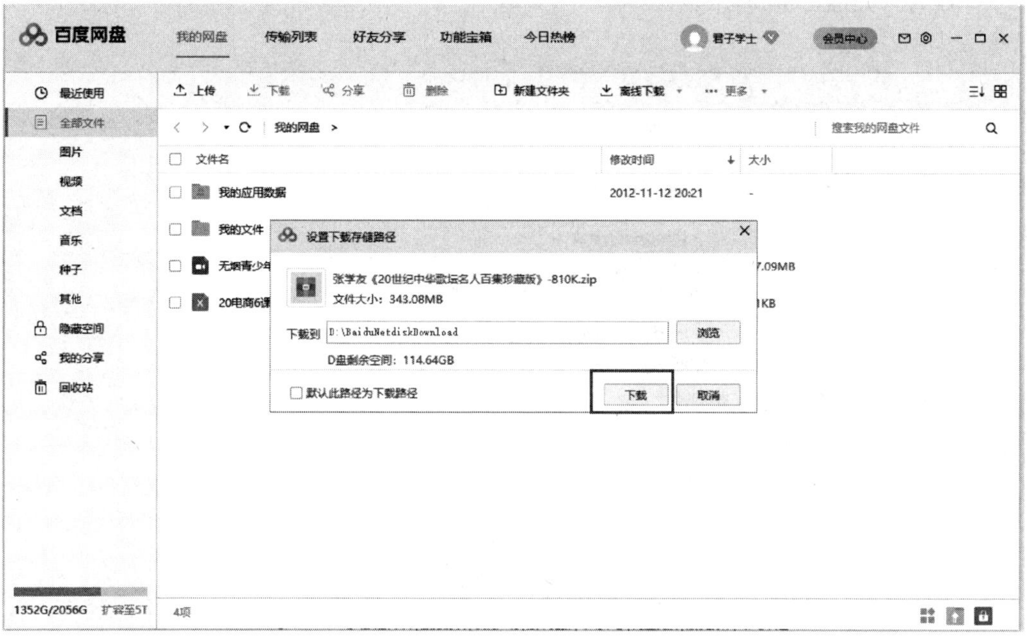

图 2-32　设置下载存储路径

5. 分享文件

（1）勾选需要分享的文件，再点击“分享”按钮，如图 2-33 所示。

图 2-33　分享文件

（2）在打开的“分享文件”对话框里，选择“私密链接分享”选项卡，设置分享形式和有效期，如图 2-34 所示。

图 2-34 “分享文件”对话框

（3）点击图 2-34 中的“创建链接”按钮后，即可以分享链接和二维码，如图 2-35 所示。

图 2-35 私密链接分享

（4）也可以直接在“分享文件”对话框中选择“发给好友”选项卡，选择好想要分享的好友或者群组，输入验证码后点击“分享”按钮即可，如图 2-36 所示。

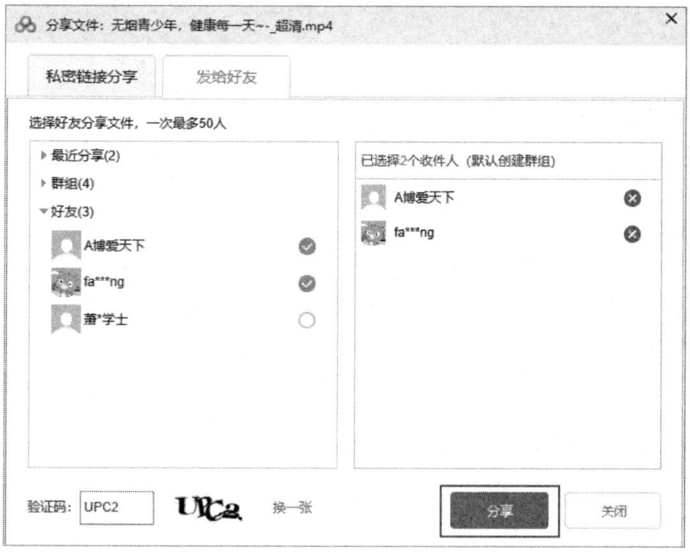

图 2-36　发给好友

6. 设置网盘

（1）点击网盘右上方的设置按钮 ◎，在打开的菜单中选择“设置”选项，如图 2-37 所示。

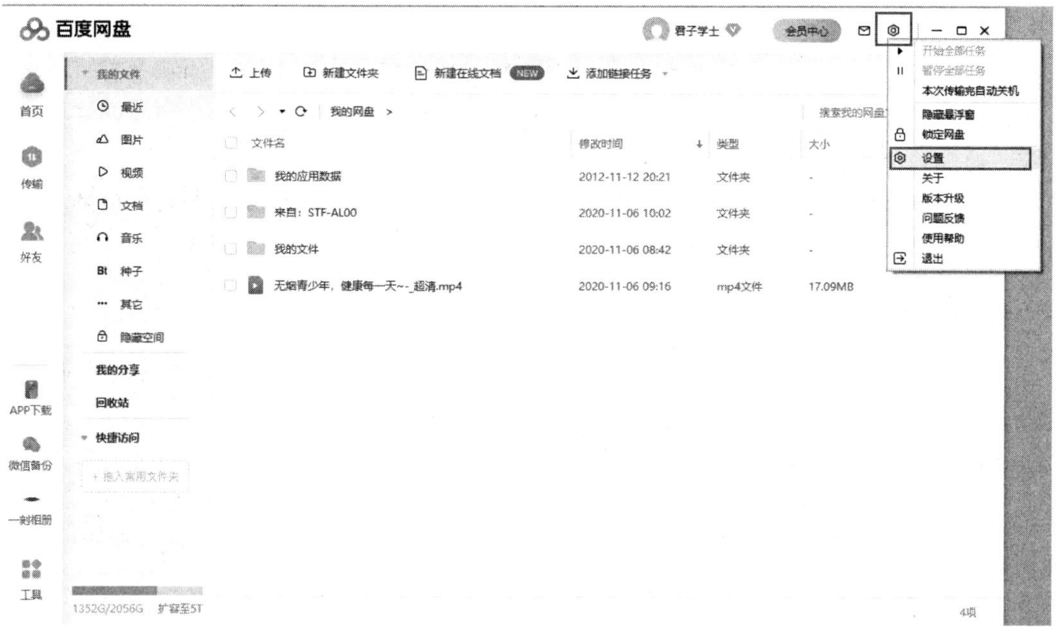

图 2-37　网盘设置菜单

（2）在打开的“设置”对话框里，选择不同的选项卡，根据自己的需要进行设置。如设置下载并行任务数为 5 个，如图 2-38 所示。

图 2-38　网盘“设置”对话框

情景导入

4 GB 的 U 盘能不能装下 10 GB 的电影？

任知同学家离卫问同学家很近，他们从小就经常在一起学习和玩耍。这一天任知来到卫问家，看到卫问同学正在看一部非常精彩的电影，任知也想将这部电影拷回家全家一起观看。可是这是一部高清电影，差不多占用了 10 GB 的存储空间，而任知之前买的 U 盘只有 4 GB，这可怎么办呢？

任知和卫问商量了一下，他们都感觉老师说不定有什么好方法来帮助他们解决问题，所以就打电话向袁莱老师请教。

任知：老师好，打扰您一下。

袁莱：好的，有什么需要帮忙的吗？

任知：我想拷走卫问家的电影，差不多有 10 GB 那么大，可是上次我买的是 4 GB 的 U 盘，不知道老师有没有办法用这个 U 盘拷走电影？

袁莱：嗯，这个用压缩分卷就可以了。

任知：压缩分卷是什么？

袁莱：压缩分卷可以将一个大文件分割成多个小文件，操作方法听我仔细说……

四、压缩软件

压缩软件是一种通过特定的算法来减小计算机文件大小的软件。它可以使文件能够通过较慢的互联网连接实现更快传输，还可以减少文件的磁盘占用空间。常见的压缩软件有 WinMount、WinRAR、WinZip、7-Zip、coolrar 等。

本次操作流程以 WinRAR 和“电商创业大赛”文件夹（大小为 31.3 MB）为例，如图 2-39 所示。

1. 压缩文件

（1）右键单击要压缩的文件，在弹出的快捷菜单中选择“添加到压缩文件”选项，如图 2-40 所示。

图 2-39 “电商创业大赛”文件夹

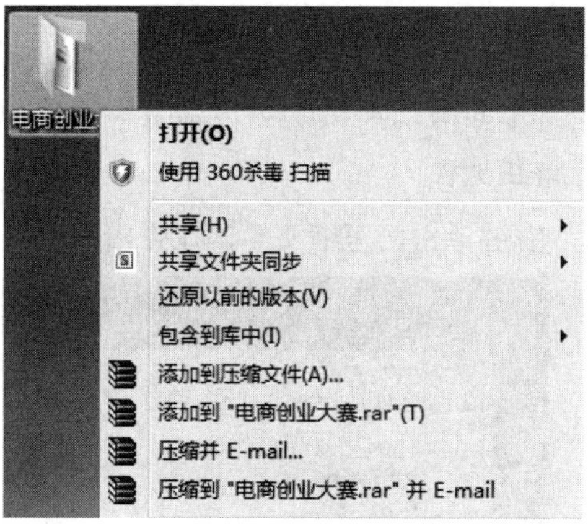

图 2-40 右键快捷菜单

（2）在打开的“压缩文件名和参数”对话框中选择默认的“常规”选项卡，在“压缩文件名”文本框中可重新设置文件名，其他默认设置不做改动，最后单击“确定”按钮即可压缩文件，如图 2-41 所示。

（3）如果被压缩的文件较大还可以查看压缩进度，如图 2-42 所示。

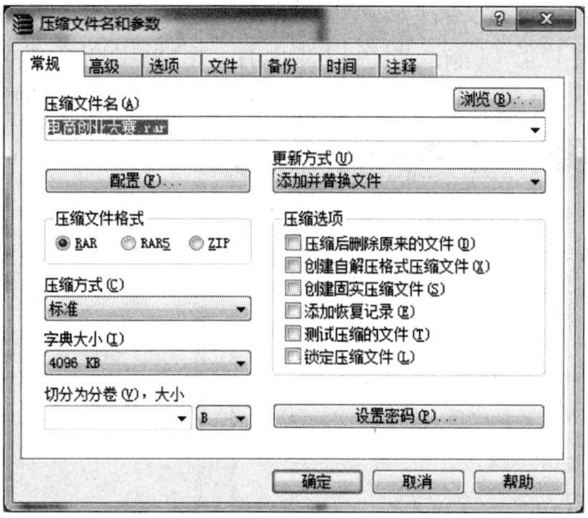

图 2-41 “压缩文件名和参数”对话框

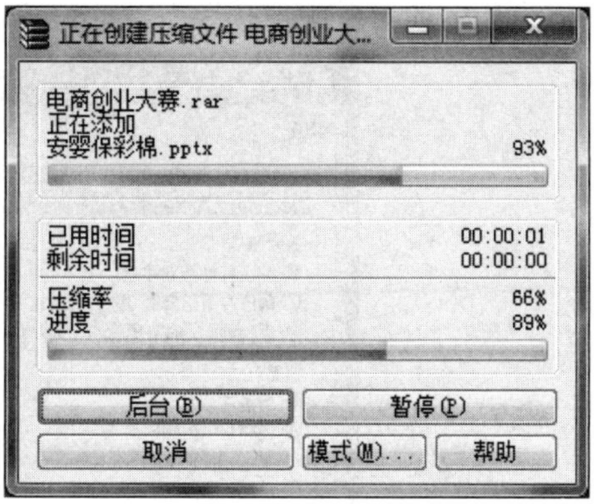

图 2-42 查看压缩进度

（4）压缩成功后原来的文件没有消失，并且生成了一个扩展名为.rar 的新文件，该文件大小为 25.5 MB，比之前的 31.3 MB 减少了 5.8 MB，节约了存储空间，如图 2-43 所示。

图 2-43　压缩后的文件

（5）如果不需要更改文件名并按默认设置压缩文件可以在右键快捷菜单中直接选择“添加到‘电商创业大赛.rar’”（见图 2-44），最后效果同上述方法一致。

2. 解压文件

（1）右键单击已压缩文件，在弹出的快捷菜单中选择“解压文件”，如图 2-45 所示。

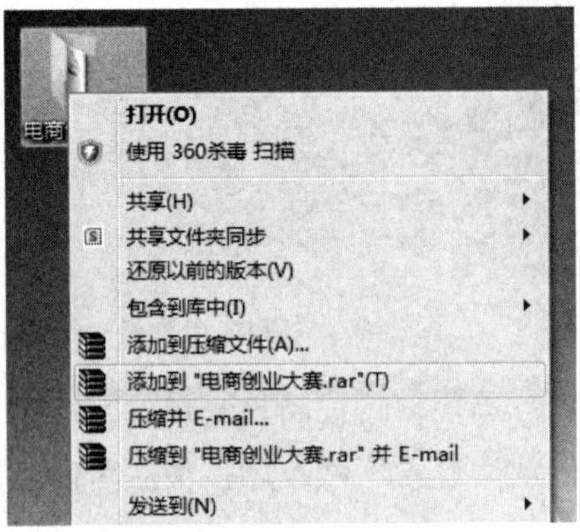

图 2-44　“添加到‘电商创业大赛.rar’”菜单

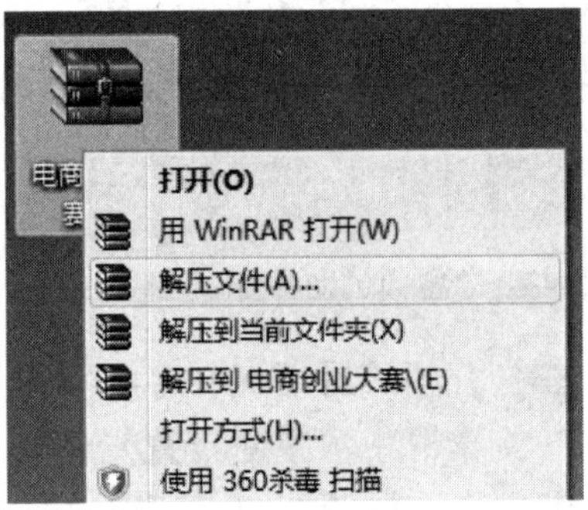

图 2-45　解压文件

（2）在打开的“解压路径和选项”对话框中，选择默认的“常规”选项卡，在“目标路径（如果不存在将被创建）”文本框中可以直接输入路径以便保存，也可以在图 2-46 的方框所示的位置中选择要保存的位置，其他设置保持不变，点击“确定”按钮即可解压。

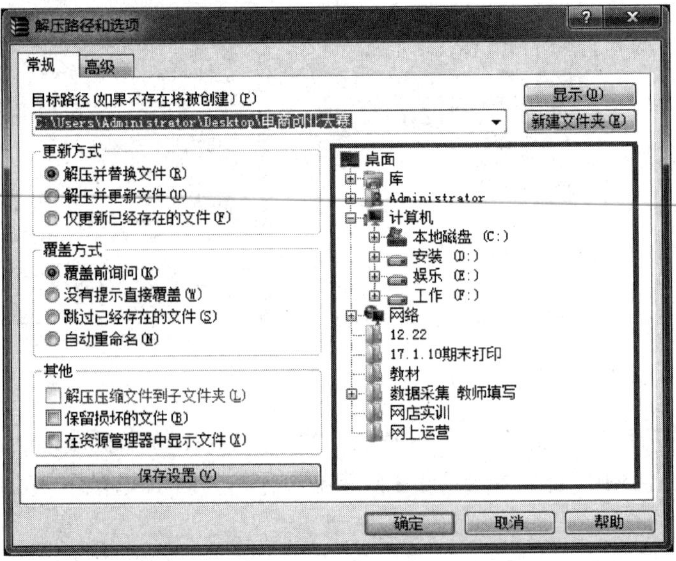

图 2-46　“解压路径和选项”对话框

（3）按图 2-46 设置（即默认设置）解压后文件会在“电商创业大赛”文件夹中被保存，最后会看到两层“电商创业大赛”文件夹，如图 2-47 所示。

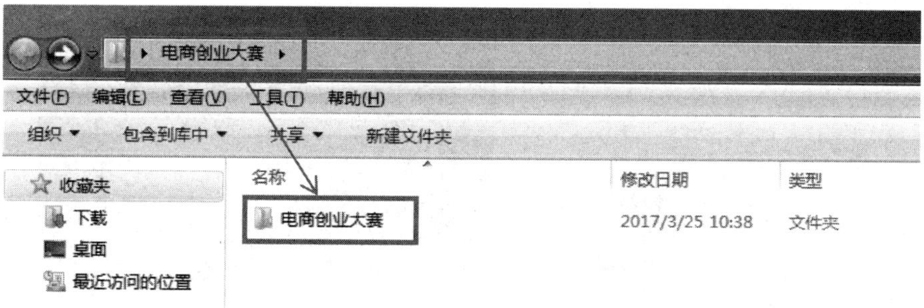

图 2-47 保存的路径

（4）如果不希望创建两层文件夹且保存在当前文件夹下可以直接在右键快捷菜单中选择“解压到当前文件夹”，无须做任何其他设置，如图 2-48 所示。

（5）如果选择右键快捷菜单中的“解压到 电商创业大赛”，则最后效果同第一种方法的默认效果一致。

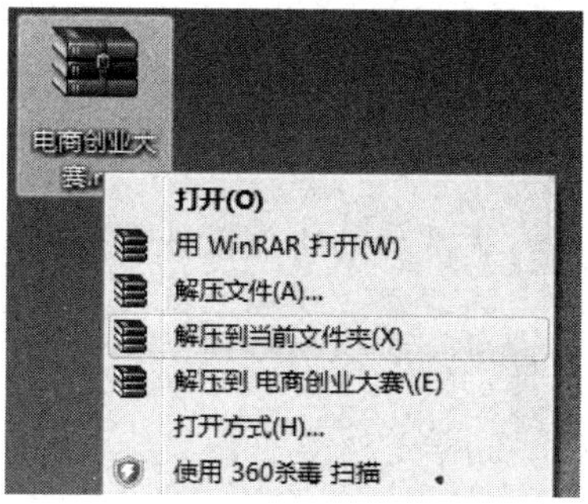

图 2-48 “解压到当前文件夹”菜单

3. 分卷压缩

分卷压缩可以将压缩文件拆分为多个部分，通常分卷压缩是在将大型的压缩文件保存到数个磁盘或是可移动磁盘时使用。

（1）在“压缩文件名和参数”对话框中选择“常规”选项卡，在“切分为分卷，大小”下拉列表框中可以选择分卷大小，也可以在文本框中直接输入分卷大小，记得选择好正确的单位，如图 2-49 所示。

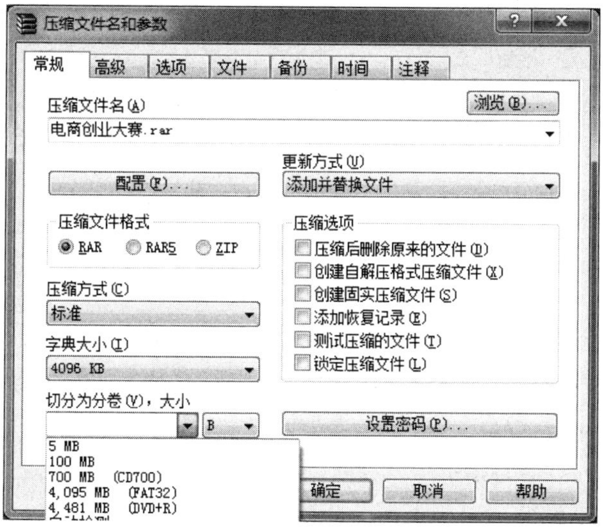

图 2-49 设置压缩分卷

（2）例如我们在文本框中输入 4，单位选择 MB，如图 2-50 所示。

（3）点击“确定”按钮生成了 7 个压缩包，除了最后一个压缩包，其他的压缩包的大小都是 4 MB，如图 2-51 所示。

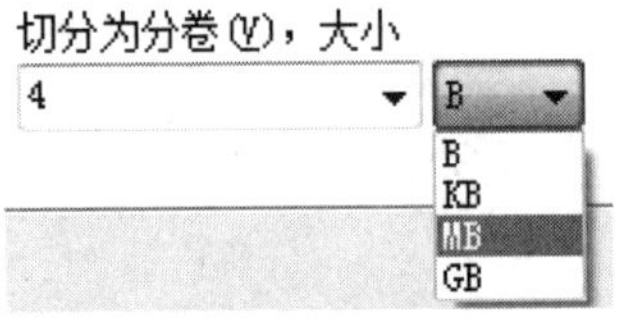

图 2-50　设置分卷大小

图 2-51　压缩分卷

（4）选择任何一个压缩包进行解压即可获得原文件，但是如果缺少任何一个压缩包就会导致解压失败，如删除第四个压缩包后再解压会弹出图 2-52 所示的对话框。

4. 文件加密

大部分的压缩软件都提供加密功能，为使用者提供文件保密措施。

（1）在“压缩文件名和参数”对话框中选择“常规”选项卡，再单击“设置密码”按钮，如图 2-53 所示。

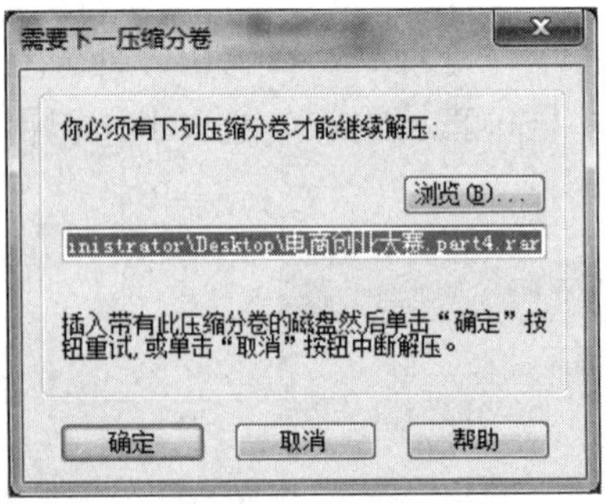

图 2-52　“需要下一压缩分卷”对话框

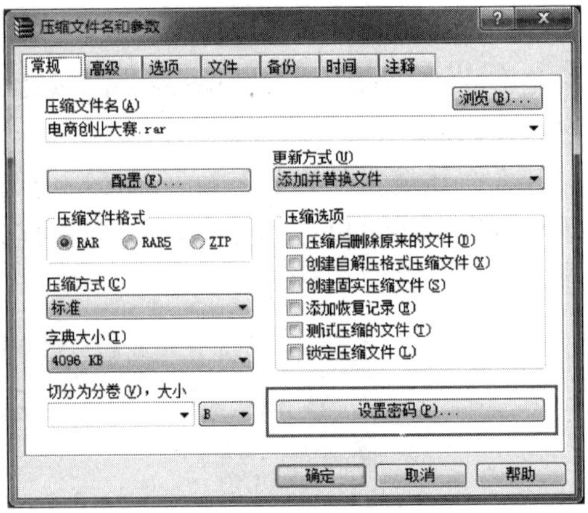

图 2-53　“设置密码”按钮

（2）在弹出的对话框中输入 2 遍密码并且确认，如图 2-54 所示。

（3）回到“常规”选项卡中点击“确定”按钮压缩成功。

（4）右键单击加密压缩后的文件，在弹出的快捷菜单中选择其中任意一个解压命令，在解压之前会弹出下面所示的“输入密码”对话框（见图 2-55），输入正确的密码后才可解压。

5. 创建自解压文件

自解压文件可以不用借助任何压缩工具而只需双击该文件就可以自动执行解压操作。同压缩文件相比，自解压的压缩文件体积要大于普通的压缩文件（因为它内置了自解压程序），但它的优点就是可以在没有安装压缩软件的情况下打开压缩文件（文件类型为.exe 格式）。

图 2-54　“输入密码”对话框

图 2-55　输入密码后解压

（1）在“常规”选项卡中的压缩选项中选择“创建自解压格式压缩文件”复选框，此时在“压缩文件名”文本框中的文件扩展名也自动变成.exe，如图 2-56 所示。

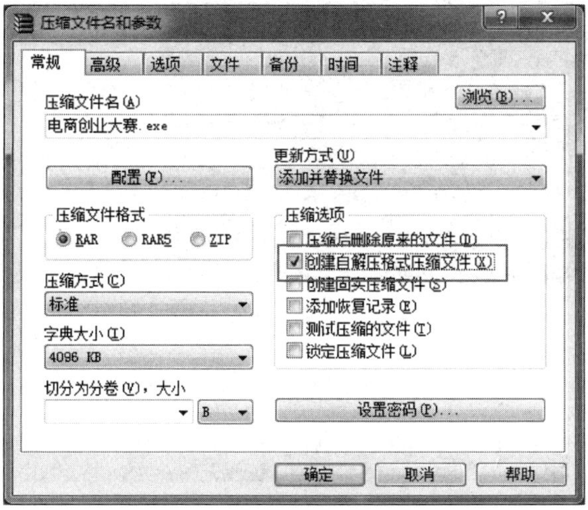

图 2-56　创建自解压格式压缩文件

（2）点击“确定”按钮后会生成下图所示的文件，该文件即为自解压文件，如图 2-57 所示。

图 2-57　自解压文件

五、电子邮件

电子邮件是一种用电子手段提供信息交换的通信方式，是互联网应用最广的服务。通过网络的电子邮件系统，用户可以非常低廉的价格（不管发送到哪里，都只需负担网费）、非常快速的方式（几秒钟之内就可以发送到世界上任何指定的目的地），与世界上任何一个角落的网络用户联系。

电子邮件可以是文字、图像、声音等多种形式。同时，用户可以得到大量免费的新闻、专题邮件，并实现轻松的信息搜索。电子邮件的存在极大地方便了人与人之间的沟通与交流，促进了社会的发展。

1. 电子邮箱的注册

提供电子邮箱服务的网站有很多，如网易、新浪、雅虎、腾讯、搜狐等。本次操作流程以网易 126 邮箱为例。

（1）登录网易 126 的首页（见图 2-58）。

图 2-58　网易 126 邮箱首页

（2）点击“注册”按钮后，会打开注册页面，按提示填写好注册信息，如图 2-59 所示。

图 2-59　注册字母邮箱

注意：邮件地址取名要好记，不能为汉字，如果提示该邮件地址已被他人注册过了，需要另取地址名进行注册。

（3）点击“立即注册”按钮后，需要进行验证，我们选择图片验证码验证，如图 2-60 所示。

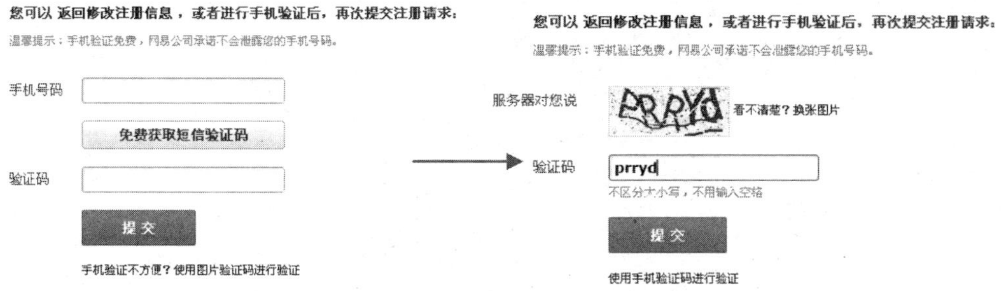

图 2-60　输入验证码

（4）验证成功后会提醒注册成功，并进入邮箱首页，如图 2-61 所示。

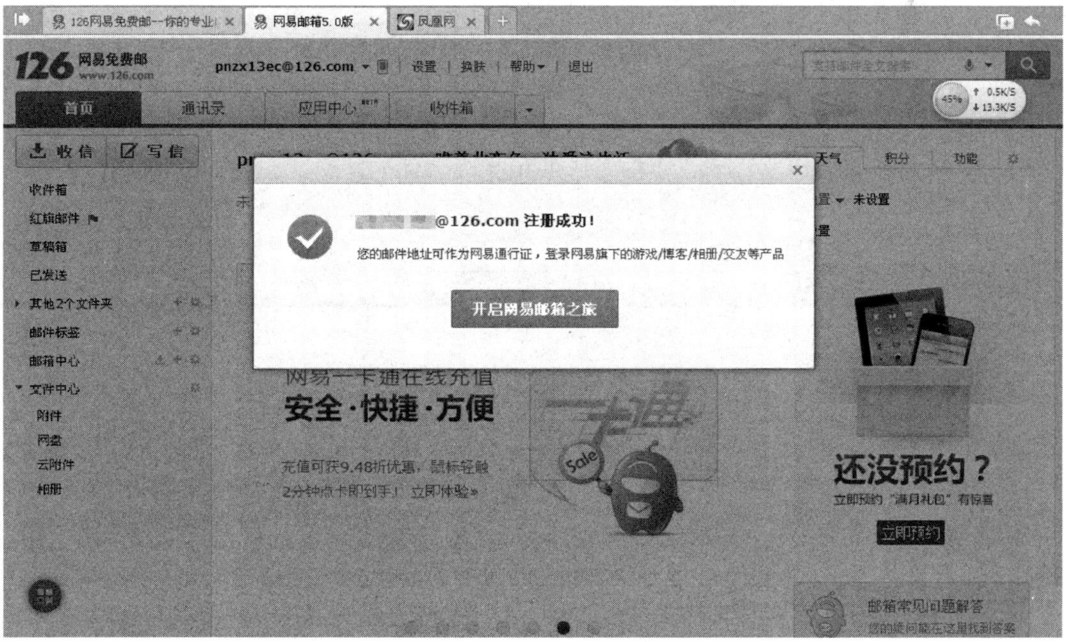

图 2-61　注册成功

2. 电子邮箱的登录

（1）首先登录提供邮箱服务的网站，如 126 邮箱。

（2）在图 2-62 所示的页面中，输入账号和密码即可登录，进入邮箱。

图 2-62 邮箱账号登录

3. 邮箱的使用

（1）发送简单的邮件。

点击写信，在“收件人”一栏输入对方的邮件地址，如：现在想要给1034038836@qq.com 发送信件，只需要在收件人一栏输入邮箱地址 1034038836@qq.com，填好邮件的主题以及正文内容，点击发送即可完成邮件的发送，如图 2-63 所示。

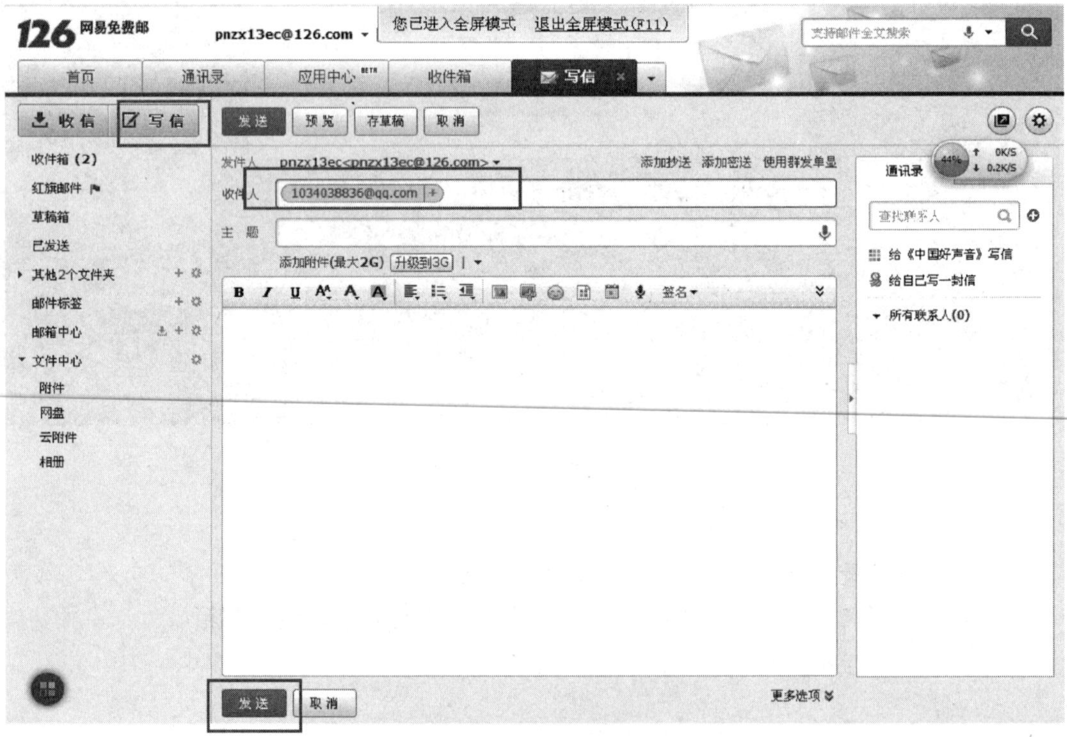

图 2-63 写信并发送

（2）发送附件。

如果想发送一张图片、一首 mp3、一个 word 文档的话，需要将要发送的文件添加为附件才可以进行发送。这里我们以发送一张图片为例来演示。

① 点击“添加附件”，如图 2-64 所示。

图 2-64　添加附件

② 出现“打开”的对话框，选择文件的存储位置，如图 2-65 所示。

图 2-65　选择文件

③ 找到自己想要发送的图片后，双击图片，或者点击“打开”，即可将文件添加为附件，如图 2-66 所示。

图 2-66　打开文件

④ 最后点击“发送”，即可完成附件的发送，如图 2-67 所示。

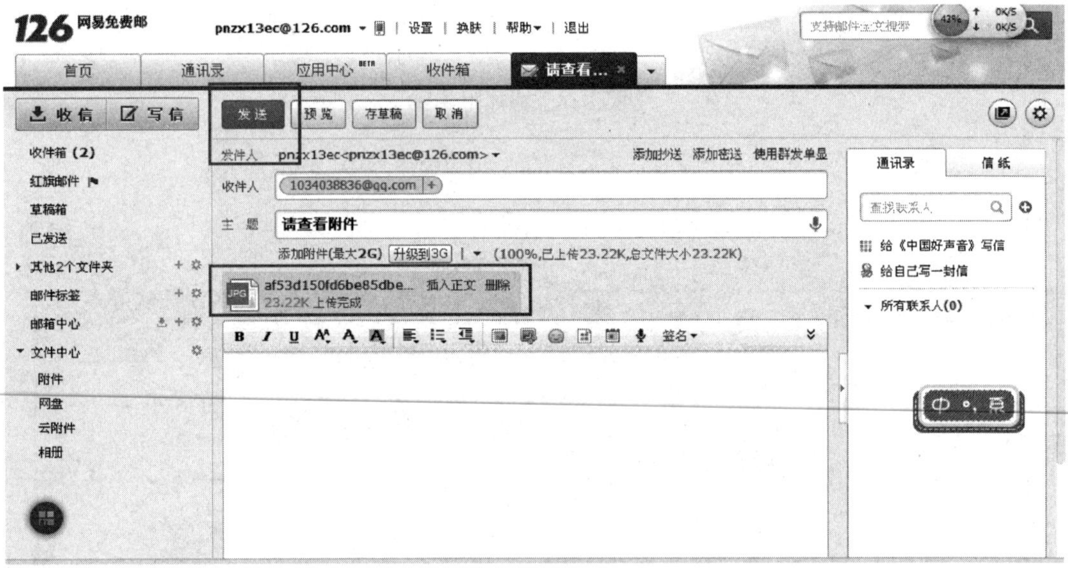

图 2-67　发送附件

（3）接收邮件。

① 在邮箱页面中，点击“收信”或者“收件箱”，可以查看别人发送的邮件。邮件呈列表显示，分别显示邮件的发件人、邮件主题，如图 2-68 所示。

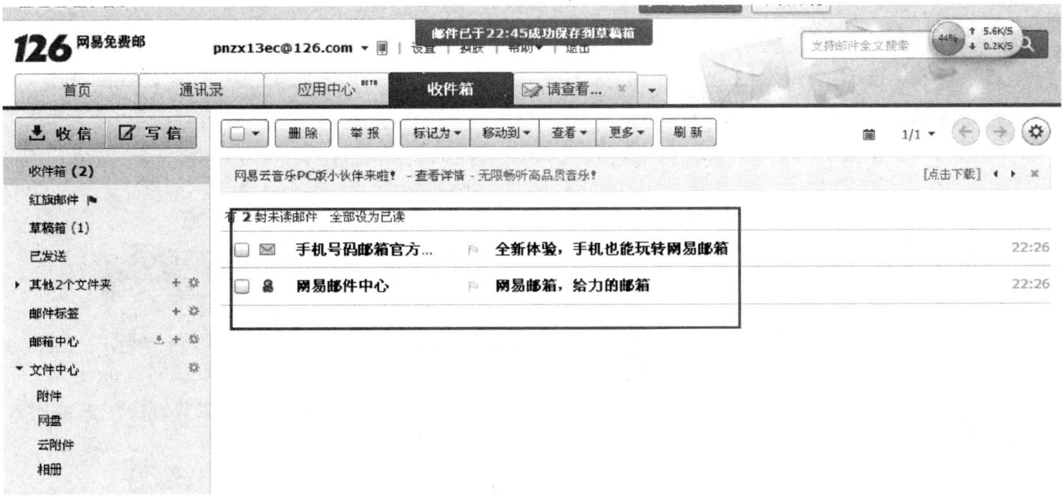

图 2-68 收件箱

② 点发件人或者主题，即可查看邮件内容，如图 2-69 所示。

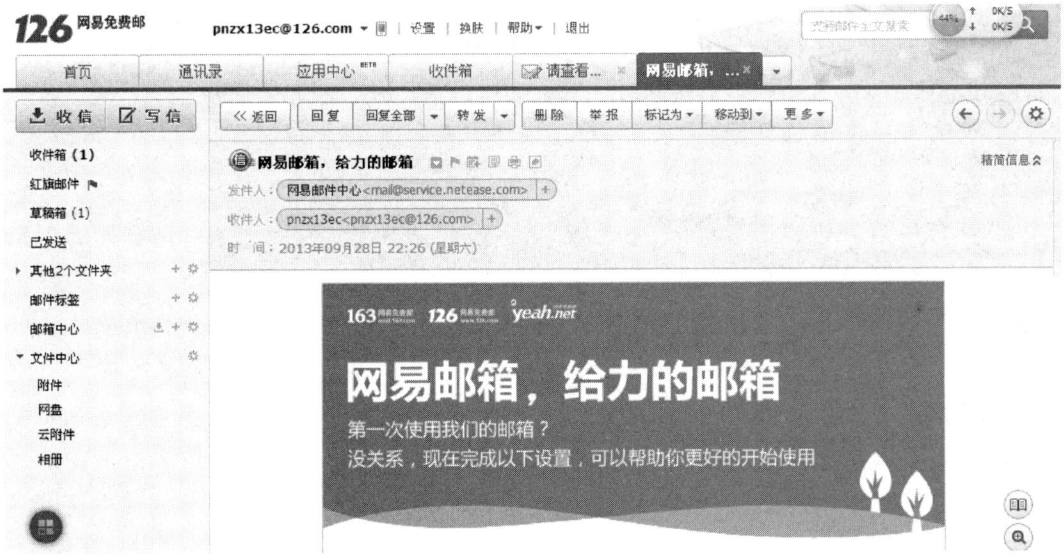

图 2-69 查看邮件

③ 查看完邮件，如果想回复，可以点击上图的“回复”按钮，如果想转发给其他人，可以点击“转发”按钮，将这封邮件转发给他人。

4. 电子邮箱的基本设置

点邮箱页面上方的“设置”按钮（见图 2-70），即可进入设置页面，如图 2-71 所示。

（1）个性签名的设置。

邮件签名类似于 QQ 的空间签名，邮件签名会出现在邮件正文的上方或者下方。点击上图的“签名/电子名片”标签，然后在出现的页面中点击“添加签名”按钮（见图 2-72），输入内容，点击“保存并设为默认”，如图 2-73 所示。这样别人在查看邮件时，就可以看到正文上方的签名！邮件签名是很多企业宣传自己网站所采用的一种方式。

图 2-70　设置按钮

图 2-71　设置邮箱

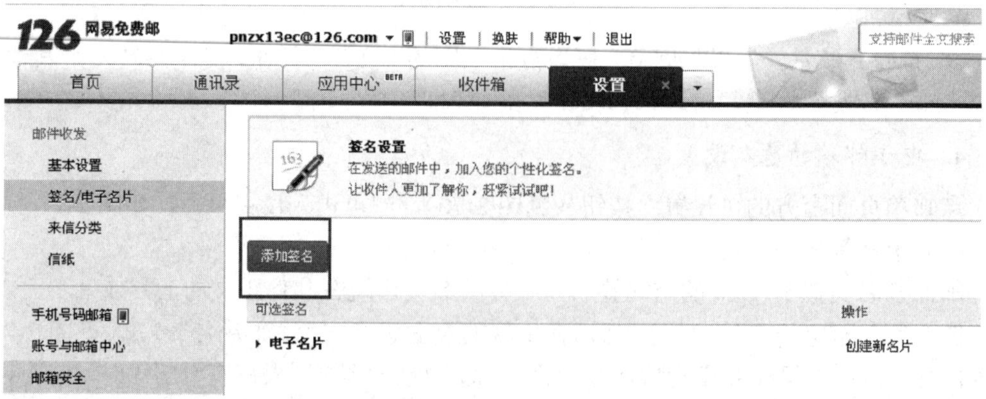

图 2-72　添加签名

图 2-73　输入个性签名的内容

（2）忘记密码后，快速找回密码。

很多同学经常遗忘密码，为了避免不必要的麻烦，可以预先将邮箱与手机号码绑定，或者设置密码提示问题，忘记密码后可以快速找回密码，如图 2-74 所示。

图 2-74　邮箱的安全设置

（3）邮件收发的相关设置

如保存到草稿箱，自动将联系人保存到通讯录、签名位置设置、已读回执设置等，如图 2-75 所示。

图 2-75　邮件收发设置

（4）设置自动回复

自动回复可以告知发件人，你已收到他的邮件，类似于 QQ 聊天中的自动回复。在“基本设置”页面，移动到“自动回复”模块，选中“在以下时间段内启用”复选框并输入回复内容，如图 2-76 所示。

六、微信电脑端

微信（WeChat）是腾讯公司于 2011 年 1 月 21 日推出的一个为智能终端提供即时通信服务的免费应用程序，支持跨通信运营商、跨操作系统平台通过网络快速发送免费（需消耗少量网络流量）语音短信、视频、图片和文字。根据腾讯公司公布的 2020 年第三季度业绩报告显示，腾讯微信及 WeChat 月活跃用户达 12.1 亿，已经是中国用户量最大的 App。

微信除了可以在手机端使用，还可以在电脑端使用，两种方式配合使用可以使我们的办公、交流等更加方便。微信电脑端常见的操作有聊天、发送和接收文件、使用小程序、备份数据和后台设置等，具体操作过程演示如下：

图 2-76　设置自动回复

1. 登录微信电脑端

（1）双击桌面的微信图标，打开登录对话框，点击“登录”按钮，再在手机端点击“登录”按钮。

（2）登录成功后会打开微信电脑端窗口，如图 2-77 所示。

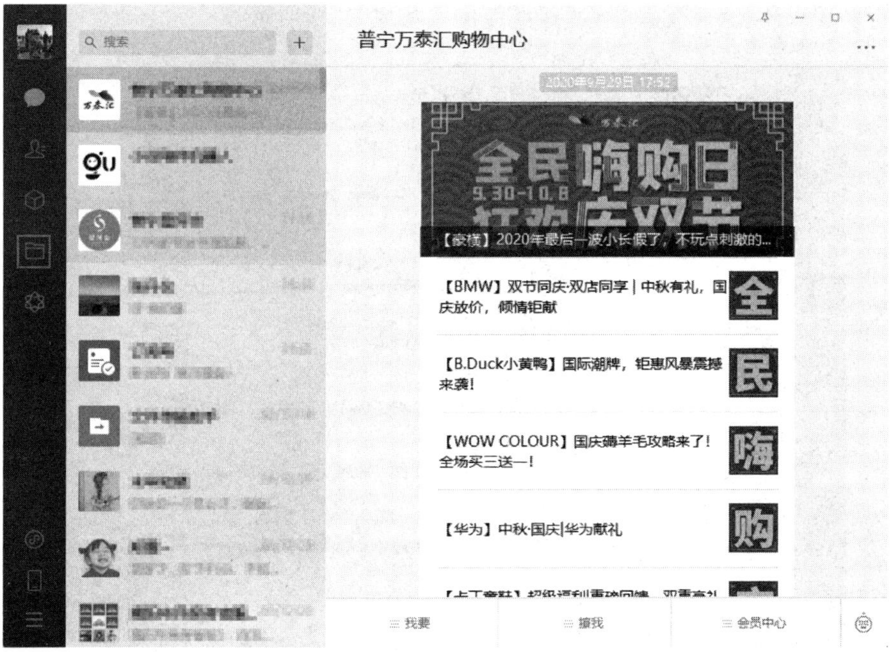

图 2-77　微信电脑端窗口

2. 查看微信文件

点击如图 2-77 所示的微信窗口左侧按钮，打开“微信文件”对话框，在该对话框下可以查找本电脑本微信号曾经下载过的文件，如图 2-78 所示。

图 2-78 “微信文件”对话框

3. 使用小程序

点击微信窗口左侧按钮，打开“小程序”面板，可以查看自己使用过的小程序，还可以将小程序添加到桌面，方便后期使用，如图 2-79 所示。

图 2-79 “小程序”面板

4. 使用文件传输助手

使用微信文件传输助手可以很方便地在手机和电脑之间进行文件传输，能够有效地提升办公效率。

（1）点击微信窗口左侧按钮，打开“文件传输助手”面板，如图 2-80 所示；点击“文件传输助手”按钮会打开“文件传输助手”对话框，如图 2-81 所示。

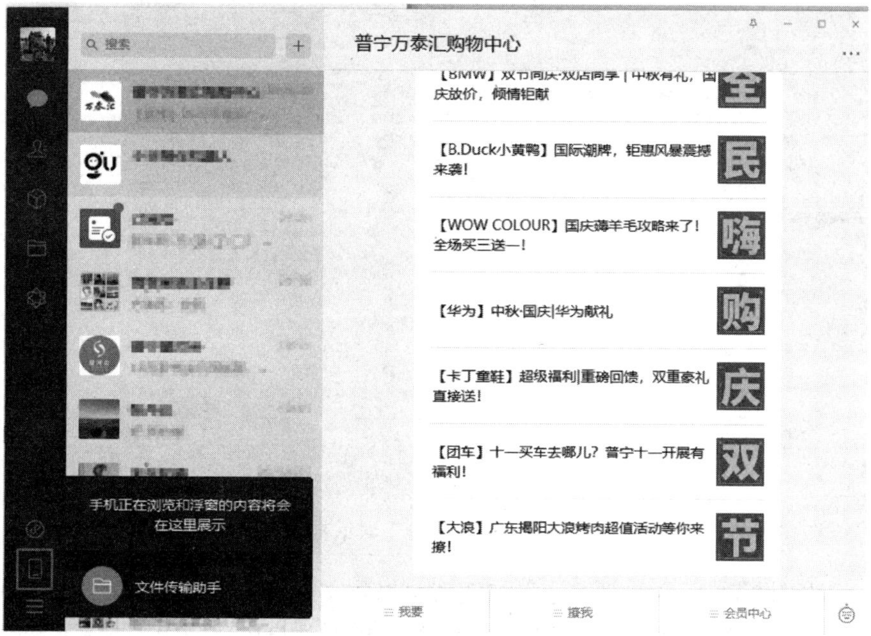

图 2-80 “文件传输助手”面板

图 2-81 “文件传输助手”对话框

（2）点击图 2-81 所示的输入框上方的“发送文件”按钮 ，在随后打开的“打开”对话框中选中自己需要传输的文件，如图 2-82 所示；再点击下方的“打开”按钮就可以将该文件置入输入框中，如图 2-83 所示。

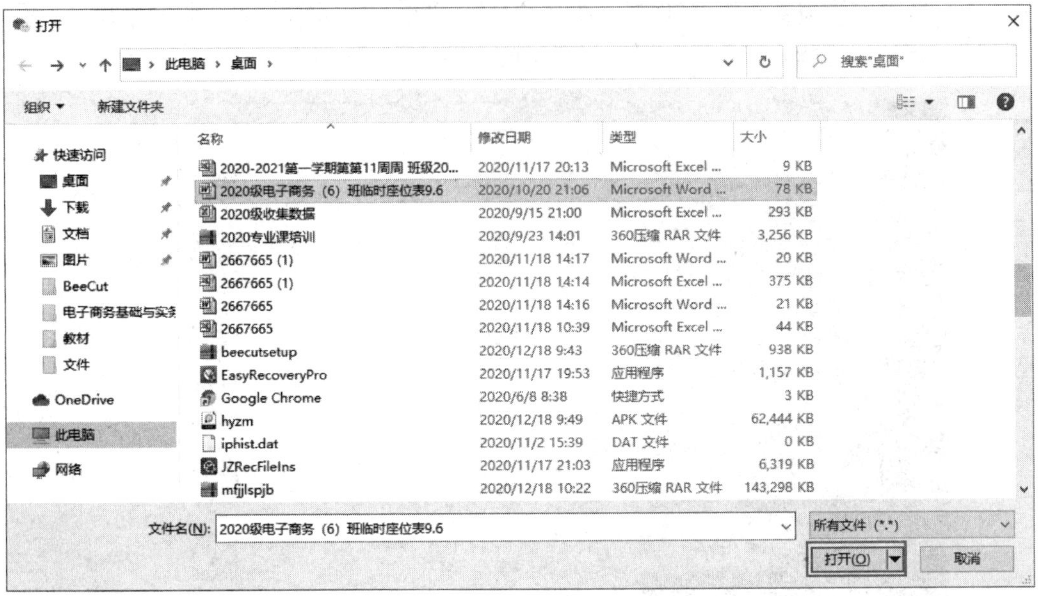

图 2-82 “打开”对话框

（3）点击图 2-83 所示的“发送”按钮就可以将文件传输到自己的手机微信端了；除了上述方法，也可以直接将文件拖到图 2-83 所示的对话框中，再点击“发送”按钮即可。

图 2-83 “文件传输助手”对话框

5. 备份与恢复数据

当我们更换手机或者重置系统的时候，原来的微信聊天记录就会消失，这个时候就需要我们提前对微信聊天记录进行备份，便于事后恢复。

（1）点击微信窗口左侧按钮，打开“设置”面板，如图 2-84 所示；点击“备份与恢复”按钮会打开“备份与恢复”对话框，如图 2-85 所示。

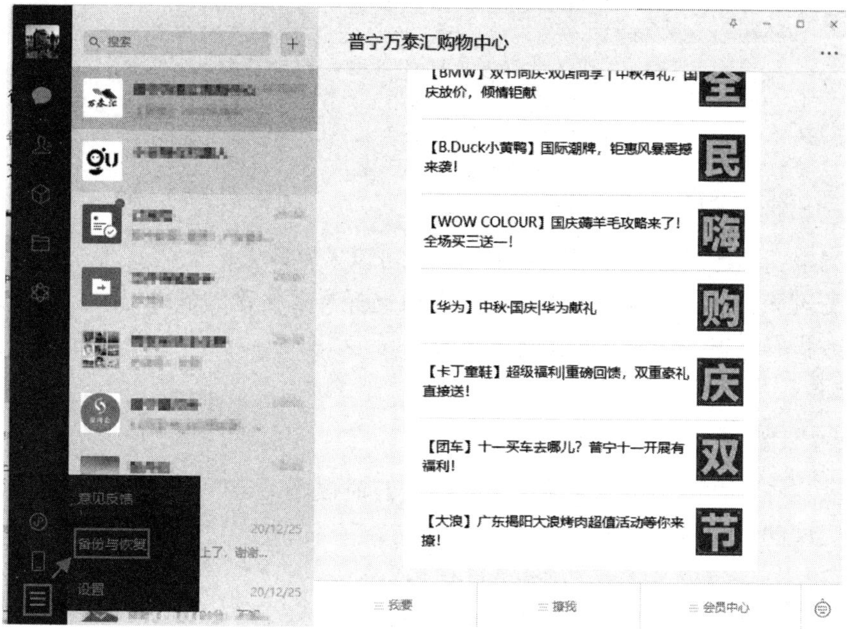

图 2-84　“设置”面板

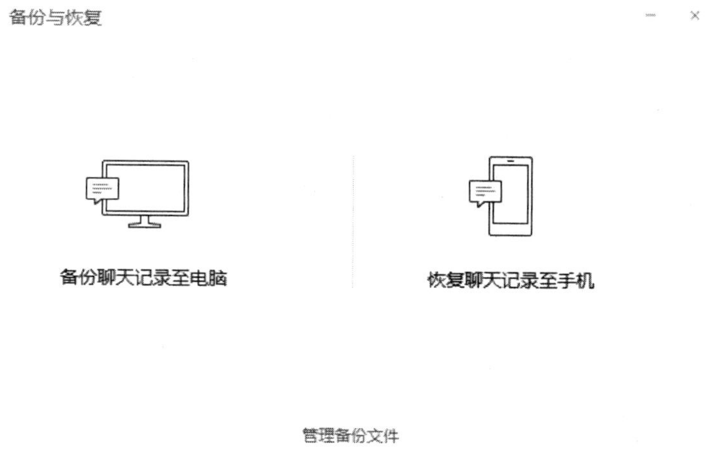

图 2-85　“备份与恢复”对话框

（2）首次使用可以先点击图 2-85 所示的“备份聊天记录至电脑”选项，随后会打开“备份到电脑”对话框，如图 2-86 所示，按照提示在手机上进行确认之后就开始备份。备份过程中可以查看备份进度，如图 2-87 所示。

图 2-86 “备份到电脑”对话框

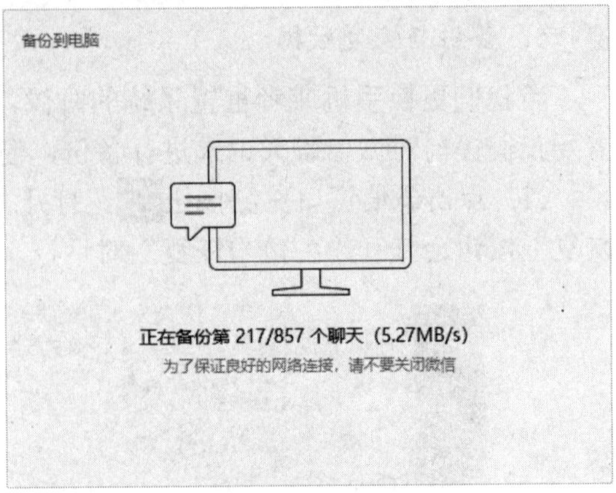

图 2-87 备份进度

（3）当电脑端已经备份好聊天记录之后就可以恢复聊天记录至手机。点击图 2-85 所示的“恢复聊天记录至手机”选项，打开“请选择需要传输的聊天记录”对话框，在对话框的下方我们选中需要恢复的会话，点击“确定”按钮，如图 2-88 所示。后面再根据提示操作即可。

6. 微信设置

（1）我们在平常的工作、学习等活动中，有时候不适合听聊天语音，这时候我们可以设置聊天中的语音自动转成文字。

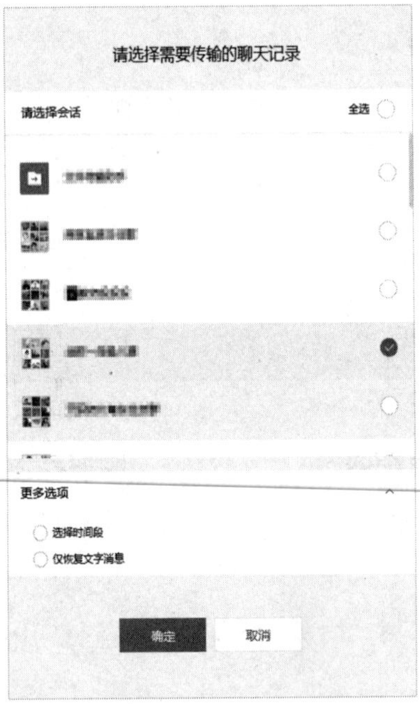

图 2-88 “请选择需要传输的聊天记录”对话框

点击微信窗口左侧按钮，打开“设置”面板，如图 2-84 所示；点击“设置”按钮会打开“设置”对话框，选择其中的“通用设置”选项卡，勾选“聊天中的语音消息自动转成文字”如图 2-89 所示。

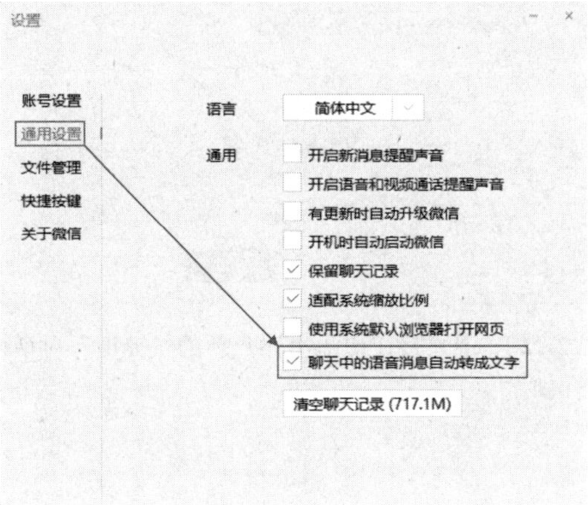

图 2-89 “通用设置”选项卡

（2）为了更加方便管理文件，我们可以设置微信接收文件默认保存的位置（如图 2-90）。

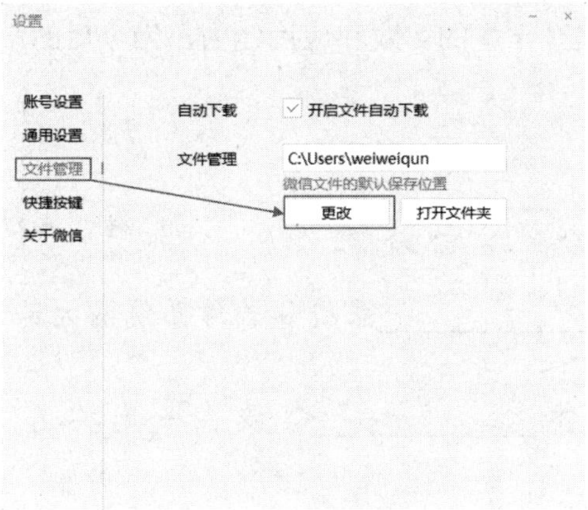

图 2-90 “文件管理”选项卡

（3）我们可以根据自己的使用习惯来设置快捷按键（如图 2-91），特别提醒，新的快捷按键不是将字符一个个地输入，而是直接通过按键输入的，如 Ctrl 键是直接按键盘的 Ctrl 键即可，不是分别输入 C、t、r、l，如图 2-92 所示。

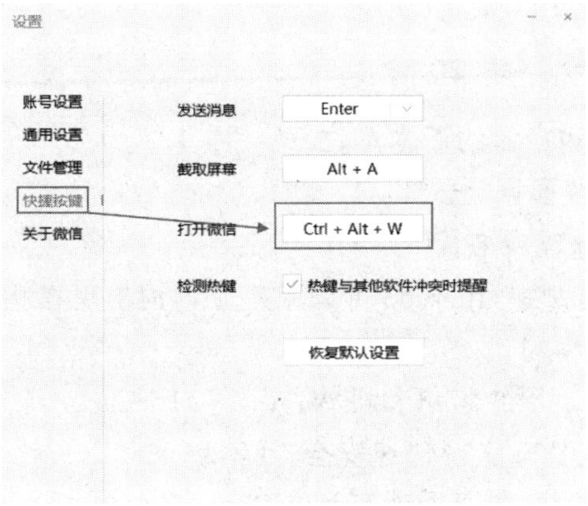

图 2-91 “快捷按键”选项卡

图 2-92 “请直接在键盘上输入新的快捷键”对话框

项目小结

电子商务是一门综合性很强的交叉学科，它涉及的知识面非常广，它对技能操作和创新能力要求也比较高，因此在学习电子商务时不仅要掌握相应的商务类知识，还应该熟练应用计算机和互联网知识。本项目旨在帮助学生熟悉计算机和互联网基础知识，掌握常用的计算机工具，提升学生的实践和应用能力，为今后的学习奠定基础。

练习与自测

总分：100 分
哇，我得了______分！

一、填空题（每空 2 分，共 40 分）

1．计算机系统由____________系统和软件系统两大部分组成；软件一般分为____________和____________。

2．____________和____________集成在一起称为中央处理器，简称为____________。

3．常见的互联网接入方式主要有__________、__________、__________、__________和__________。

4．计算机的结构应由__________、__________、__________、__________和__________五大部分组成。

5．在 www.***.com.cn 中，顶级域名为______，二级域名为______，三级域名为______，主机名为______。

二、判断题（每题 2 分，共 20 分）

1．字节是数据处理和存储的基本单位。（　　）

2．B 类地址适用于校园网。（　　）

3．XG 是香港顶级地理域名。（　　）

4．在百度搜索高级语法中，filetype 可以限定查询词出现在指定类型的文档中。（　　）

5．1 MB=1 Mb。（　　）

6．机构域中 com 表示网络组织和机构。（　　）

7．在公共场合使用 WiFi 上网快速安全。（　　）

8．4G 移动上网中的 4G 代表网速可达 4 Gbps。（　　）

9．WinRAR 可以加密文件。（　　）

10. 微信只能在手机端使用。(　　)

三、将下列设备类型及对应的硬件进行连线（每线2分，共10分）

	硬盘
存储设备	音箱
输入设备	显示器
输出设备	键盘
	U盘

四、简答题（每题5分，共10分）

1.列举至少5种机构域并简单说明。

2.列举5种互联网接入方式及其优缺点。

五、案例题（共20分）

华为技术有限公司，成立于1987年，是全球领先的信息与通信技术解决方案供应商。2020年8月10日，《财富》公布世界500强榜（企业名单），华为排在第49位；2020年位列中国民营企业500强第1名。

2019年5月15日，美国对华为采取禁令，禁止该国芯片企业向华为出售芯片；2020年5月15日，第一道禁令刚过去一年，美国升级禁令，禁止使用该国技术、软件或设备的代工厂为华为生产芯片；2020年8月17日，美国再度升级禁令，实体清单再增加38家华为子公司，限制清单上的公司购买使用该国技术或设备生产的芯片，华为作为购买者、中间收货人、最终收货人都将受到此约束。三轮限制措施层层递进，三轮之后，华为芯片供应几乎陷入绝境。

TikTok（抖音国际版）是字节跳动旗下短视频社交平台，于2017年5月上线。TikTok曾多次登上美国、印度、德国、法国、日本、印尼和俄罗斯等地App Store或Google Play总榜的首位。

2020年7月22日美国通过一项针对TikTok的法案，该法案禁止该国公职人员在政府的设备上使用TikTok；2020年7月24日美国又通过了“禁止在联邦政府设备上使用TikTok”的法案；2020年8月6日晚，美国勒令如果字节跳动不在45天内出售TikTok，就将被该国封禁。

华为和TikTok是我国领先的软硬件公司，在世界范围内都具有广泛影响力，却受到了美国极其严厉的禁令。

通过阅读上述案例，同学们有何感想？

思政课堂

敬业，工匠精神

项目 3

体验电子商务交易模式

卫问的姐姐在外地读大学，临近毕业，就业压力很大，卫问想给姐姐买点儿有特色的零食，让姐姐开心一下。

姐姐：最近天天忙着找工作，都快累死了。

卫问：姐，我知道你喜欢吃零食我给你买点儿你最爱吃的雪花酥吧。

姐姐：不用了啊，我们距离这么远，太麻烦了。

卫问：我学会网上购物啦，我可以上网给你买呀。

知识与能力目标

- 掌握电子商务的主要交易模式
- 清楚 B2B、B2C、C2C 的概念、特点和交易流程
- 了解新型电子商务模式 O2O 的概念及其发展现状
- 关注其他电子商务模式的发展现状

过程与方法

- 通过讲授和演示了解 B2B、B2C、C2C 的交易流程
- 采用任务导向法让学生体验电子商务不同类型的交易流程
- 通过小组讨论，从生活中挖掘 O2O 的发展现状
- 通过网上调查等方法，简单认识其他电子商务模式

情感态度与价值观

- 了解网上购物，对电子商务交易产生兴趣
- 通过生活体验加深对电子商务模式的认识
- 通过学习和操作实践，培养学生的创新能力、动手能力、自学能力及分析和解决问题的能力

任务3.1　B2C交易模式

任务要求与准备

1．任课教师构建合作学习小组：将全班同学分为不同的合作学习小组；每个合作学习小组由5～8名同学组成，同时选举小组长；合作学习小组起一个响亮的组名，设计合作学习小组的标志和口号；组长负责全组的组织、分工、协调、合作等工作。

2．合作学习小组的成员共同完成以下学习任务，解决以下学习问题。

（1）网上购物的基本流程有哪些？

（2）如何在网上购买到物美价廉的产品？

任务实施

1．学生自主建立讨论小组，收集小组成员名单，选出小组组长，将名单上交任课教师。

2．任课教师布置本次小组讨论的任务。

3．任课教师给予一定的准备时间；小组经过15分钟的讨论后，将答案进行总结，并选派组长或发言人作为代表进行发言。

4．各小组代表发言的时间规定在5分钟内。发言结束后其他同学可对小组发言进行提问，提问时间为3分钟。所有的小组全部发言结束后，每位同学都要填写评价量化表（见表3-1）。

5．任课教师对本次的任务表现做详细记录，作为学生的平时表现成绩。

任务评价

填写评价量化表（见表3-1）

1．教师简单介绍本次实训项目的内容。

2．教师亲自演示B2C的交易过程。

3．学生各自体验B2C的交易流程。

4．学生反馈体验感受。

表3-1　学生小组讨论评价量化表

评价项目	很满意（85～100分）	满意（75～84分）	一般（60～74分）	不满意（50～59分）	很不满意（50分以下）
实训成果自我评价					
实训成果教师评价					

案例导入

唯品会是一家专门做特卖的网站，每天多达 100 个品牌授权其特卖、确保正品、确保特价、限量抢购。未来，唯品会不仅将继续扩大品类，还将大力发展海淘，同时将深度挖掘大数据，满足多样化的购物需求。唯品会每天定时有新折扣品牌上线，这很适合女性逛街购物的心理。顾客也许没有硬性购买需求，但猎奇的心理还是会促使其定期去看看有哪些便宜东西，而且很多时候是非理性购买。

唯品会的低成本不仅体现在获取用户方面，还体现在物流扩张方面，唯品会采取的是控股、战略合作等小投入、见效快的模式。限时特卖模式下，唯品会仓库里的货品理论上大概每 5 天就要周转一次。唯品会采取的是仓储自建，包裹通过“干线+落地配”的模式配送，也就是先把一个地区或一个城市当天所有的订单通过第三方的卡车运到当地，然后交给当地的快递企业。“干线+落地配”比全国性的物流公司成本要低，并且覆盖面广。

一、B2C 的概述

（一）B2C 的概念

B2C 是 Business To Customer 的缩写，是企业与消费者之间进行的一种电子商务模式，是指企业通过互联网将商品或服务对消费者进行直销的电子商务模式。B2C 网站即企业通过互联网为消费者提供一个新型的购物环境——网上商城，为消费者提供很好的商品搜索和浏览功能，使消费者很容易了解到所需要的商品信息，消费者可以通过网络直接进行商品的选购与支付。

企业在网站上发布产品和服务信息，直接销售给消费者。在这种模式中，还涉及银行、认证中心、物流配送中心等部门。这种模式相当于电子化的零售业，它是随着互联网的发展而出现的。这种模式节省了消费者和企业的时间和空间成本，企业可以借助互联网延长服务时间、扩大销售范围、降低交易成本、减少交易环节。消费者可以足不出户地货比多家，选购到更加物美价廉的商品，从而节省不必要的人力和开支。

（二）B2C 网购模式分类

1. 综合平台商城

综合平台商城只做网络交易平台，不涉及具体的商品采购和配送服务。卖家可以通过缴纳一定服务费的方式来申请加入平台，如天猫。

2. 综合独立商城

综合独立商城的内部机构庞大，具有商城的独立经营权，能提供正规发票和售后服务，需要自行进行商品的采购、上架、仓储、发货和配送等工作，如京东商城。

3. 连锁网销商城

连锁网销商城是一种“实体+网销”的模式，依托于传统零售采购平台强大的供应链，以及与厂商良好的合作关系，具有较高的品牌信誉度与丰富的商品种类。但该模式存在线上、线下价格不统一等情况，如小米商城、苏宁易购、华为体验店等。

（三）B2C 的特点

1. 无时间和地域限制

用户可以随时随地登录交易网站，挑选自己所需要的商品进行交易。

2. 节约时间和费用成本

B2C 商城所销售的商品种类齐全，消费者从吃穿消费品到居家日用品都可以实现一站式购物。除此之外，消费者通过网上商城，足不出户即可实现货比多家，从挑选商品到完成支付都可以通过网络进行，时间和费用成本大幅度降低。

3. 商品价格更便宜

由于企业开设网上商城，省去了传统商场的装修、租金、水电等费用，因此网销商品与线下商品相比较，具有价格更便宜的优势，也因此而受到更多消费者的青睐。

4. 个性化服务

企业可以通过网上商城为消费者提供在线定制等个性化的服务。

5. 商品品质有保障

相比淘宝、拼多多等 C2C 交易平台，消费者更信任 B2C 商城的商品品质，原因在于 B2C 商城是由企业直接向消费者提供商品的，因此在品质方面更有保障。

6. 完善的物流保障

部分 B2C 平台还开设了自己的物流部门，以保证商品及时地送到买家手中。例如，京东商城拥有自己强大的京东物流体系，顾客下单后京东商城可以第一时间安排仓库发货，顾客可以以最快的速度收到自己购买的商品。

案例分析

京东商城是中国垂直 B2C 市场中知名的综合网络零售平台，是中国电子商务领域广受消费者欢迎和具有影响力的电子商务网站之一。京东集团于 2004 年正式涉足电商领域。目前，京东商城的零售业务已完成数码、手机、家电、消费品、时尚、家居、生鲜、生活服务、工业品等全品类覆盖。京东商城首页见图 3-1。

图 3-1　京东商城首页

京东商城致力于为用户打造极致购物体验。京东商城是中国消费者信赖的家电购买平台，为大中城市和乡镇市场的消费者提供丰富多元、满足各种个性化需求的高品质家电和一站式优质服务。

京东手机与品牌商、运营商保持了长期紧密的合作，共同推动了5G生态发展，为消费者打造一站式购机服务体验。京东超市目前已经成为众多知名国际快消品牌的全渠道零售商。

京东超市打造的“全城购”项目拓展全渠道业务，已经成功在全国多个城市、区域建立起了完善的全品类即时消费的零售生态。

全品类发展的京东生鲜通过七鲜超市、七鲜生活等业态，线上线下相结合，为消费者创造更佳体验。

在高增长潜力品类方面，通过构建全球时尚和奢侈品生态体系，京东时尚正成为国内外顶级品牌开拓中国市场的重要合作伙伴。例如，京东美妆吸引了大量店铺入驻；京东运动在提供品质运动消费的同时，提供“互联网+体育”的一站式解决方案；京东居家为消费者提供高品质的家装、家具、家居日用产品及服务。2019年11月，京东正式推出国内首个全面专注于大进口业务的消费平台——京东国际，打造可信赖的进口商品一站式消费平台。

京东生活服务围绕汽车、房产、文旅、拍卖、鲜花园艺、本地生活等场景，高效整合全产业链资源，为消费者提供了连接线上和线下、囊括实物和服务、覆盖日常生活各方面的丰富选择，带来“商品+服务”的一体化“京”质生活体验。

京东零售企业业务为政府、企业及事业单位提供智能化、定制化的采购管理解决方案，帮助政企客户提高采购效率，合理管控成本，目前拥有超800万活跃企业客户，是超91%世界500强企业的共同选择。面向工业制造业，京东企业业务推出京东工业品，专注工业品电商、工业智能采购平台及工业互联网技术应用解决方案等相关领域，致力于通过技术实现工业制造业产业链上下游的无缝连接，为企业客户提供智能采购服务和供应链解决方案。

经过多年的积累，京东零售已经成为一家典型的以技术驱动为主的零售公司。在数字化的基础上，京东零售不断推进智能化能力建设，并通过各项技术对外赋能，推动行业的降本增效，并打造最优的用户体验。目前，京东在C2M领域已经有了相对成熟的商业模式和开发能力，并通过C2M模式催生了众多贴合消费者需求，甚至引领消费者需求的新品类，如为消费者提供游戏本、高性能轻薄本、带鱼屏等。智能化、全渠道的履约网络能从不同场景和业态中选出成本最优、效率最高的订单生成路径和配送方案，具备代表行业先进水平的后台履约能力。京东为实体零售打造了成熟的数字化运营体系，可以帮助线下门店提升选址、选品、营销等环节的效率和准确度。目前，京东零售技术研发人员的数量已经超过员工总数的三分之一。

京东零售打造了50余种服务项目，覆盖购物、售后、送装全链条，为消费者提供高品质的服务。京东客服始终坚持“客户为先”的服务理念，成为京东零售的核心竞争力之一。截至2019年年底，京东在过去十年已累计向客服业务投入超过150亿元，今后还将继续加大投入。

目前京东已经建立华北、华东、华南、西南、华中、东北六大物流中心，同时在全国超过 360 座城市建立核心城市配送站。京东不仅拥有自己的物流配送服务，而且还推出了“极速达”服务。在京东上购买了大件商品后，在京东最优势的地区，可以实现 3 个小时送货到的服务。例如，每日 9:00 至 17:00 在京东购买大件商品，北京、广州、上海、成都等 50 多个城市的指定区域均可选择“极速达”配送。后续将还会开放更多的城市。

京东商城坚持“以信赖为基础、以客户为中心的价值创造”的经营理念，持续创新，不断为用户和合作伙伴创造价值。京东商城以“产品、价格、服务”为核心，致力于为消费者提供优质的商品、优惠的价格，同时推出“211 限时达”“售后 100 分”“全国上门取件”“先行赔付”等多项专业服务。京东通过不断优化的服务引领网络零售市场。

想一想：

请从京东商城的案例中，总结一下京东商城的经营策略。

二、B2C 购物体验

B2C 的购物流程见图 3-2。

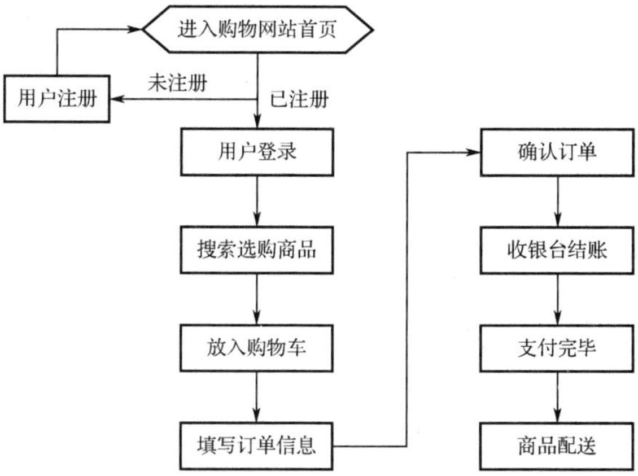

图 3-2 B2C 购物流程

1. 登录网站

在浏览器中输入京东商城的官方网址，进入首页，见图 3-3。

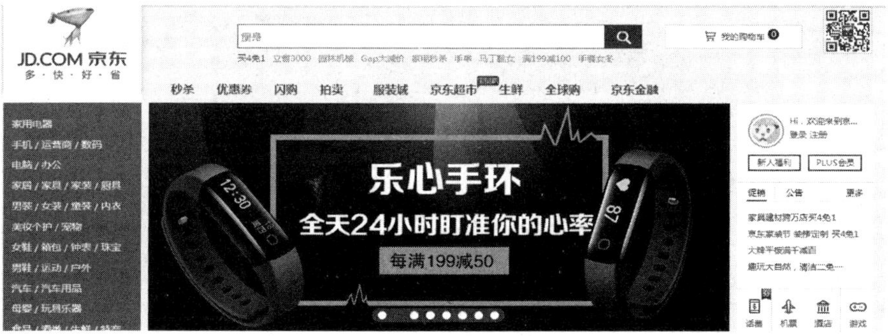

图 3-3 京东商城首页

2. 注册会员

注册商城会员，注册会员入口见图 3-4。

图 3-4　注册会员入口

3. 填写注册信息

填写注册信息，见图 3-5。

图 3-5　填写注册信息

4. 登录账户

注册成功后，登录会员账户，账户登录页面见图 3-6。

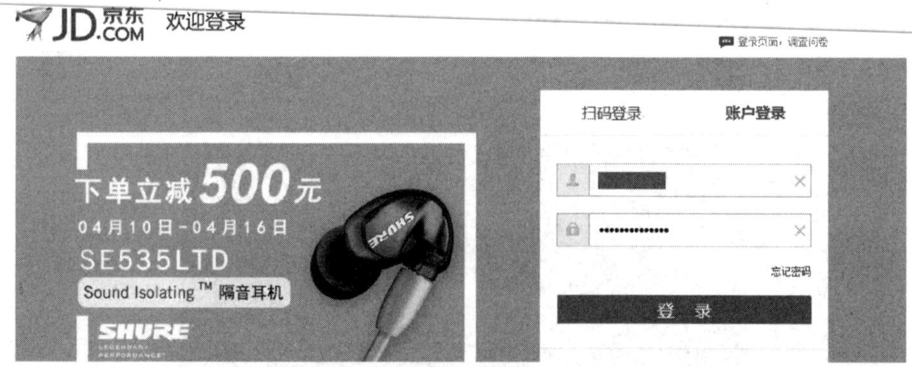

图 3-6　账户登录页面

5. 搜索商品

在京东商城首页上搜索自己想要购买的商品（如小电扇），见图 3-7。

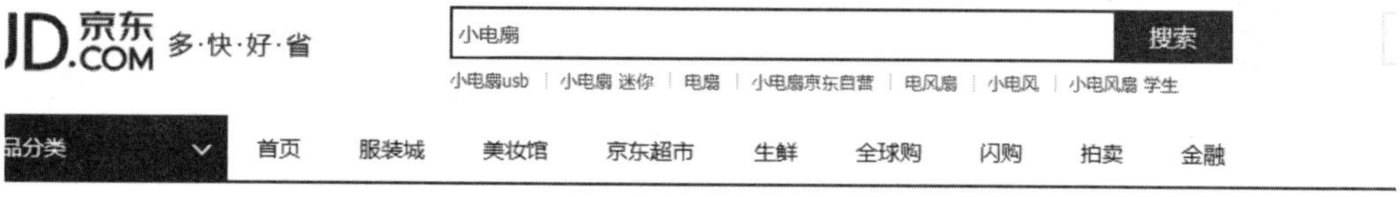

图 3-7　搜索商品页面

6. 条件筛选

进行条件筛选，如选择商品的品牌、类别等，见图 3-8。

图 3-8　条件筛选页面

7. 加入购物车

挑选自己喜欢的商品加入购物车，见图 3-9。

图 3-9　加入购物车

8. 结算

进入购物车页面，选择“去结算”进行结算，见图 3-10。

图 3-10　结算

9. 填写信息

填写收货人信息，见图 3-11，选择支付方式及配送方式，见图 3-12。

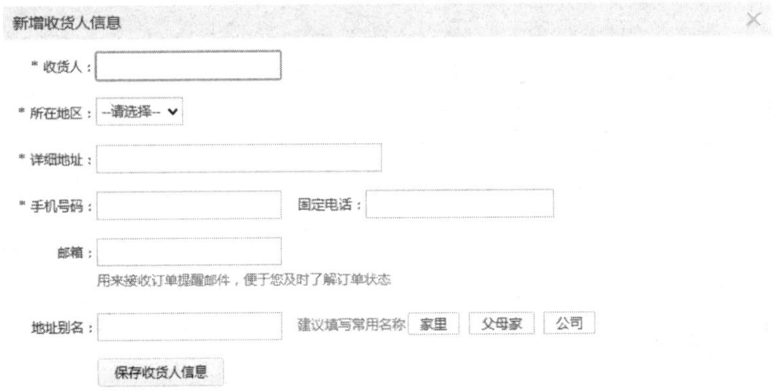

图 3-11　填写收货人信息

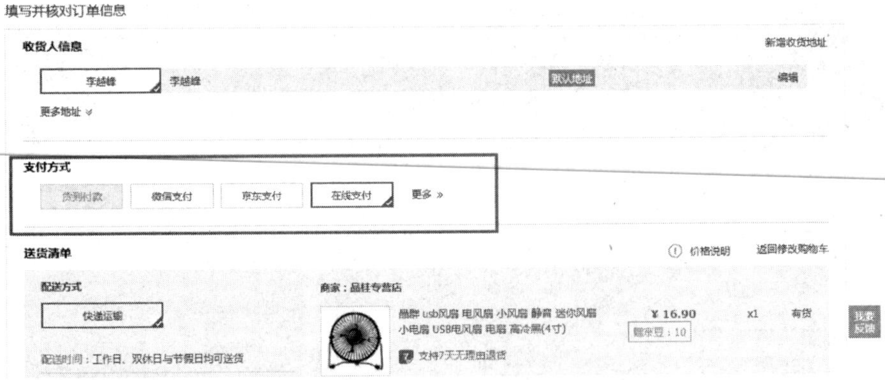

图 3-12　选择支付方式及配送方式

10. 提交订单

填写完毕后，在页面最下端选择提交订单，见图 3-13。

图 3-13　提交订单

11. 支付

进入支付页面，选择支付方式，完成支付即可，见图 3-14。

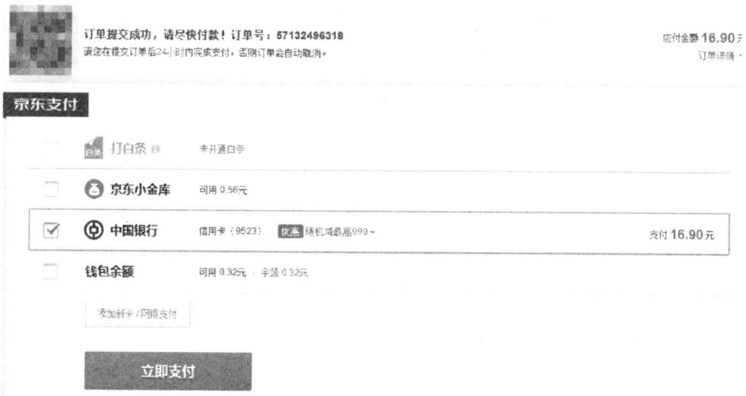

图 3-14　支付页面

知识拓展

1. 聚美优品

聚美优品是一家化妆品限时特卖商城，其前身为团美网，由陈欧、戴雨森等创立于 2010 年 3 月。聚美优品首创“化妆品团购”模式，每天在网站推荐十几款热门化妆品。2010 年 9 月，团美网正式全面启用聚美优品新品牌，并且启用全新顶级域名。

聚美优品坚持只从品牌厂家、正规代理商、国内外专柜等可信的进货渠道采购商品，并在采购部门专门设置自己的质检员，让消费者拥有良好的服务体验，进而取得消费者的信任。从 2010 年 3 月成立至今，凭借口碑传播，聚美优品短短一年半就从月销售额不足 10 万元发展到每月销售上亿元的规模。聚美优品拥有 5000 万注册用户，占女性化妆品团购市场份额的 80%以上。与常规的团购有所不同，聚美优品的信息发布客户是自己，即自建渠道、仓储和物流，销售化妆品。严格意义上说，它是采取团购形式的垂直类女性化妆品 B2C。从创业之初，聚美优品的理念就很清晰，就是要做女性化妆品正品折扣网店。

2. 苏宁易购

苏宁易购，是苏宁云商集团股份有限公司旗下新一代 B2C 网上购物平台，现已覆盖传统家电、3C 电器、日用百货等品类。2011 年，苏宁易购强化虚拟网络与实体店面的同步发展，不断提升网络市场份额。苏宁易购将依托强大的物流、售后服务及信息化支持，继续保持快速的发展步伐；到 2020 年，苏宁易购计划实现 3000 亿元的销售规模，成为中国领先的 B2C 平台之一，目前已位居中国 B2C 市场份额前三强。2015 年 8 月 17 日苏宁易购正式入驻天猫商城。

3. 当当网

当当网是知名的综合性网上购物商城，由国内著名出版机构科文公司、美国老虎基金、美国 IDG 集团、卢森堡剑桥集团、亚洲创业投资基金（原名为软银中国创业基金）共同投资成立。从 1999 年 11 月正式开通至今，当当网已从早期的网上卖书拓展到网上卖各品类百货，包括图书音像、美妆、家居、母婴、服装和 3C 数码等几十个大类，数百万种商品。物流方面，当当网在全国 600 个城市实现“111 全天达”，在 1200 多个区县实现了次日达，货到付款（COD）方面覆盖全国 2700 个区县。当当网于美国时间 2010 年 12 月 8 日在纽约证券交易所正式挂牌上市，成为中国第一家完全基于线上业务、在美国上市的 B2C 网上商城。

想一想：

聚美优品、苏宁易购、当当网之间的相同与不同之处是什么？

任务 3.2　B2B 交易模式

任务要求与准备

1. 本任务以慧聪网为例，进行 B2B 交易体验。
2. 学生通过 B2B 购物体验，解决以下问题：

（1）B2B 网站的购物流程是什么？

（2）B2B 网站与 B2C 网站的区别是什么？

任务实施

1. 教师简单介绍实训内容。
2. 教师亲自演示 B2B 网站采购的过程。
3. 学生各自体验 B2B 交易流程。
4. 学生反馈体验感受。

任务评价

填写学生 B2B 上机实操评价量化表，见表 3-2。

表 3-2　学生 B2B 上机实操评价量化表

评价项目	很满意（85～100 分）	满意（75～84 分）	一般（60～74 分）	不满意（50～59 分）	很不满意（50 分以下）
实训成果自我评价					
实训成果教师评价					

案例导入

阿里巴巴网络技术有限公司于 1999 年在杭州创立，阿里巴巴集团经营多项业务，另外也从关联公司的业务和服务中取得经营商业生态系统上的支援。业务和关联公司的业务包括淘宝网、天猫、聚划算、全球速卖通、阿里巴巴国际交易市场、1688、阿里妈妈、阿里云、蚂蚁金服、菜鸟网络等。2014 年 9 月 19 日，阿里巴巴集团在纽约证券交易所正式挂牌上市，股票代码“BABA”，创始人和董事局主席为马云。2021 年 5 月，阿里巴巴集团发布 2021 财年（国际财年计算周期为每年 6 月至第二年 5 月）全年营收 7172.89 亿元，市场预期 7092.33 亿元，2020 年同期营收 5097.11 亿元；2021 财年全年净利润 1503.08 亿元，市场预期 1651.75 亿元，2020 年同期 1492.63 亿元。

1688 平台是阿里巴巴集团主打 B2B 企业采购的品牌，它的定位是企业的批发采购，为天下网商提供海量商机信息和便捷安全的在线交易市场。阿里巴巴大企业采购业务成立于 2012 年年底，作为业界知名的 B2B 平台，阿里巴巴大企业采购定位为帮助大型企业、国有央企等进行采购转型，从传统的采购模式升级到高效的互联网采购。其采购金额从数百万到十几亿，需求涵盖工程建材、3C 电子、化工原料、纺织面料、办公用品等多个领域。就目前的产品和市场来看，阿里巴巴大企业采购是面向核心生产部门的原材料采购，它们有完善的供应商评价体系和强大的技术支撑，并且已经形成了较完整的交易管理体系。

1688 平台会对申请入驻的厂商进行资格审查，评价体系为“诚信通”，并且为审查合格的企业标注牛头标，等级越高代表厂商实力越大。近几年来随着电商平台和物流体系的完善，企业线上采购已成为一种趋势。

一、B2B 的概述

（一）B2B 的概念

B2B，是 Business To Business 的缩写，是指企业与企业之间通过专用网络或 Internet，进行数据信息的交换、传递，开展交易活动的商业模式。它将企业内部网和企业的产品及服务，通过 B2B 网站或移动客户端与客户紧密结合起来，通过网络的快速反应，为客户提供更好的服务，从而促进企业的业务发展。

（二）B2B 的优势

1. 降低采购成本

企业通过与供应商建立企业间电子商务，实现网上自动采购，可以减少双方为进行交易投入的人力、物力和财力。另外，采购方企业可以通过整合企业内部的采购体系，统一向供应商采购，实现批量采购从而获取折扣。例如，沃尔玛公司将美国的 3000 多家超市通过网络联接在一起，统一进行采购配送，通过批量采购节省了大量的采购费用。

2. 降低库存成本

企业通过与上游的供应商和下游的顾客建立企业间电子商务系统，实现以销定产、以产定供，实现物流的高效运转和统一，最大限度控制库存。例如，通过允许顾客网上定货，实现企业业务流程的高效运转，大大降低库存成本。

3. 节省周转时间

企业还可以通过与供应商和顾客建立统一的电子商务系统，实现企业的供应商与企业的顾客直接沟通和交易，减少周转环节。例如，波音公司的零配件是从供应商采购的，而这些零配件很大一部分是为了满足波音公司的顾客维修飞机时使用的。为减少中间的周转环节，波音公司通过建立电子商务网站实现波音公司的供应商与顾客之间的直接沟通，大大减少了零配件的周转时间。

4. 扩大市场机会

企业通过与潜在的客户建立网上商务关系，可以覆盖原来难以通过传统渠道覆盖的市场，增加企业的市场机会。例如，通过网上直销，有 20%的新客户来自中小企业，通过与这些企业建立企业间电子商务，大大降低了双方的交易费用，增加了中小企业客户网上采购的动力。

二、B2B 的分类

（一）B2B 电子商务模式类别

目前国内 B2B 电子商务模式包括两种类型：一种是大型企业自建 B2B 电子商务网站来开展电子商务，企业通过电子商务来降低成本、提高销售量，如海尔、联想等推出的网上采购和网上分销；另一种是第三方电子商务平台，我国中小企业有 3000 多万，由于中小企业自身条件的限制，拥有网站的只有 200 多万家。

随着中小企业对 B2B 网站认知的不断提升，绝大部分中小企业需要通过第三方电子商务平台开展电子商务，进行网络营销。例如，通过第三方电子商务平台发布和查询供求信息，与潜在客户进行在线交流和商务洽谈等。

（二）B2B 模式的分类

目前，第三方电子商务平台采用的 B2B 模式可以分为面向中间交易市场的水平 B2B 电子交易和面向制造业或商业的垂直 B2B 电子交易两种模式。

1. 面向中间交易市场的水平 B2B 电子交易

面向中间交易市场的水平 B2B 电子交易指可服务于多个行业与领域的电子商务网站，面向中间交易市场的水平 B2B 电子交易，这种综合性模式称为水平 B2B。水平 B2B 网站可以将买卖双方集中到一个市场上，为买卖双方提供一个交易平台，并可以在此平台上进行信息交流。所谓“水平”，指的是这些网站的行业范围广，很多行业中的企业可以在同一个网站上进行贸易活动。

目前，比较知名的水平 B2B 电子交易网站有 1688、慧聪网等。

2. 面向制造业或商业的垂直 B2B 电子交易

面向制造业或商业的垂直 B2B 电子交易指定位于某一特定专业领域的电子商务网站，面向制造业或商业的行业垂直 B2B 电子交易，这种模式可以分成两个方向：上游和下游。生产商或零售商可以和上游的供应商形成供货关系，如戴尔公司与上游的芯片和主板制造商就是通过这种方式进行合作的。同时，生产商和下游的销售商也可以形成销货关系，如思科公司与其分销商之间进行的销货关系。通过形成这样一种供应链关系，垂直 B2B 网站可以将某一行业的上下游厂商聚集在一起，使厂商更容易地找到供应商或买主。所谓“垂直”，指的是这些网站的专业性较强，它们分别处在某一特定的行业内，如制造业、IT 业等。

目前，国内垂直 B2B 领域划分清晰，主要的垂直 B2B 电子交易网站越来越多，如主打工业用品的工品汇、易派客，还有主打办公用品的科力普省心购（晨光公司），主打纺织用品交易平台中国针织网等。

三、B2B 的交易体验

（一）B2B 交易流程

在 B2B 交易过程中，以水平 B2B 电子交易网站为例，采购商与供应商的交易流程见图 3-15。

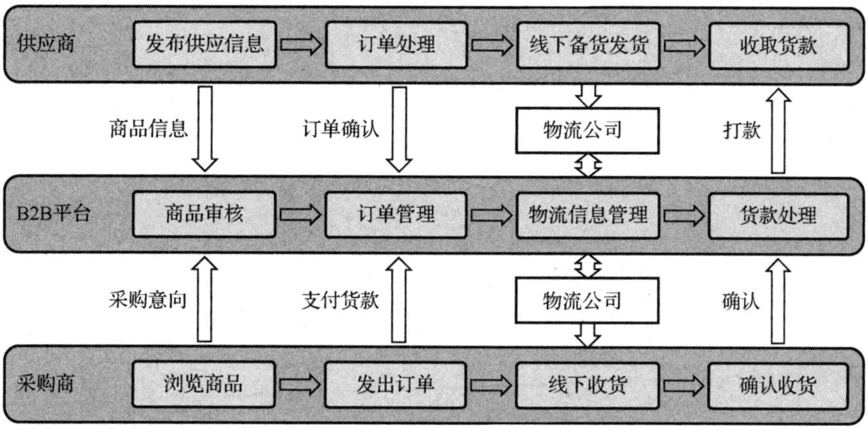

图 3-15　B2B 交易流程

（1）供应商发布供应信息，该信息包含了所供应商品的名称、型号、数量、款式、采购价格等信息。

（2）采购商搜索供应信息，选择合适的供应商，在线生成采购订单，并完成在线支付。

（3）供应商根据采购订单中的商品名称、数量等信息进行核查，完成订单确认。

（4）供应商备货并完成发货，在交易平台输入物流运输单号。

（5）采购商收到货物确认无误后进行确认收货，此时平台会将货款打至供应商账户。

（6）供应商收到货款。

（7）双方对本次交易进行评价。

（二）B2B 交易体验

1. 慧聪网注册及登录

以慧聪网为例进行 B2B 交易体验。慧聪网首页见图 3-16。

图 3-16 慧聪网首页

（1）会员注册。

慧聪网买卖通会员注册，注册页面见图 3-17。

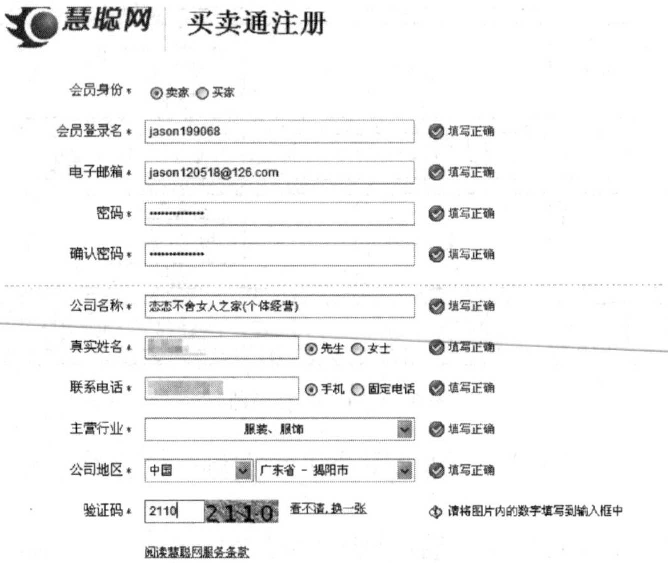

图 3-17 买卖通会员注册页面

（2）登录后台。

注册成功后，进行登录，登录后台页面见图 3-18。

图 3-18　登录后台页面

2. *发布供应信息*

（1）选择发布产品。

在登录后台页面后，选择发布产品。

（2）填写供应产品信息。

① 选择类目，见图 3-19。

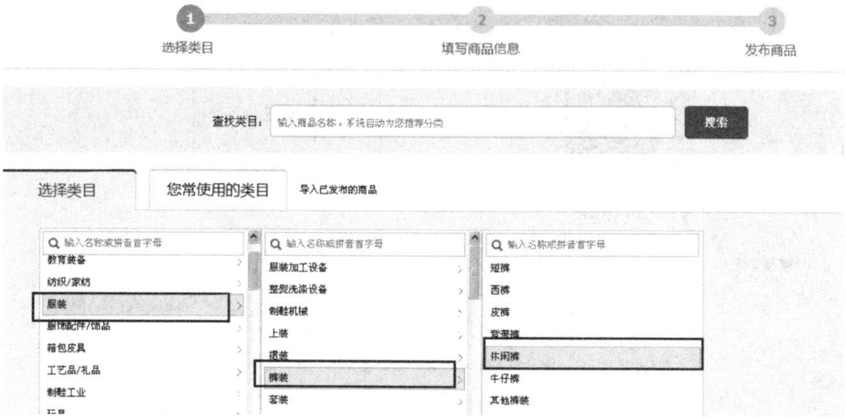

图 3-19　选择类目

② 填写商品信息，商品基本信息见图 3-20，规格参数见图 3-21，图片和详细说明见图 3-22，其他信息见图 3-23，发布成功页面见图 3-24。

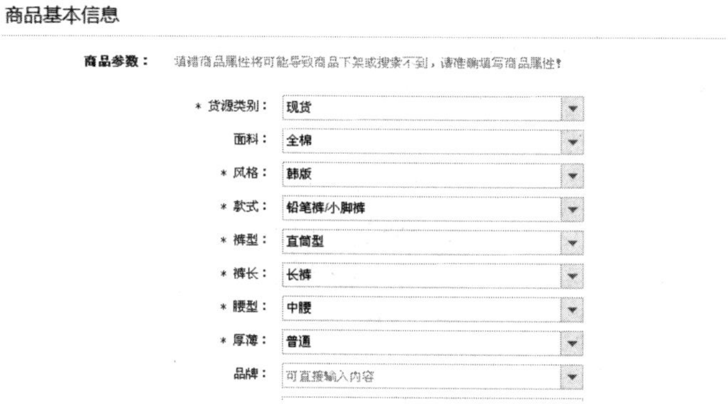

图 3-20　商品基本信息

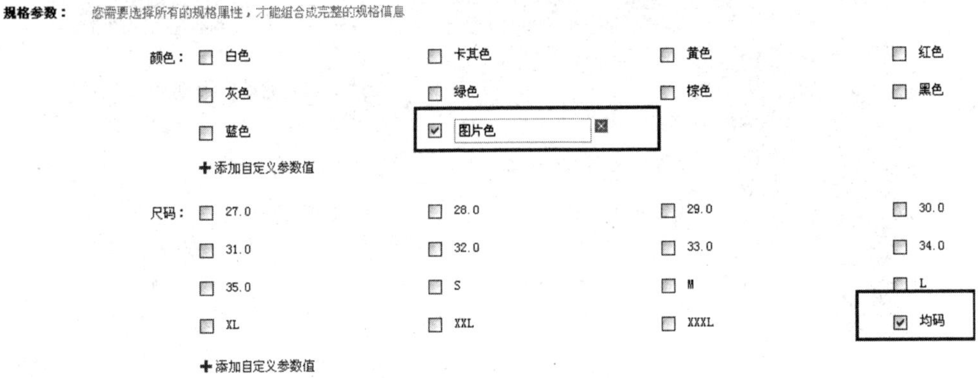

图 3-21　规格参数

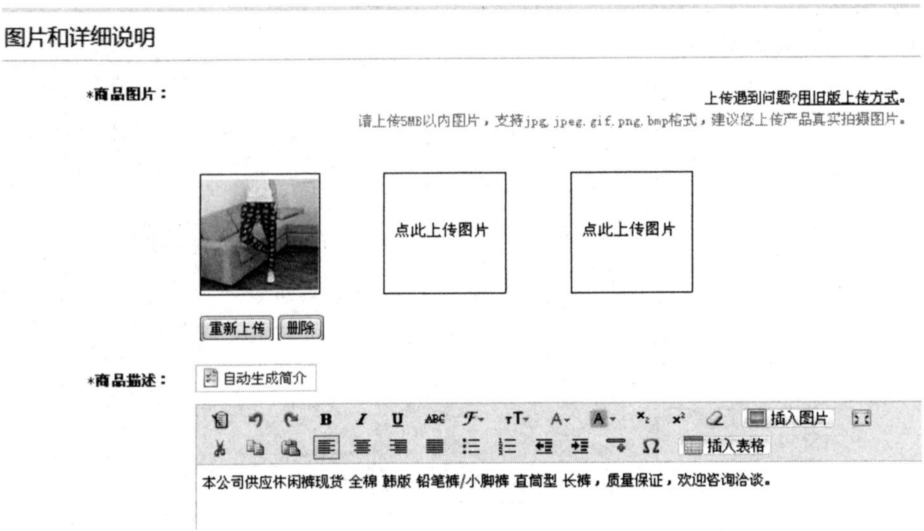

图 3-22　图片和详细说明

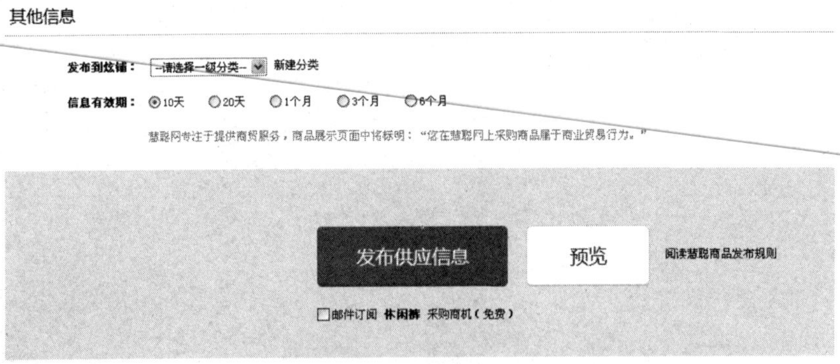

图 3-23　其他信息

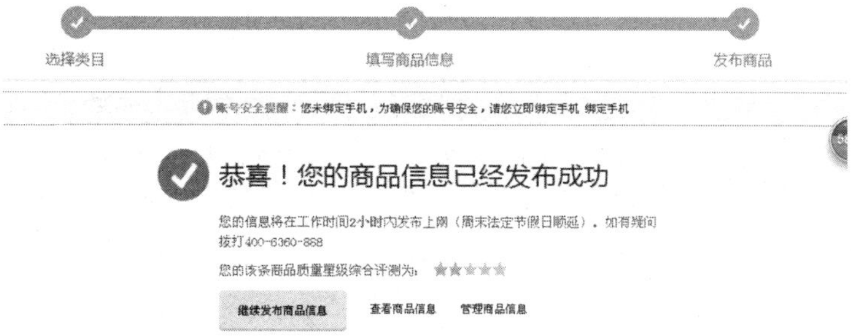

图 3-24　发布成功页面

3. 发布求购信息

（1）进入采购页面。

在后台页面点击采购链接，进入采购页面，见图 3-25。

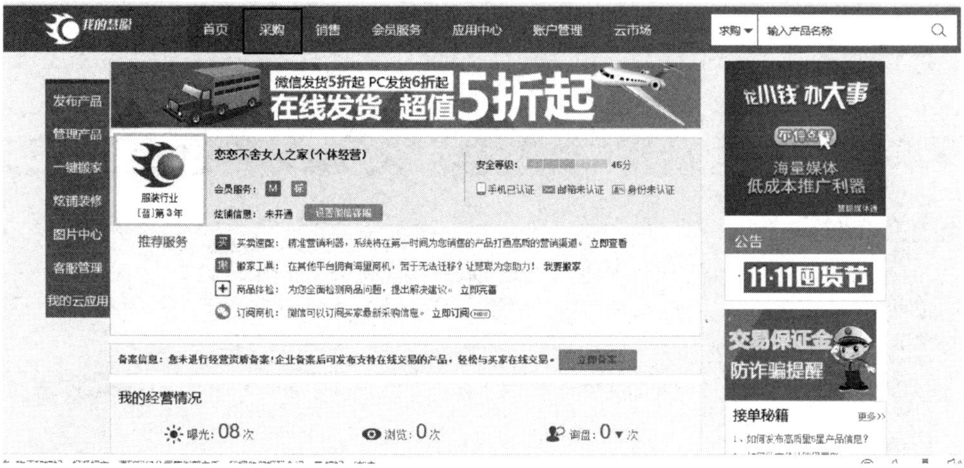

图 3-25　进入采购页面

（2）发布采购计划。

在采购页面，点击“我的采购计划”按钮，发布采购计划，见图 3-26。

图 3-26　发布采购计划

（3）填写采购信息。

采购信息填写见图 3-27，采购计划发布成功页面见图 3-28。

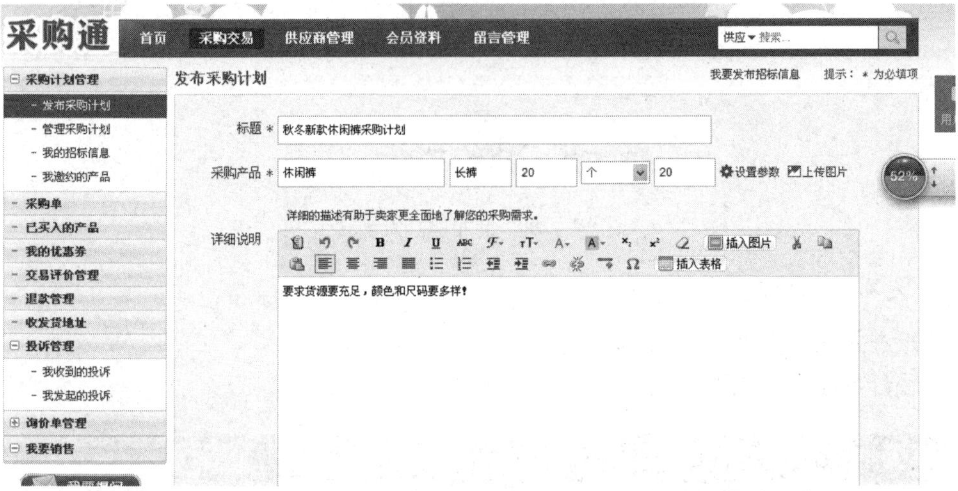

图 3-27　填写采购信息

图 3-28　发布成功页面

4. 采购方搜索供应信息并进行采购

（1）搜索供应信息。

如果采购方想采购长袖 T 恤，可以搜索长袖 T 恤进行查找，见图 3-29。

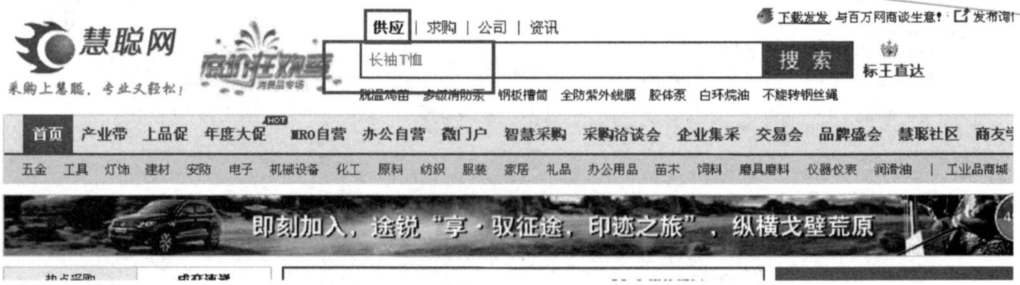

图 3-29　搜索供应信息

（2）加入采购单。

选择合适的商品，进入商品页面，填写颜色、尺码、数量等信息，加入采购单，见图 3-30。

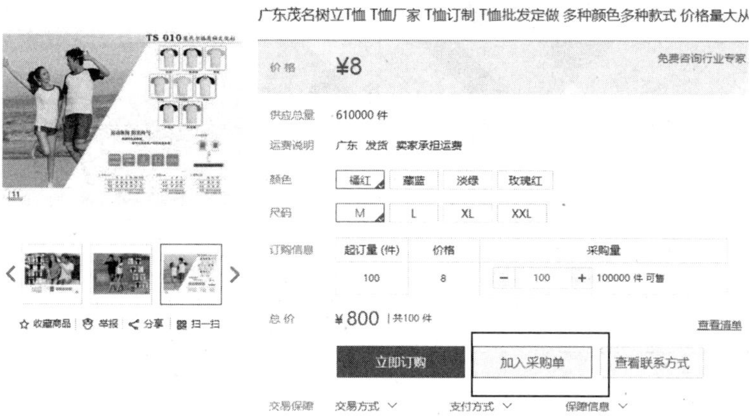

图 3-30　加入采购单

（3）结算。

点击“去采购单结算”按钮进行结算，见图 3-31。

图 3-31　结算

（4）确认下单。

确认订单信息，无误后点击“确认下单”按钮，见图 3-32。

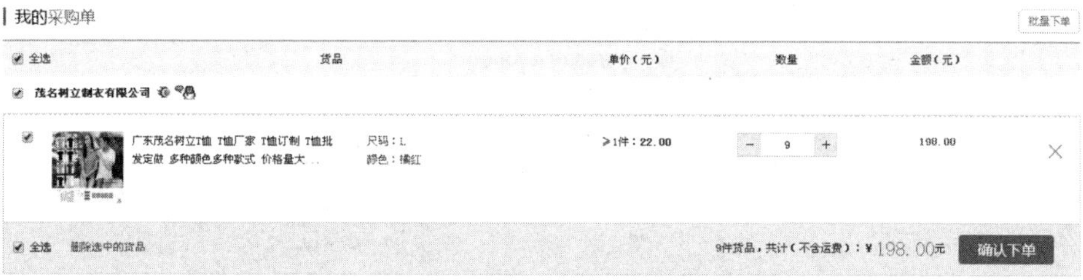

图 3-32　确认下单信息

（5）补齐收货信息。

确认下单后，需要补齐收货信息，见图 3-33。

图 3-33　补齐收货信息

（6）提交订单。

确认无误后提交订单，见图 3-34，提交成功页面见图 3-35。

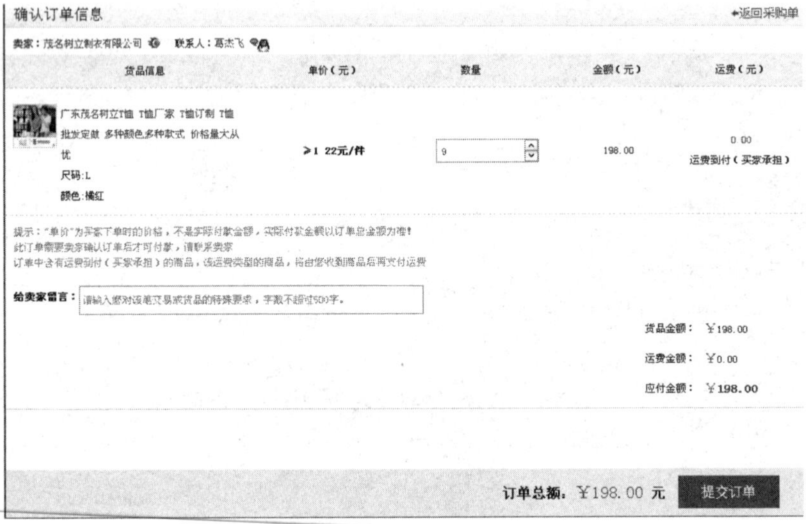

图 3-34　提交订单

图 3-35　提交成功页面

5. 供应方搜索求购信息并进行报价

（1）搜索求购信息。

供应商可以在求购页面，进行求购信息的搜索，见图3-36。

图3-36　搜索求购信息

（2）进行报价

选择合适的商品，填写报价单，进行报价，见图3-37。

图3-37　填写报价单

案例分析

敦煌网由王树彤女士于2004年创立，是领先的B2B跨境电子商务交易平台。敦煌是中国古代丝绸之路上的辉煌驿站，是中国丰富的商品走出国门的枢纽。敦煌网以“敦煌”命名，正是承载着其创始人兼董事长王树彤女士打造网上丝绸之路，帮助中小企业“买全球，卖全球”的梦想。

作为中国B2B跨境电商领跑者，敦煌网自创办伊始就专注B to B赛道。通过整合传统外贸企业在关检、物流、支付、金融等领域的生态圈合作伙伴，敦煌网打造了集相关服务于一体的全平台、线上化外贸闭环模式，极大地降低了中小企业对接国际市场的门槛，不仅赋能国内中小产能，也惠及全球中小微零售商，并成为二者之间的最短直线。

敦煌网在品牌优势、技术优势、运营优势、用户优势四大维度上，已建立起难以复制的竞争优势，目前已累计注册供应商230万以上，年均上传产品数量超过2500万，累计注册买家超过3640万，覆盖全球223个国家及地区，拥有100多条物流线路和10多个海外仓，68个币种支付能力，在北美、拉美、欧洲等地设有全球业务办事机构。

敦煌网是商务部重点推荐的中国对外贸易第三方电子商务平台之一，是国家发改委的“跨境电子商务交易技术国家工程实验室”，科技部“电子商务交易风险控制与防范”标准制定课题应用示范单位，工信部“全国电子商务指数监测重点联系企业”，工信部电子商务机构管理认证中心已经将其列为示范推广单位。

想一想：

结合自己所查找的资料，总结分析敦煌网的经营特点是什么。

知识拓展

1. 慧聪网

慧聪网成立于1992年，是国内B2B电子商务服务提供商。慧聪网注册企业用户已超过1500万，买家资源达到1120万，覆盖行业超过70余个。2003年12月，慧聪国际在香港挂牌上市，是国内信息服务业及B2B电子商务服务业首家上市公司，其开盘1.23港元，一度摸高至1.53港元，报收于1.46港元，较发行价涨34%，交易金额4320万港元。

2. 一亩田

北京一亩田新农网络科技有限公司成立于2011年，是一家基于移动互联网技术、深耕农产品产地、促进农产品流通效率的互联网公司。成立以来，着眼于全品类农产品，打造了全国领先的农业互联网综合服务平台。平台定位于推动“农产品进城”，致力于“让每一亩田更有价值”。一亩田采取B2B电商业态，主要为具备一定规模的农产品经营主体提供交易撮合服务，平台供应商主要有农村合作社、经纪人、种植大户、家庭农场等。一亩田采购商有农产品批发商、加工企业、超市、餐饮连锁企业、B2C卖家、出口贸易企业。一亩田在售农产品近1.2万种，产品来源于2500余个县。2022年4月，中国预制菜产业联盟成立，农业农村部农业贸易促进中心授予一亩田理事长单位、秘书长单位。

任务3.3　C2C交易模式

任务要求与准备

学生通过C2C购物体验，解决以下问题。

（1）C2C网站的购物流程是什么？

（2）C2C 网站的盈利模式是什么？

任务实施

1．教师简单介绍本次实训项目的内容。
2．教师亲自演示 C2C 平台交易的过程。
3．学生各自体验 C2C 交易流程。
4．学生反馈体验感受。

任务评价

学生填写 C2C 上机实操评价量化表，见表 3-3。

表 3-3　学生 C2C 上机实操评价量化表

评价项目	很满意（85～100 分）	满意（75～84 分）	一般（60～74 分）	不满意（50～59 分）	很不满意（50 分以下）
实训成果自我评价					
实训成果教师评价					

一、C2C 的概述

（一）C2C 的概念

C2C（Cusumer To Cusumer）电子交易模式是指消费者和消费者之间的电子交易模式，它通过 Internet 在消费者之间提供进行交易的平台，可以有效地实现资源的再分配，从而最大限度地减少资源浪费。

C2C 交易模式是一种新型的拍卖模式，类似传统市场的跳蚤市场，其参与主体除交易双方外，还包括服务中介平台，类似跳蚤市场的提供者。目前，国内主要的 C2C 电子交易网站有淘宝网、拼多多、闲鱼等。

（二）C2C 的特点

（1）较低的交易成本。
（2）经营规模不受限制。
（3）便捷的信息收集。
（4）扩大了销售范围和销售力度。

案例分析

拼多多是国内移动互联网的主流电子商务应用产品，成立于 2015 年 9 月，用户通过发起和亲朋好友的拼团，以更低的价格购买优质商品。拼多多旨在凝聚更多人的力量，使用户用更低的价格买到更好的东西，并使用户从中获取更多的实惠和乐趣。通过沟通分享形成的社交理念，形成了拼多多独特的新社交电商思维。

2015年4月，拼多多正式上线。2018年7月26日，拼多多正式登陆美国资本市场，发行价19美元，市值一度达到240亿美元。2020年1月9日，胡润研究院发布《2019胡润中国500强民营企业》，拼多多以市值2930亿元人民币位列第14位。

2020年2月10日起，拼多多率先开启“政企合作，直播助农”系列活动，探索“市县长当主播，农户多卖货”的助农电商新模式。据悉拼多多已经在山东、浙江、安徽、广东、重庆、云南、江西、湖南、贵州、河南、四川、湖北等省合作了数十场市县市长直播助农活动，累计超百位县市长通过拼多多直播卖农货。

2020年3月6日，拼多多宣布推出线下团购工具“快团团”，协助各地商家收集社区居民物资需求、完成在线下单。商家可以通过“快团团”登录商品团购页面，并由社区消费者发起团购，达到人数条件后，由商家按照当地防疫要求无接触配送至社区门口。目前，该工具已在微信小程序上线。

想一想：

拼多多与淘宝对比，二者最大的区别是什么？

二、C2C的交易流程

C2C交易的流程见图3-38。

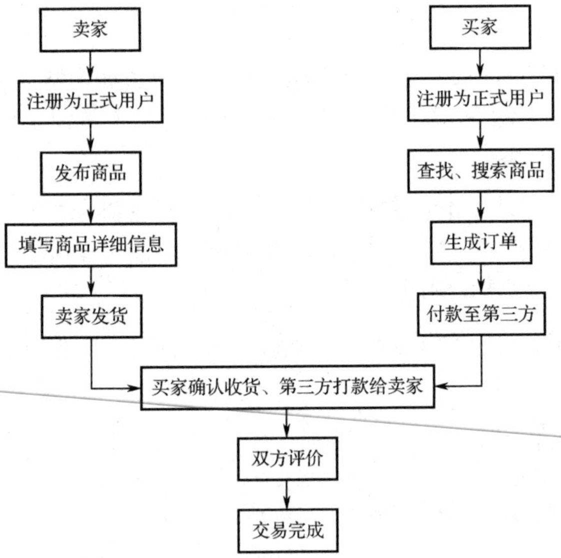

图3-38 C2C的交易流程

三、支付宝的使用

（一）支付宝概述

支付宝（中国）网络技术有限公司（以下简称“支付宝公司”）是国内领先的第三方

支付平台，致力于提供“简单、安全、快速”的支付解决方案。支付宝公司从 2004 年建立开始，始终以“信任”作为产品和服务的核心。支付宝公司旗下有“支付宝”与“支付宝钱包”两个独立品牌，自 2014 年第二季度开始成为当前全球最大的移动支付厂商。

支付宝主要提供支付及理财服务，包括网购担保交易、网络支付、转账、信用卡还款、手机充值、水电煤缴费、个人理财等多个领域，在进入移动支付领域后，为零售百货、电影院线、连锁商超和出租车等多个行业提供服务，还推出了余额宝等理财服务。

支付宝支付方式支持快捷支付、扫码支付、付款码支付、免密支付、指纹支付、国际银行卡支付等多种支付方式。

（二）支付宝的应用

1. 登录支付宝

登录支付宝首页，输入支付宝账号及密码，见图 3-39。在注册淘宝账号时，支付宝账号已经自动完成注册，账户名为淘宝注册时所填手机号码，密码为淘宝会员名的密码。

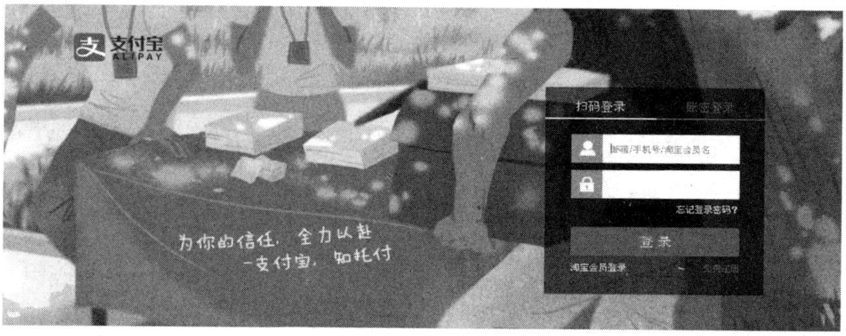

图 3-39　登录支付宝首页

2. 支付宝充值

（1）开通快捷支付。

在支付宝账户设置中，添加银行卡，开通快捷支付，见图 3-40。

图 3-40　开通快捷支付

（2）选择充值。

进入支付宝首页，点击“充值”按钮，见图 3-41。

图 3-41 选择充值

（3）选择充值方式。

选择充值方式，见图 3-42。

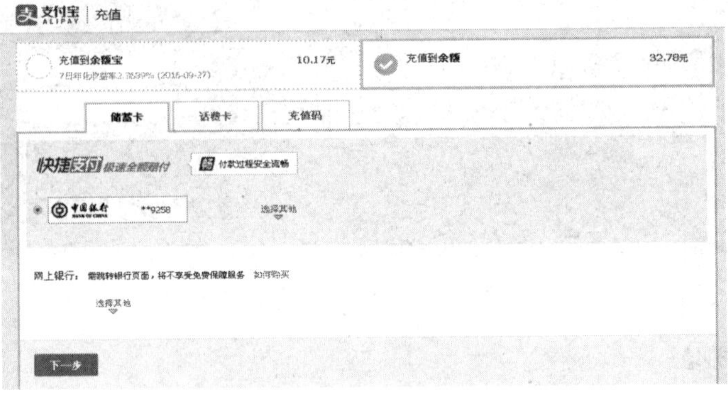

图 3-42 选择充值方式

（4）确认充值信息。

输入充值金额和支付宝支付密码，确认无误后点击“确认充值”按钮，见图 3-43。

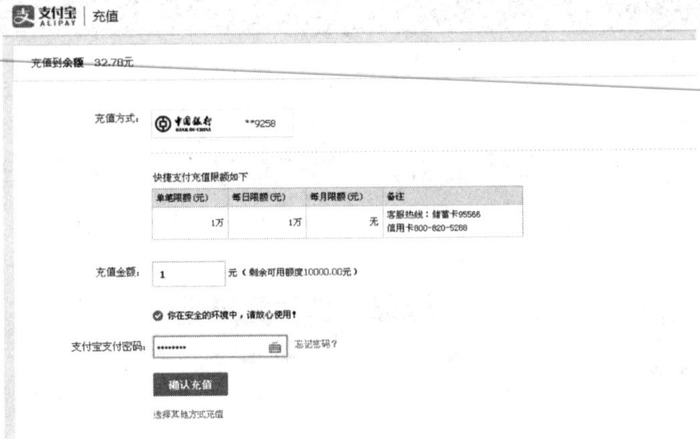

图 3-43 确认充值信息

（5）完成充值。

充值成功页面，见图 3-44。

图 3-44　充值成功页面

3. 支付宝转账

（1）支付宝转账。

点击“转账”按钮，选择转账到支付宝或转账到银行卡等转账方式，见图 3-45。

图 3-45　选择转账

选择转账到支付宝时，需正确输入收款人的支付宝账号，见图 3-46。

图 3-46　转账到支付宝

（2）填写转账信息。

选择转账到银行卡时，需正确输入收款银行卡相关信息，见图 3-47。

图 3-47　收款方信息填写

（3）确认信息。

确认信息并付款，见图 3-48。

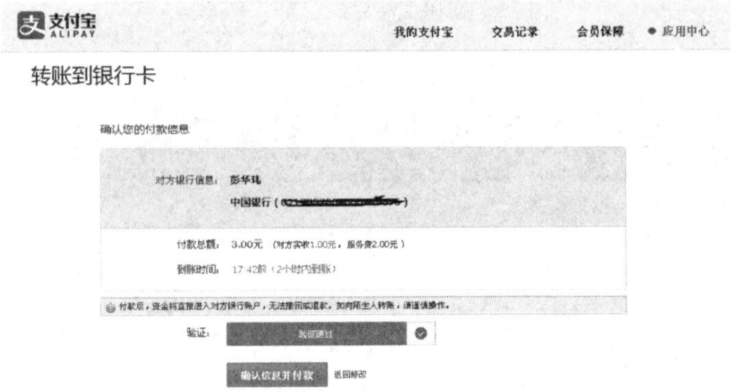

图 3-48　确认信息并付款

（4）选择支付方式。

选择支付方式，并输入支付密码，确认付款，见图 3-49。

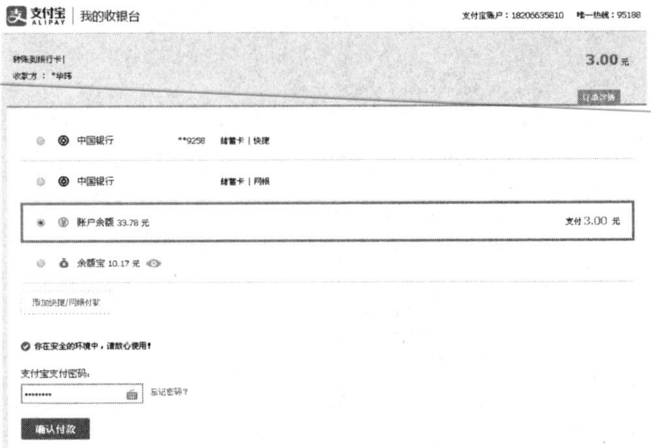

图 3-49　选择支付方式

（5）转账成功。

转账成功页面见图3-50。

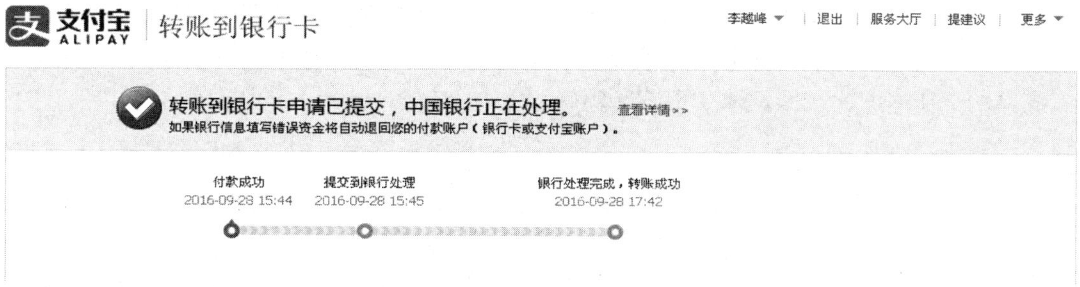

图3-50 转账成功页面

三、初探网上开店

（一）网络适销产品的选择

1. 体积较小

体积较小的商品方便运输，可降低运输的成本。

2. 附加值较高

因为网上商店的商品价格一般不包含运费，所以价格比运费低的单件商品不太适合在网上销售。

3. 具备地域特色的商品

有别于大众化需求的热销商品，地域特色商品主要指带有地方或民族文化特征的民间、民族工艺品，手工艺品，特殊收藏品，特制或定制的艺术品，特产，以及特色服务等商品。

4. 具有价格优势

网上销售的商品价格比线下销售的商品较为低廉。

5. 消费者无须亲自接触商品

消费者通过网站便可了解商品的信息，并可据此做出购买决定。如果网上商店销售的商品必须让消费者亲眼所见或亲身体验才能确定是否购买，那么这类商品就不适合在网上销售。

（二）网上开店的优势

（1）投资少，经营成本低。

（2）经营方式灵活多样。

（3）不受时间、空间、营业面积等因素限制。

（4）潜在客户的范围非常广。

（三）认识网络货源网站

1. 1688 网站

1688 网站是全球最大的供货网站之一，供应商可提供一件代发的服务，适合小型网店家采购挑选商品。1688 网站的商品货源质量有保证，发货速度快，库存量比较足，但商品的更新速度比较慢，款式不够新颖。

2. 搜款网

搜款网是国内领先的服装批发平台。目前，该网吸引了数万个真实档口入驻，掌握了市场一手货源。入驻实体批发商主要来自广州沙河、十三行、解放南鞋城、狮岭箱包等重要货源产业带。在优质货源的基础上，搜款网为广大服装零售商提供一站式服务。每天有数十万家零售商通过搜款网选款、上款、进货、代发，极大地提高了服装采购效率。搜款网的商品更新速度快，款式新颖，但个别档口库存不足容易断货，产品质量不能保证。

3. 淘宝供销平台

淘宝供销平台是淘宝网专为淘宝中小卖家提供代销服务的平台，可以让许多没有货源又想在淘宝上开店的中小卖家轻松找到代销货源。对卖家来说，平台不仅提供高额的提成，而且可以免去收货和发货的麻烦；对于厂家来说，平台可以帮助厂家快速地找到分销商，使厂商成为供货商。

四、C2C 交易体验

1. 淘宝网购物

（1）注册会员。

点击左上角“免费注册”按钮，进行淘宝网会员账号的注册，见图 3-51。

图 3-51　注册会员

（2）填写注册信息。

淘宝网默认手机号为登录名，输入手机号码，填写账户信息，并设置支付方式，完成注册，见图 3-52。

图 3-52　填写注册信息

（3）登录账户。

注册成功后登录账户，见图 3-53。

图 3-53　登录账户

（4）挑选商品。

在淘宝网中搜索并挑选喜欢的商品，见图 3-54。

图 3-54　挑选商品

（5）加入购物车。

选择商品的尺码、颜色、数量等，并将选择好的商品加入购物车中，见图 3-55。

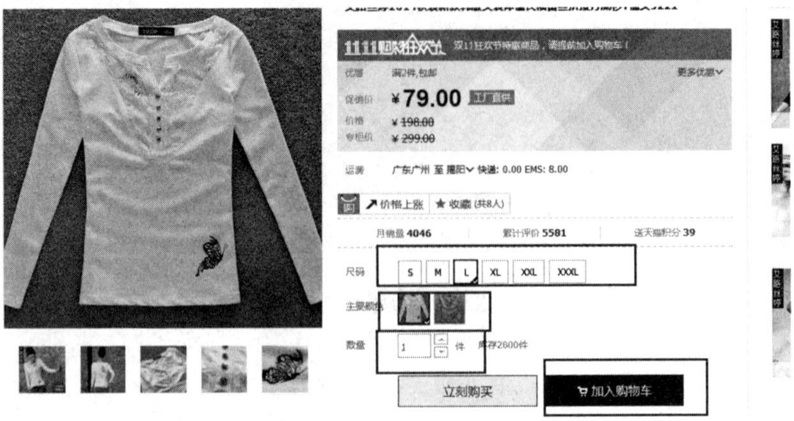

图 3-55　加入购物车

（6）结算。

在购物车中，选择下单商品，然后点击“结算”按钮进行商品的结算，见图 3-56。

图 3-56　结算

（7）填写订单信息。

填写收货地址，然后提交订单，见图 3-57 和图 3-58。

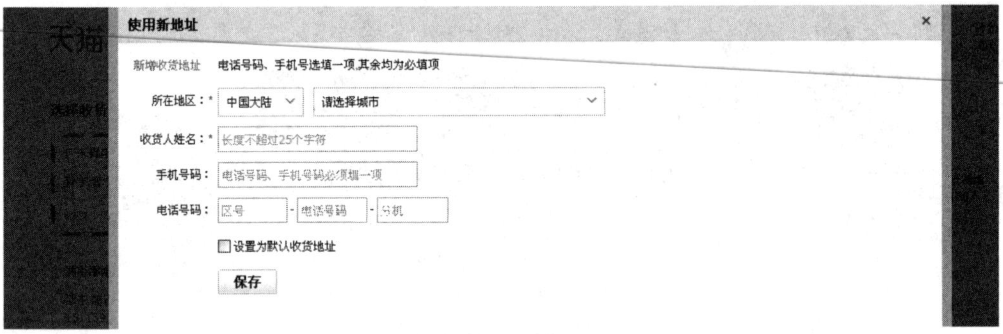

图 3-57　填写收货地址

图 3-58 提交订单

（8）选择付款方式。

在“订单详情”页面中，选择付款方式并付款，见图 3-59。

图 3-59 选择付款方式

2. 查看自己在淘宝网购买的商品

（1）选择已买到的宝贝。

在淘宝网首页选择“我的淘宝”→“已买到的宝贝”，见图 3-60。

图 3-60 选择已买到的宝贝

（2）查看订单

在“已买到的宝贝”页面，可以查看所有订单的交易信息，见图 3-61。

图 3-61　查看订单

3. 从喜欢的淘宝店铺中选择商品

（1）搜索店铺。

在淘宝网首页选择“店铺”，搜索店铺名称，如闹宝时尚衣柜，见图 3-62。

图 3-62　搜索店铺

（2）查看店铺。

在弹出的页面中找搜索的店铺，进入店铺，见图 3-63。

图 3-63　查看店铺

（3）收藏店铺。

收藏自己喜欢的店铺，见图 3-64。

图 3-64　收藏店铺

4. 领取店铺优惠券

（1）搜索店铺。

在淘宝网中搜索店铺名称，进入店铺，见图 3-65。

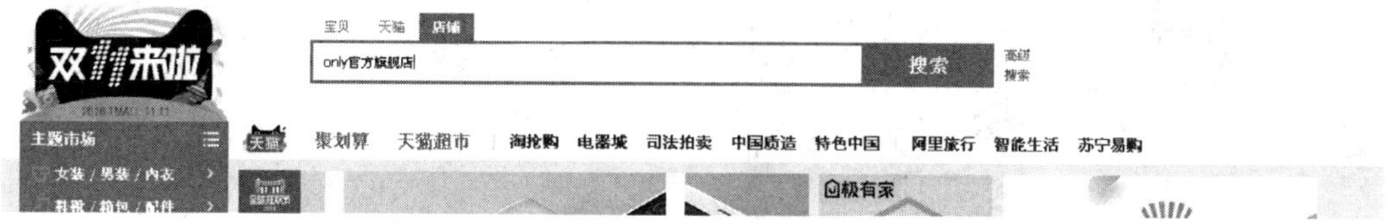

图 3-65　搜索店铺

（2）领取店铺优惠券。

领取店铺优惠券，见图 3-66。

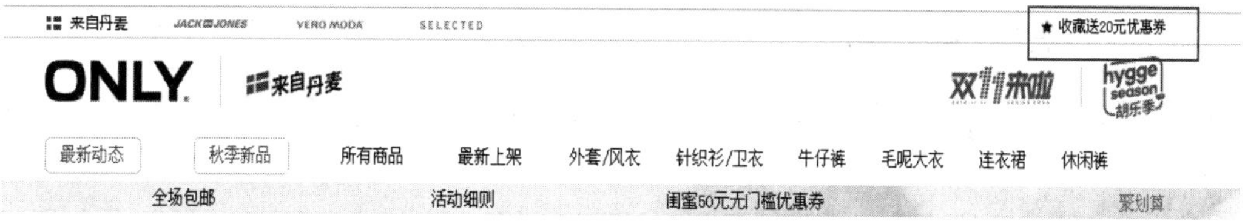

图 3-66　领取店铺优惠券

5. 条件筛选

（1）搜索商品。

进入淘宝网首页，搜索想要购买的商品，如睡衣，见图 3-67。

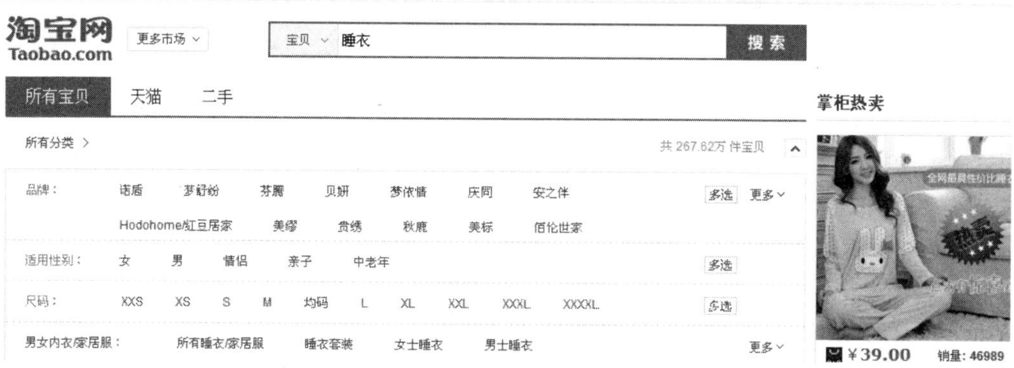

图 3-67　搜索商品

（2）按销量排名查找商品。

选择“销量从高到低”进行排名，查找高销量的商品，见图 3-68。

图 3-68　按销量排名查找商品

（3）条件筛选。

在下方相应的选框中选择货到付款、包邮、赠送退货运费险、24 小时内发货、7+天内退货等搜索条件，见图 3-69。

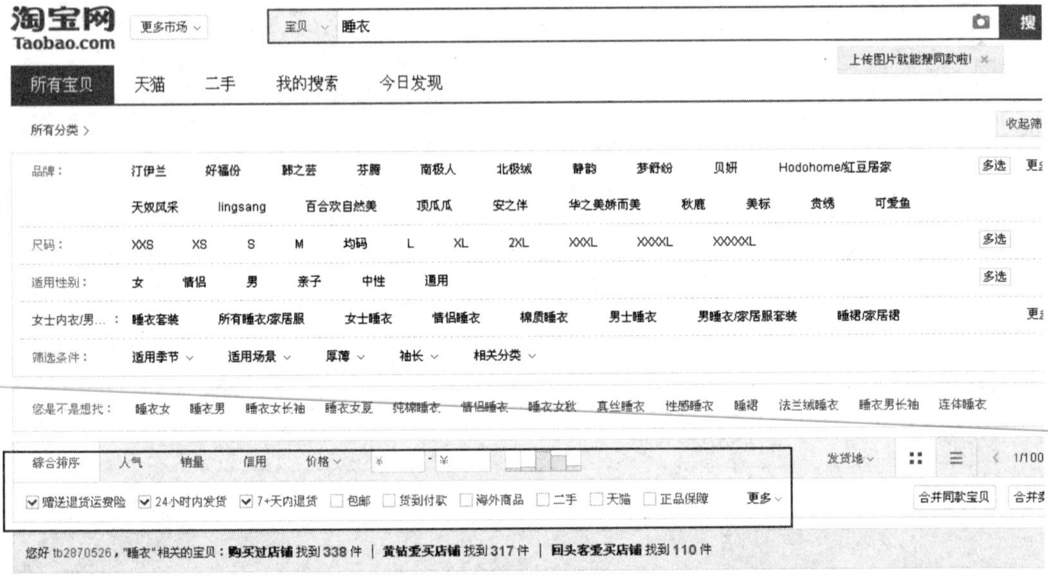

图 3-69　条件筛选

（4）立即购买。

在满足上述条件的商品中选择需要的商品，选中后点击该商品进入商品详情页面选择商品的尺码、颜色、数量等，然后选择“立即购买”，见图 3-70。

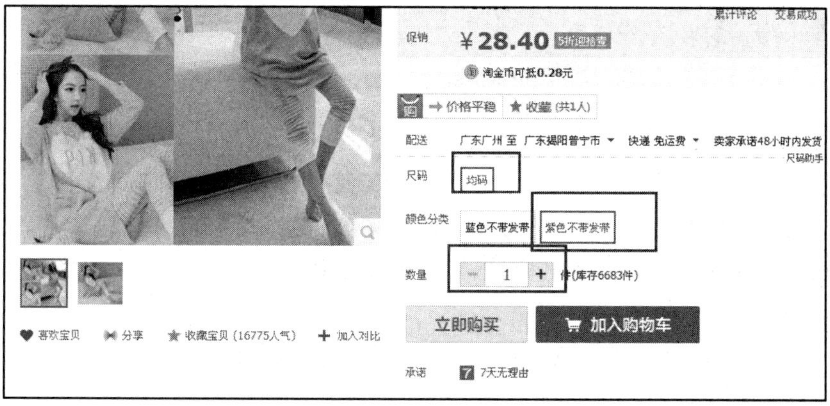

图 3-70　立即购买

（5）填写订单信息。

填写相关订单信息，选择运送方式等，见图 3-71。订单填写完成后，点击“下一步”按钮即可完成订单提交。

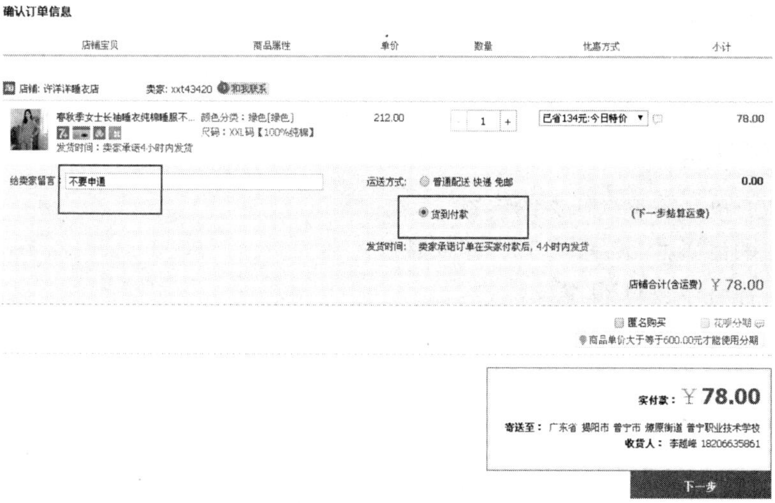

图 3-71　填写订单信息

知识拓展

1. 一起做网店

一起做网店（简称“17 网”）是广东省汕头市蛋蛋网络科技有限公司旗下汇集各地批发货源的平台，拥有广州、潮汕、新塘、杭州、白沟、株洲、花都、揭阳、葫芦岛九大货源基地，涵盖男女服饰、童装、箱包配饰等海量一手货源。目前，已累计百万级活跃淘宝卖家在 17 网找货源，依托 17 网进货的微商创业者也以几何级递增。网店卖家不仅可以通过 17 网拿到高性价比的实惠货源，更可以使用 17 网的一键上传工具，将商品一键上传至淘宝网、阿里巴巴、拼多多等平台，或者分享商品信息至朋友圈分销，实现零成本创业，开店方便快捷。除此之外，17 网还提供专业的一件代发服务，让淘宝网卖家实现零库存积压，轻松开网店。

2. 货牛牛

原 59 网更名为货牛牛广州女装批发网（以下简称“货牛牛”）。货牛牛为广大服装网店主提供全国数十万款服装一手女装货源，是淘宝网店家首选轻时尚女装进货网。货牛牛广州站支持一件代发货。货牛牛的宗旨是让实体店、网店主、海外采购进货更省心更省力更省钱，是微众、淘粉、全球买手、服装店进货批发助手。

任务 3.4　O2O 交易模式

任务要求与准备

1. 学生完成一次真实的 O2O 购买体验，如借助美团网购物平台，学生进行一次 O2O 交易。

2. 学生通过 O2O 购物体验，解决以下问题。

（1）O2O 网站的购物流程是什么？

（2）O2O 的优势是什么？

任务实施

1. 教师简单介绍本次任务的内容。
2. 教师亲自演示 O2O 网站采购的过程。
3. 学生各自体验 O2O 交易流程。
4. 学生反馈体验感受。

任务评价

学生填写 O2O 上机实操评价量化表，见表 3-4。

表 3-4　学生 O2O 上机实操评价量化表

评价项目	很满意（85～100 分）	满意（75～84 分）	一般（60～74 分）	不满意（50～59 分）	很不满意（50 分以下）
实训成果自我评价					
实训成果教师评价					

案例导入

2022 年 3 月，“抖音团购”是抖音平台新推出的一款适合本地生活类的“团购”营销工具。商家可以通过团购配置优惠套餐，并且通过短视频、直播、POI 等渠道展现给用户，引导用户线上购买、线下核销，为店铺引流。“抖音团购”的上线帮助商家解决了在运营过程中无法将流量直接变现的问题，给商家提供了一个流量转化的平台。2022年抖音本地生活成交额接近900亿元。

抖音团购的变现渠道主要分为短视频推送和直播带货，其中短视频仍是最主要渠道。抖音通过内置算法，将达人拍摄的美食、景点体验视频推送给目标用户，消费者点击视频挂载的网址链接时，可以以优惠价格购买套餐，并线下使用。团购服务更适合本地行业需要引导用户到店消费的场景，如餐饮、酒店、汽车等行业的企业号用户。抖音团购具有独特性、便捷性、快速性、安全性和几乎零投入成本优势。它不仅能保证消费者购买到所想要的产品，而且也可以帮助他们实现最大化省钱效益。

一、O2O的交易模式

（一）O2O的概念

O2O即线上到线下（Online To Offline），是指一种新型电子商务商业模式，即将线下商务的机会与互联网结合在一起，让互联网成为线下交易的平台，这样线下服务就可以在线上揽客，消费者可以用线上筛选服务，成交后可以在线上结算。简单地讲，O2O模式就是把线上的消费者带到现实的商店中去在线完成支付，线下享受服务。

O2O电子商务模式需具备五大要素：独立网上商城；国家级权威行业可信网站认证；在线网络广告营销推广；全面社交媒体与客户在线互动；线上线下一体化的会员营销系统。

（二）O2O模式的分类

按线上和线下互动的方式可以将O2O模式划分为以下三类。

1. 线上到线下（Online to Offline）

线上到线下模式主要体现为“线上购买，线下取货或消费”，这是O2O最早的形式。在这种模式下，第三方平台成为流量入口，商家在线上平台进行营销推广，顾客在线上平台看到推广后在线支付购买产品或服务，然后再到线下实体店进行消费体验。较多的生活服务类提供商都是采用这一模式，如一些餐饮企业通过美团、饿了么等第三方平台作为入口将线上的顾客引导到线下实体店。

2. 线下到线上（Offline to Online）

线下到线上模式主要体现为“线下体验，线上购买”，解决了线上购物因为无法感知商品导致产品与消费者自身不匹配的问题，提高了消费者购买的意愿。这种模式下，消费者可以首先去体验店进行产品的体验，然后通过店内的二维码等进行在线下单。诸如服装配饰、电子设备等品类会采用这一模式，如美国电商Warby Parker与地方零售商合作为Warby Parker眼镜提供线下体验服务，以及银泰商业集团在杭州西湖银泰开设的跨境体验店为天猫国际直营商品提供体验服务。

3. 线上线下融合（Online and Offline，OAO）

OAO即线上与线下的有机融合。线上与线下渠道的完全互通，将线上消费者引导至线下实体店消费，也可将线下实体店的消费者引导至线上消费。该模式以苏宁、国美等大型零售商为代表。例如，苏宁线上线下同价，把实体资源互联网转为线上引流，再整合线上资源为线下倒流，实现全场景智慧零售，有效地扩大消费市场的覆盖面。

（三）O2O 的特点

1. 用户方面

（1）获取更丰富、更全面的商家及其服务的信息。

（2）更加便捷地向商家在线咨询并进行预购。

（3）相比线下，直接消费获得较为便宜的价格。

2. 商家方面

（1）能够获得更多的宣传和展示机会，吸引更多新客户到店消费。

（2）推广效果可查，每笔交易可跟踪。

（3）掌握用户数据，大大提升对老客户的维护与营销效果。

（4）通过和用户的沟通、为用户释疑，更全面细致地了解用户心理。

（5）通过在线有效预订等方式，合理安排经营，节约成本。

（6）对拉动新品、新店的消费更加快捷。

（7）降低线下实体对黄金地段旺铺的依赖，大大减少租金支出。

3. O2O 平台本身

（1）与用户日常生活息息相关，并能给用户带来便捷、优惠、消费保障等价值，能吸引大量高黏性用户。

（2）对商家有强大的推广作用及其可衡量的推广效果，可吸引大量线下生活服务商家加入。

（3）数倍于 C2C、B2C 的现金流。

（4）巨大的广告收入空间及形成规模后更多的盈利模式。

（四）O2O 的优势

1. 供应商方面

以互联网为媒介，利用其传输速度快、用户众多的特性，供应商通过在线营销增加了实体商家宣传的形式与机会，为线下实体店降低营销成本、提高营销效率、减少对店面地理位置的依赖性。同时，实体店增加了争取客源的渠道，有利于实体店经营优化，提高自身的竞争力；在线预付的方式，方便实体店直接统计在线推广效果及销售额，有利于实体店合理规划经营。

2. 用户方面

用户足不出户就可以在线便捷地了解商家的信息和所提供服务，并可借鉴买家评价；能够通过网络直接在线咨询交流，减少用户的成本；客户能获得比线下消费更便宜的价格。

3. 平台经营者方面

一方面，平台利用网络快速、便捷的特性，能够为用户提供日常生活所需的优惠信息，快速聚集大量的线上用户；另一方面，平台能为商家提供有效的宣传效应，以及可以定量统计的营销效果，因而可以吸引大量线下实体商家。巨大的广告收入及规模经济为网站运营商带来更多盈利模式。

案例分析

卜蜂莲花超市是泰国知名跨国集团——正大集团下属的零售企业。莲花 GO 是卜蜂莲花超市的一款自助购物软件，可实现自主扫描商品、快捷手机支付、自助打印小票、轻松完成提货等购物过程。莲花 GO 以免排队、快支付的优势给消费者提供了更便利的生活体验。

消费者可以在线下自助扫码机进行自助扫码购物。

想一想：

结合现实生活，思考莲花 GO 软件的意义是什么？

二、O2O 的发展及影响

（一）O2O 的发展历程

一种观点是，一家企业能同时兼有网上商城及线下实体店，并且网上商城与线下实体店全品类价格相同，即可称为 O2O；也有观点认为，O2O 是 B2C（Business to Custmer，商家对顾客）的一种特殊形式。

在 1.0 阶段时，O2O 线上线下初步对接，主要是利用线上推广的便捷性特点把相关的用户集中起来，然后把线上的流量导到线下，主要领域集中在以美团为代表的线上团购等领域。在这个过程中，主要以单向性、黏性较低等为特点。平台和用户的互动较少，基本上以交易的完成为终结点。用户更多是受价格等因素驱动，购买和消费频率等也相对较低。

发展到 2.0 阶段后，O2O 最主要的特色就是升级成为服务性电商模式，包括商品（服务）、下单、支付等流程，把之前简单的电商模块，转移到更加高频和生活化场景中来。由于传统的服务行业一直处在一个低效且劳动力消化不足的状态，在新模式的推动和资本的催化下，出现了 O2O 的狂欢热潮，于是上门按摩、上门送餐、上门生鲜、上门化妆、滴滴打车等各种 O2O 模式层出不穷。在这个阶段，由于移动终端、微信支付、数据算法等技术的成熟，加上资本的催化，用户出现了井喷，使用频率和忠诚度开始上升，O2O 开始和用户的日常生活融合，成为生活中密不可分的一部分。但是，资本的大量补贴造成了虚假的泡沫，掩盖了真实的状况。

到了 3.0 阶段，开始出现明显的分化，一方面真正的垂直细分领域的一些公司凸现。如专注于快递物流的速递易，专注于高端餐厅排位的美味不用等，专注于白领快速取餐的速位。另一方面垂直细分领域呈现平台化发展模式，由原来的细分领域解决某个痛点的模式开始横向扩张，覆盖整个行业。如饿了么从早先的外卖到后来开放的蜂鸟系统，开始正式对接第三方团队和众包物流，以加盟商为主体，以自营配送为模板和运营中心，通过众包合作解决长尾订单的方式运行；配送品类包括生鲜、商超产品，甚至洗衣等服务，实现了平台化的经营。

（二）O2O 的行业发展趋势

随着 O2O 电子商务的发展，O2O 的发展区域由原来的一线城市，逐渐向三四线

一线城市	北京	上海	广州	深圳	天津
二线强市	南京	武汉	沈阳	西安	……
二线中市	济南	哈尔滨	长春	厦门	……
二线弱市	南昌	贵阳	南宁	合肥	……
三线强市	温州	珠海	大庆	西宁	……
三线中市	邯郸	拉萨	保定	秦皇岛	……
三线弱市	本溪	丹东	辽阳	锦州	……

图 3-72　O2O 的发展区域

城市发展，见图 3-72。预计，一线城市的 O2O 消费将由增量向提质转变，一线城市的 O2O 发展重点将转向深化用户 O2O 应用行为，提升消费档次和使用频度；二三线城市的网络发展环境和产业支撑能力发展水平较高，将以培养用户 O2O 消费习惯，迅速拓展用户规模为发展重点；二三线城市将进入快速扩大增量发展阶段。商家通过打造线上平台，实现线下向线上反向导流，并通过与微信、支付宝、微淘等公司合作，布局 O2O 市场。

从企业层面来看，餐饮和休闲 O2O 源于团购，而团购市场格局已经趋于稳定，餐饮 O2O 的发展在团购的基础上已开始向精细化拓展；从用户层面来看，一二线城市餐饮和休闲 O2O 的用户渗透率较高，非 O2O 用户成功转化成餐饮和休闲 O2O 用户的概率较高，因此餐饮、休闲 O2O 市场发展已经相对成熟。与此同时，医疗和家政 O2O 的发展刚刚起步。就医难已经成为大中城市普遍存在的问题，大中城市消费能力较强，处理家务时间成本较高，其对于医疗和家政 O2O 的需求较为强烈，再加上一二线城市非 O2O 用户转化成医疗、家政 O2O 用户的概率较高，由此可见医疗和家政 O2O 市场具有较大的发展潜力。

（三）O2O 的影响

随着 O2O 电子商务模式的发展成熟，现实生活中很多行业都应用了 O2O，见图 3-73。

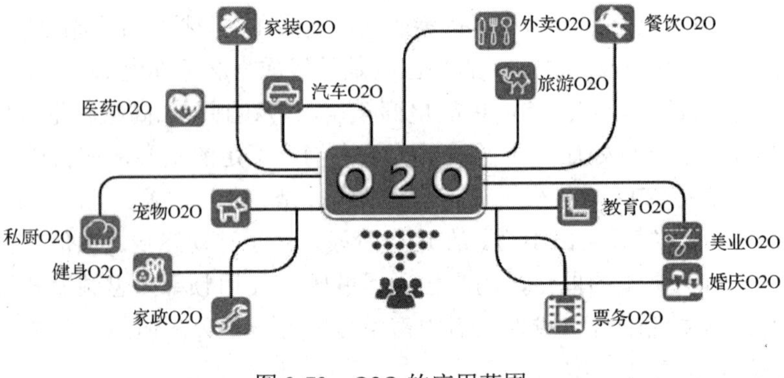

图 3-73　O2O 的应用范围

O2O 是信息平台的整合和调配，涉及两个范围：一类是同类产品的信息交互整合，一类是不同类产品信息的整合，即从线下到线上，最后再从线上导入线下，形成一个产品的闭环，有效地提升了社会的效率，而不是简单地进行“1+1”这样的组合，见图 3-74。

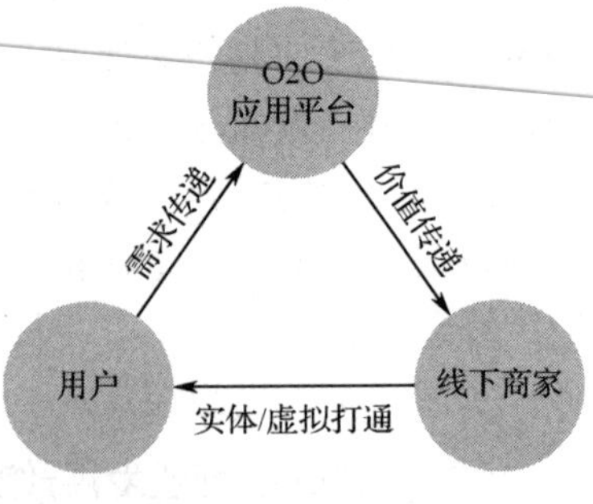

图 3-74　O2O 基本结构图

2021 年 3 月发布的《2021 凯度咨询 O2O 渠道白皮书》数据显示，我国 O2O 市场规模呈现逐年增长的态势，其中 2019 年我国 O2O 市场规模达到 23 818 亿元，2020 年达到 26 278 亿元，其中 O2O 到家业务驱动着这一渠道的快速增长。在 2020 年，中国到家 O2O 市场份额达到 56%，首次超过到店 O2O 市场份额。见图 3-75。

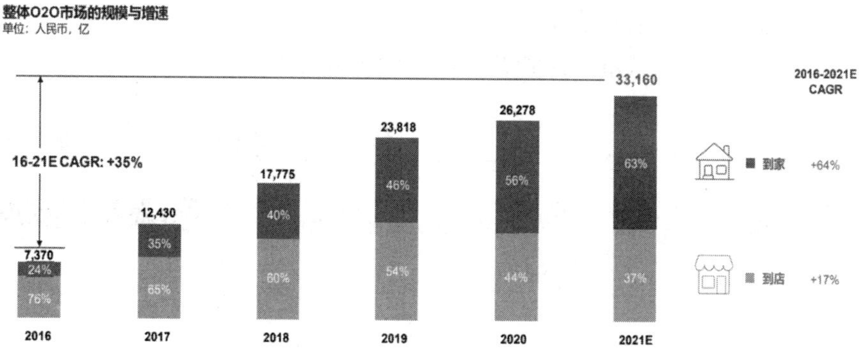

图 3-75 中国整体 O2O 市场规模与增速

《2021 凯度咨询 O2O 渠道白皮书》（以下简称白皮书）调研数据样本覆盖了 202 个城市，其中 4 个一线城市，15 个新一线城市，30 个二线城市，153 个三线及以下城市。白皮书数据显示，2021 年全国范围内整体 O2O 购物者渗透率达到了一定的规模，达到了 74%，一线城市的整体 O2O 渗透率达到了 81%，增长放缓，相比之下，三线及以下城市依旧展现出较大的潜力。见图 3-76。

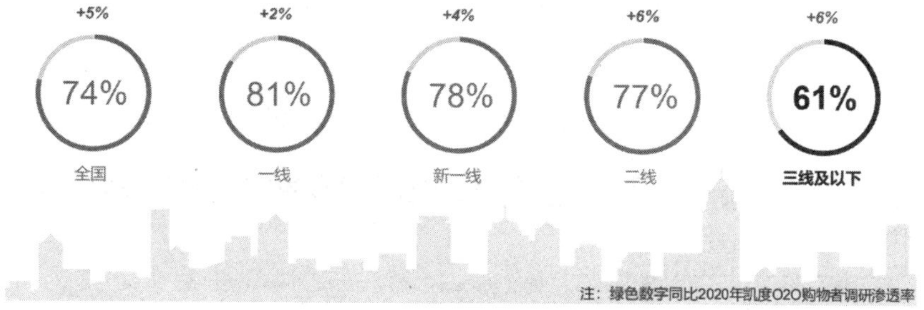

图 3-76 各个城市线级的整体 O2O 渗透率

根据白皮书数据显示的 O2O 购物者的特征画像，用户主要集中在 25-35 岁的已婚已育人群，他们大多具有一定的经济实力，愿意选择 O2O 这种省时方便快捷的购物方式。见图 3-77。

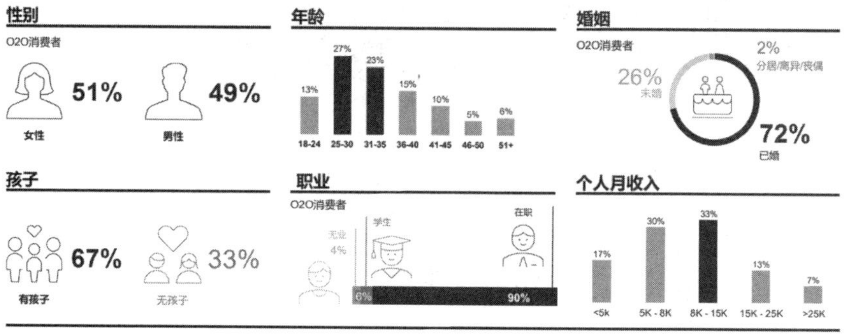

图 3-77 O2O 购物者画像

（四）体验 O2O 交易

1. 美团网应用

（1）注册美团会员，登录美团网。

（2）登录美团网，将城市切换到普宁，见图 3-78。

图 3-78　切换城市

（3）选择你要体验的区域，如：普宁广场、美食，见图 3-79。

图 3-79　选择区域

（4）选择你感兴趣的美食，点击立即抢购，见图 3-80。

图 3-80　选择美食

（5）提交订单，选择支付方式，见图 3-81。

图 3-81　提交订单

（6）支付成功后，到店铺通过短信验证码核对即可体验。

2. 去哪儿网机票预订

（1）登录去哪儿网，见图 3-82。

图 3-82　登录去哪儿网

（2）选择航班的时间和始发地、目的地，例如：选择 2020 年 12 月 11 日，揭阳飞往北京的航班，见图 3-83。

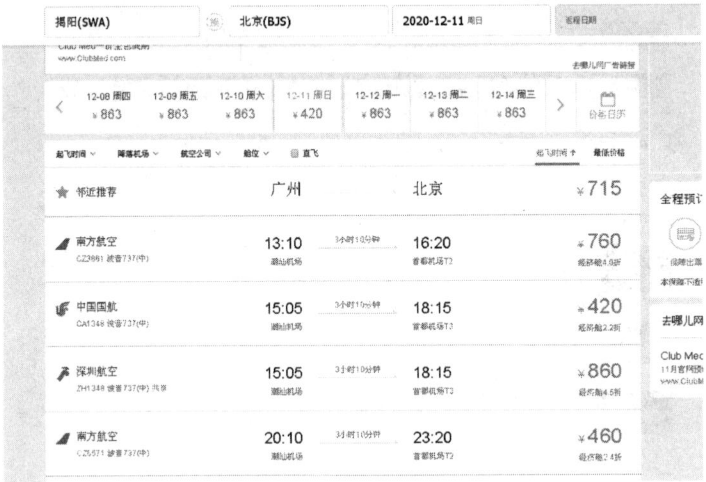

图 3-83　搜索航班

（3）挑选适合自己行程的航班，点击预订，见图 3-84。

图 3-84　选择航班

（4）填写相关信息，提交订单，见图 3-85。

图 3-85　填写资料

（5）选择付款方式，支付成功即可当天到机场进行登机，见图 3-86。

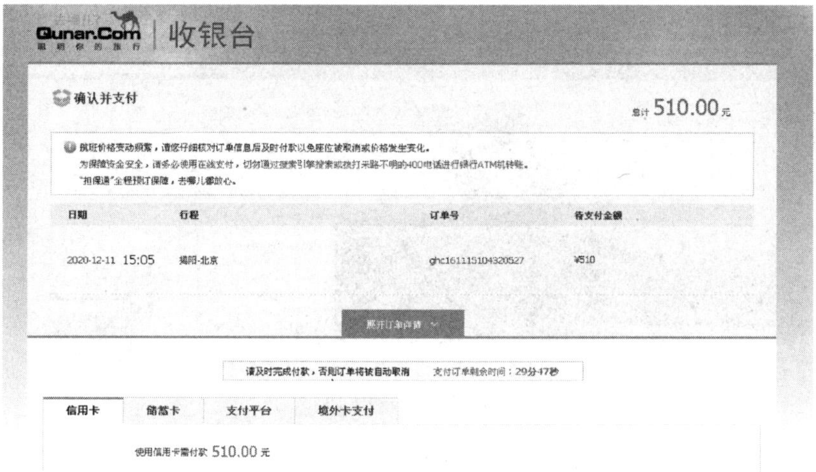

图 3-86　选择付款方式

3. 去哪儿网景点门票预订

（1）登录去哪儿网，选择门票，进入订购页面，见图 3-87。

图 3-87　进入门票订购页面

（2）搜索你要去的景点，例如：望天湖，见图 3-88。

图 3-88　搜索景点

（3）点击立刻预订，订购望天湖门票，见图 3-89。

图 3-89 订购门票

（4）填写相关信息，提交订单，见图 3-90。

图 3-90 提交订单

（5）选择付款方式，见图 3-91。

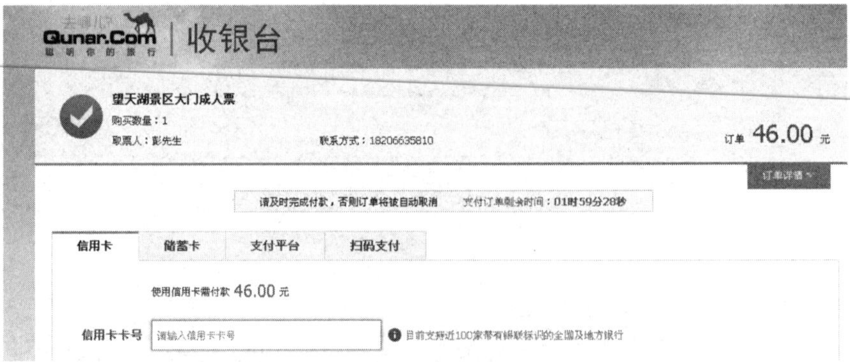

图 3-91 选择付款方式

（6）订购成功，到景点核对验证码即可进入景点。

知识拓展——典型的O2O网站

1. 途牛网

途牛网于2006年10月创立于南京，以“让旅游更简单”为使命，为消费者提供由北京、天津、上海、广州、深圳、南京等64个城市出发的旅游产品预订服务，产品全面，价格透明，全年365天24小时400电话预订，并提供丰富的后续服务和保障。途牛网提供跟团游、自助游、邮轮旅游、自驾游、定制游以及景点门票预订、机票预订、火车票预订服务，还有牛人专线、首付出发旅游等品质高端、价格实惠的旅游路线。

2. 饿了么

饿了么是中国专业的餐饮O2O平台，由拉扎斯网络科技（上海）有限公司开发运营。公司创立于2009年4月，起源于上海交通大学闵行校区。作为中国餐饮业数字化领跑者，“饿了么”秉承激情、极致、创新之信仰，以建立全面完善的数字化餐饮生态系统为使命，为用户提供便捷服务极致体验，为餐厅提供一体化运营解决方案，推进整个餐饮行业的数字化发展进程。

任务3.5　其他电子商务交易模式

任务要求与准备

1．学生完成一次真实的G2C（Government To Citizen，政府对公众的电子政务）、网上理财体验，借助普宁市人民政府网站和天天基金理财平台，进行一次简单交易。

2．学生通过交易体验，解决以下问题：

（1）G2C平台形成的意义是什么？

（2）互联网理财给我们带来的好处是什么？

任务实施

1．教师组织学生分组参加活动。

2．教师简单介绍本次实训项目的内容：要求登陆普宁市人民政府网查询普宁市最新的事件和登陆天天基金学习理财的基本流程。

3．教师亲自讲解在任务执行过程中的重难点。

4．学生各自体验实训任务。

5．学生反馈体验感受。

任务评价

本次任务评价请参见表3-5。

表 3-5　学生任务实操评价量化表

评价项目	很满意（85～100 分）	满意（75～85 分）	一般（60～75 分）	不满意（50～60 分）	很不满意（50 分以下）
实训成果自我评价					
实训成果教师评价					

案例导入

中国国家政务服务平台由国务院办公厅主办，国务院办公厅电子政务办公室负责运行维护。国家政务服务平台作为全国政务服务的总枢纽，重点发挥公共入口、公共通道、公共支撑等三大作用，为全国各地区各部门政务服务平台提供统一身份认证、统一证照服务、统一事项服务、统一政务服务投诉建议、统一好差评、统一用户服务和统一搜索服务等“七个统一”服务，实现政务服务一网通办、汇聚数据信息、实现交换共享、强化动态监管等四大功能，解决跨地区、跨部门、跨层级政务服务中信息难以共享、业务难以协同、基础支撑不足等突出问题。2019 年 5 月 31 日，平台上线。截至 2021 年 1 月 31 日，国家政务服务平台总浏览量达 133 亿次，注册总数为 2.02 亿人，支撑市场主体注册用户 484.21 万人，访问用户数超过 10 亿人，平台累计提供证照服务 5.5 亿次。

一、G2B 模式

（一）G2B 的概念

G2B 是指政府（Government）与企业（Business）之间的电子政务，即政府通过电子网络系统进行电子采购与招标，精简管理业务流程，快捷迅速地为企业提供各种信息服务。

在 G2B 模式中，政府主要通过电子化网络系统为企业提供公共服务。G2B 模式在资源共享的基础上打破各部门的界限，实现业务相关部门快捷迅速地为企业提供各种信息服务，精简管理业务流程，简化审批手续，提高办事效率，减轻企业负担，为企业的生存和发展提供良好的环境，促进企业发展。

G2B 模式目前主要运用于电子采购与招标、电子化报税、电子证照办理与审批、相关政策发布、提供咨询服务等。

（二）G2B 的主要内容

1. 政府电子化采购

政府采购是一项牵涉面十分广泛的系统工程，利用电子化采购和电子招投标系统，对提高政府采购的效率和透明度，树立政府公开、公正、公平的形象，促进国民经济的发展起着十分重要的作用。政府电子化采购主要是通过网络面向全球范围发布政府采购商品和服务的各种信息，为国内外企业提供平等的机会，特别是广大中小企业可借此参与政府的采购，可赢得更多的发展机会。电子化招投标系统在一些政府大型工程的建设方面已有了很多的应用，它对减少徇私舞弊和暗箱操作有重要意义，同时还可减少政府和企业的招投标成本，缩短招投标的时间。

2. 电子税务系统

税收是国家财政收入的主要来源，降低征税成本、杜绝税源流失、方便企业纳税一直是税务部门工作的重要目标。电子税务系统可使企业直接通过网络完成税务登记、税务申报、税款划拨等业务，还可以查询税收公报、税收政策法规等。我国已经实施的“金税工程”对打击偷逃税行为起到了重要的作用，并逐步建立起了全国范围内的增值税发票稽查系统和电子纳税系统，既方便了企业，又提高了国家税收征管的效率和水平。

3. 电子工商行政管理系统

工商行政管理部门的主要职能是对市场和企业行为的管理，传统的管理方式由于工作量大、程序复杂、效率低下，常常导致企业的不满。如果把作为工商行政管理工作主要内容的证照管理通过网络来实现，就可大大缩短证照办理时间，还可减轻企业人力和经济的负担。电子证照系统可使企业营业执照的申请、受理、审核、发放、年检、登记项目变更、核销以及其他相关证件如统计证、土地和房产证、建筑许可证、环境评估报告等的申请和变更均可通过网络实现，电子工商行政管理的实施将使传统的工商行政管理工作产生质的飞跃。

4. 电子外经贸管理

中小企业在促进就业、活跃市场、增强出口等许多方面发挥着极为重要的作用，一个国家和地区的经济繁荣很大程度上取决于中小企业的生存质量。据有关部门的统计，我国中小企业占到企业总数的99%，数量超过1000万家。加入WTO后，广大中小企业在得到了更为广阔的市场空间的同时，自身的生存发展也因为技术、人才、市场等资源的局限受到了严峻的挑战。帮助和促进中小企业的发展是各级政府义不容辞的责任，利用电子化手段是政府为中小企业开展服务的重要形式。政府可利用宏观管理优势，借助网络为提高中小企业国际竞争力和知名度提供各种帮助，如组建专门为中小企业进出口服务的专业网站，为中小企业设立网上求助中心，为中小企业提供软硬件服务等。

5. 综合信息服务系统

“改变政府职能，增强服务意识，提高政府服务水平”是今后政府改革的重要方向。政府各部门应高度重视利用网络手段为企业提供各种快捷、高效、低成本的信息服务。比如，商标注册管理机构可以提供已注册商标的数据库，供企业查询；科技成果主管部门可以把有待转让的科技成果在网上公开发布；质量监督检查部门可以把假冒伪劣的产品和企业名录在网上公布，以保护有关厂家的利益；政策、法规管理部门可向企业开放法律、法规、规章、政策数据库以及政府经济白皮书等各种重要信息。

二、G2C模式

（一）G2C的概念

G2C的全称是Government To Citizen，即政府对公众的电子政务。G2C是指政府通过电子网络系统为公民提供的各种服务。与G2B模式一样，G2C模式的着眼点同样是强调政府的对外公共服务功能，所不同的是前者侧重企业，后者的服务对象是社会公众，特别是公众个人。

G2C 模式的服务范围更为广泛，例如：网上发布政府的方针、政策及重要信息，介绍政府机构的设置、职能、沟通方式，提供交互式咨询服务、教育培训服务、行政事务审批、就业指导等。

（二）G2C 的主要内容

1. 教育培训服务

建立全国性的教育平台，并资助所有的学校和图书馆接入互联网和政府教育平台；政府出资购买教育资源，然后为学校和学生提供；重点加强对信息技术能力的教育和培训，以适应信息时代的挑战。

2. 就业服务

通过电话、互联网或其他媒体向公民提供工作机会和就业培训，促进就业。如开设网上人才市场或劳动市场，提供与就业有关的工作职位缺口数据库和求职数据库信息；在就业管理和劳动部门所在地或其他公共场所建立网站入口，为没有计算机的公民提供接入互联网寻找工作职位的机会；为求职者提供网上就业培训、就业形势分析，指导就业方向。

3. 电子医疗服务

通过政府网站提供医疗保险政策信息、医药信息、执业医生信息，为公民提供全面的医疗服务，公民可通过网络查询自己的医疗保险个人账户余额和当地公共医疗账户的情况；查询国家新审批的药品的成分、功效、试验数据、使用方法及其他详细数据，提高自我保健的能力；查询当地医院的级别和执业医生的资格情况，选择合适的医生和医院。

4. 社会保险网络服务

通过电子网络建立覆盖地区甚至国家的社会保险网络，公民可及时全面地了解自己的养老、失业、工伤、医疗等社会保险账户的明细情况，这有利于加深社会保障体系的建立和普及。通过网络公布最低收入家庭补助，可以增加政务公开透明。除此之外，公民还可以通过网络直接办理有关的社会保险理赔手续。

5. 公民信息服务

公民可以通过网络方便快捷地查询政府法律法规；通过网络提供被选举人背景资料，加深公民对被选举人的了解；通过在线评论和意见反馈了解公民对政府工作的意见，改进政府工作。

6. 交通管理服务

交通部门通过建立电子交通网站，进行交通工具和司机的管理与服务。

7. 公民电子税务

公民可通过电子报税系统办理个人所得税、财产税等个人税务。

8. 电子证件服务

公民通过网络办理结婚证、离婚证、出生证、家属死亡证明等有关证书。

案例分析

粤省事

“粤省事”是我国首个集成民生服务微信小程序，也是广东省“数字政府”改革建设的重要成果，用户通过“实人+实名”身份认证核验，即可在小程序通办多项民生服务事项。

“粤省事”小程序由“数字政府”改革建设领导小组直接指导，广东省信息中心牵头，会同广东省公安厅、民政厅、人社厅、残联等省直单位，以及广州、深圳、肇庆、江门等四个试点地市共同开展建设，数字广东网络建设有限公司提供技术支持。2018 年 5 月 21 日“粤省事”小程序正式上线，“粤省事”服务公众号平台也同步对外开放。用户可以通过粤省事查看自己的公积金、房屋贷款、社保医保、护照通行证、交通出行、法律服务、社会救助等信息。新冠肺炎疫情期间还可以通过粤省事了解情况，出行生成健康码等，给用户的生活带来了很大的便利。

截至 2019 年 10 月，“粤省事”实名用户突破 2000 万；电子证照绑卡人次超过 3250 万。作为全国首个移动政务服务平台，“粤省事”上线不到一年半时间，推出的高频政务服务已从 142 项拓展到 867 项，其中 663 项服务实现“零跑动”，91 项服务实现“最多跑一次”，业务办理量累计已超过 3.4 亿件，每 6 个广东人中就有 1 人在使用“粤省事”。图 3-92 为粤省事小程序界面。

图 3-92　粤省事小程序

想一想：

此小程序属于哪种电子商务模式？可以带来哪些便利？

三、C2B 模式

C2B（Customer To Business，即消费者到企业），是互联网经济时代新的商业模式。这一模式改变了原有生产者（企业和机构）和消费者的关系，是一种消费者贡献价值，企业和机构消费价值的电子商务模式。

C2B 是先有消费者需求产生而后有企业生产，即先有消费者提出需求，后有生产企业按需求组织生产。通常情况为消费者根据自身需求定制产品和价格，或主动参与产品设计、生产和定价，产品、价格等彰显消费者的个性化需求，生产企业进行定制化生产。例如我们生活中的全屋定制，我们顾客将自己的需求反馈给商家，商家上门测量尺寸，洽谈价格，商家按照顾客需求设计，顾客根据设计发表自己的意见，达成一致协议，商家生产，上门安装。

C2B 模式，把分散的消费者及其购买需求聚合起来，形成类似于集团购买的大订单。在采购过程中，以数量优势同厂商进行价格谈判，把价格主导权从厂商转移到消费者自身，以便同厂商进行讨价还价，争取最优惠的折扣。

四、网络理财

1. 网络理财的概念

网络理财是指投资者或家庭通过互联网获取商家提供的理财服务和金融资讯，根据外界条件的变化不断调整其剩余资产的存在形态，以实现个人或家庭资产收益最大化的一系列活动。具体包括两类：第一类为相关金融产品和服务的交易。第二类为网上理财信息查询、理财信息分析、个性化理财方案设计。

2. 网络理财产品种类

（1）多功能理财产品。

这类互联网理财产品功能齐全，如阿里巴巴推出的余额宝、苏宁推出的零钱宝等，既可以消费，也可以转出。

（2）互联网公司推出的理财产品。

由大型互联网企业所推出的理财产品。如腾讯公司推出的微信理财通，用户可以通过理财通购买基金等理财产品。

（3）银行开发的银行客户端理财产品。

银行为了顺应互联网的发展趋势，也纷纷推出了银行客户端的现金管理工具，比如平安银行就推出了平安盈，广发银行也推出了智能金等等。银行理财拥有最为稳妥的安全保障，因此也成为众多投资理财者进行互联网理财的首选理财方式。

3. 余额宝

于 2013 年 6 月推出的余额宝，是蚂蚁金服旗下的余额增值服务和活期资金管理服务。

余额宝对接的是天弘基金旗下的增利宝货币基金，特点是操作简便、低门槛、零手续费、可随取随用。除理财功能外，余额宝还可直接用于购物、转账、缴费还款等消费支付，是移动互联网时代的现金管理工具。

目前，余额宝依然是中国规模最大的货币基金。余额宝首页见图 3-93。

图 3-93　余额宝首页

4. 天天基金网

天天基金网作为国内访问量最大、用户影响力最大的基金网站一直致力于为广大的基民服务。天天基金网获得了 44.3%的基金网民的关注，酷基金网排名第二位，关注度为 19.79%，123 基金网和中国基金网占比均不到 15%，分别为 14.70%和 12.87%。新浪基金频道作为新浪下属的产品，受到了一定关注，其他基金媒体网站受到的关注度不超过 6%。

五、体验其他电子商务模式

1. 电子政务的简单应用

（1）登录广东省人民政府网站。

（2）浏览广东省人民政府网站，了解政务服务事项，见图 3-94。

图 3-94　广东省人民政府政务服务

2. 粤省事应用

（1）微信搜索粤省事小程序，见图 3-95。

（2）登录粤省事平台，见图 3-96。

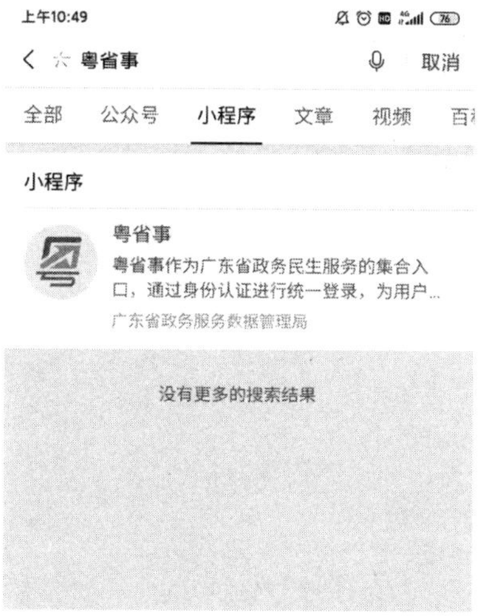

图 3-95　微信搜索粤省事小程序

图 3-96　登录粤省事首页

（3）选择登录方式人脸识别或微信支付密码登录，见图3-97。

（4）登录进去后，可查看公积金、社保医保、养老退休、粤康码等信息，见图3-98。

（5）搜索并浏览志愿者服务，主动加入当地举办的志愿者服务活动，见图3-99。

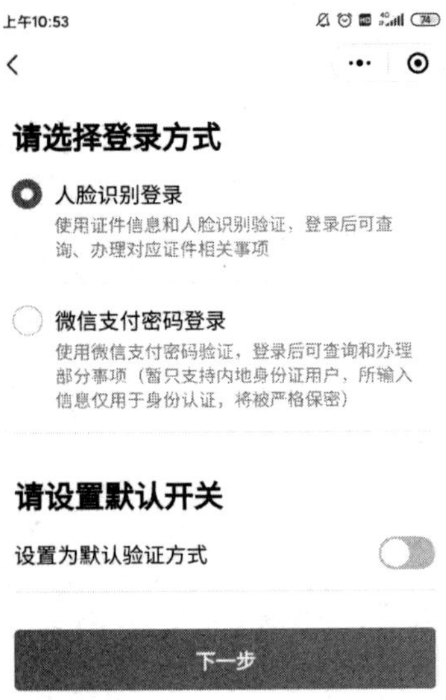

图3-97 选择登录方式

图3-98 查看相关信息

图3-99 浏览志愿者服务

3. 余额宝应用

（1）登录支付宝账户，进入余额宝首页，见图3-100。

（2）将钱转入余额宝中，见图3-101。

图3-100 余额宝首页

图3-101 转入资金

（3）选择转入方式，见图3-102。

图3-102 选择转入方式

（4）输入支付宝支付密码，见图3-103。

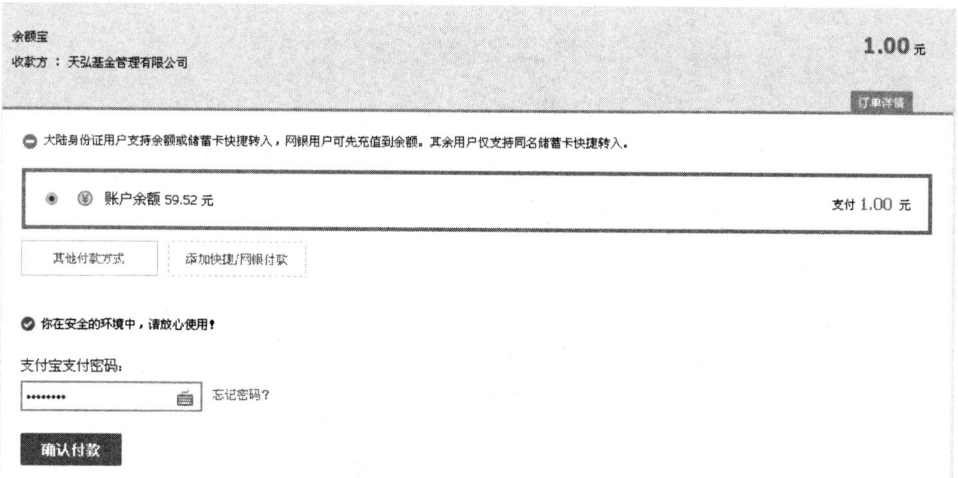

图3-103 输入密码

（5）确认付款，支付成功，见图3-104。

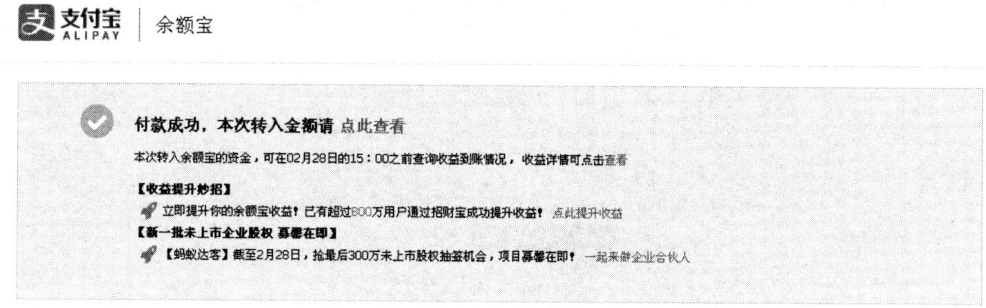

图3-104 支付成功

（6）将余额宝的资金转出，见图3-105。

图3-105 转出资金

（7）选择“转出至银行卡”项，见图3-106。
（8）输入密码，见图3-107。

图 3-106　转出至银行卡

图 3-107　输入密码

（9）转出成功，见图 3-108。

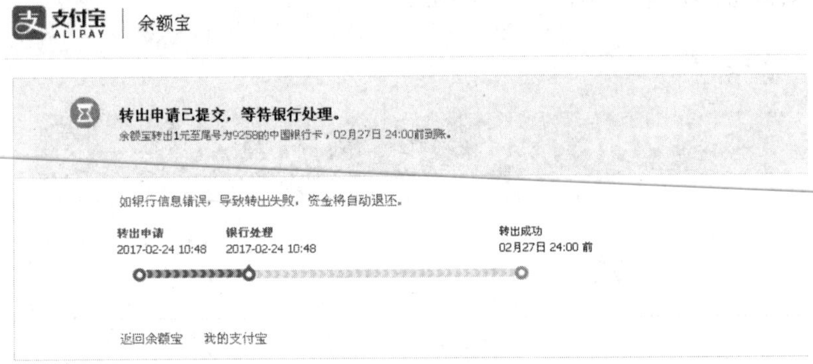

图 3-108　转出成功

（10）查看余额宝收益，见图 3-109。

图 3-109　查看余额宝收益

知识拓展

1. B2Q 模式

B2Q 模式（企业网购引入质量控制）是一种新型电子商务模式，英文全称为 Business to Business and ensure the quality。指的是企业与企业在确保质量、诚信交易为前提的电子商务平台所进行的电子商务活动，即企业与企业之间通过第三方认证平台进行产品、服务及信息的交换从本质来讲是建立在 B2B 模式的基础上，创造性地引入了质量控制（quality control）的创新模式，是一种站在巨人肩膀上的创新，也是一种应对市场需求的创新。B2Q 模式的交易双方网上先达成意向交易合同，签单后根据买方需要可引入第三方（验货、验厂、设备调试）工程师进行商品品质检验及售后安装调试服务。万商汇就属于典型的 B2Q 模式。

2. C2B2M 模式

C2B2M 模式是英文 Customer To Bussiness To Manufacture 的缩写，即商家通过平台直连消费者和生产商，消除中间环节,可以为消费者提供更有竞争力的商品。在这种模式下，基于双赢的市场机制，定制化生产等新型制造模式更易于实现。该模式的典型代表如：心选质造、叮当快药。

3. C2M 模式

C2M 是英文 Customer To Manufacturer（用户直连制造）的缩写，是一种新型的工业互联网电子商务的商业模式，又被称为“短路经济”。即消费者直接通过平台下单，工厂接收消费者的个性化需求订单，然后根据需求设计、采购、生产、发货。该电商模式最早由必要商城创始人毕胜提出，并率先在国内进行实践，如今该模式已被应用于诸多行业和领域。C2M 模式基于互联网、大数据、人工智能，以及通过生产线的自动化、定制化、节能化、柔性化，运用庞大的计算机系统随时进行数据交换，按照客户的产品订单要求，设定供应商和生产工序，最终生产出个性化产品的工业化定制模式。C2M 模式体现出的特征可以用这三个关键词来表示：智能化，大规模，个性化定制。该模式的典型代表如：必要商城。

项目小结

本项目总共 5 个任务，让学生了解不同的电子商务模式的概念、特点以及交易流程。

熟悉 B2B、B2C、C2C 电子商务交易的概念、特点、交易流程以及典型网站；清楚地了解新型电子商务交易模式 O2O 的概念与应用；掌握 G2C、G2B 等电子商务模式在现实生活中的应用，对电子商务有更深的了解和认识。

练习与自测

总分：100 分
哇，我得了______分！

一、选择题（每题 3 分，共 24 分）

1. 下列哪些网站属于 B2B 电子商务交易模式？（　　）
   A. 淘宝网　B. 唯品会　C. 阿里巴巴　D. 拼多多
2. 京东商城属于哪一种类型的电子商务网站？（　　）
   A. B2B　B. B2C　C. C2C　D. B2G
3. 公民使用粤省事小程序进行社保业务办理，属于下列哪种电子商务模式？（　　）
   A. B2B　B. B2C　C. G2C　D. G2G
4. 下列哪些业务不属于 G2B 电子商务模式？（　　）
   A. 企业电子化报税　B. 企业电子化采购与招标
   C. 个人网上公积金业务办理　D. 企业电子证照办理
5. B2Q 模式建立在 B2B 模式的基础上，创造性的引入了（　　）的创新模式。
   A. 质量控制　B. 银行监管　C. 物流监管　D. 行业干预
6. 苏宁商城的线上线下同价策略，把实体资源互联网化为线上引流，再整合线上资源为线下导流，这种方式属于那种 O2O 模式？（　　）
   A. 线上购买、线下消费　B. 线下体验、线上购买
   C. 线上线下有机融合　D. 线上线下独立运行
7. 支付宝中的余额宝属于下列哪一种理财产品？（　　）
   A. 货币基金　B. 银行理财产品　C. P2P 理财产品　D. 股票
8. 下列哪种支付方式不可以在淘宝支付中使用？（　　）
   A. 银行卡快捷支付　B. 信用卡支付
   C. 易付宝　D. 支付宝

二、多选题（每题 4 分，共 16 分）

1. 下列哪些商品可以在淘宝网进行销售？（　　）
   A. 香烟　B. 保健品　C. 化妆品　D. 仿真手枪
2. 下列属于 B2B 电子商务模式的网站有哪些？（　　）
   A. 阿里巴巴　B. 工品汇　C. 淘宝网　D. 慧聪网
3. 京东商城支持哪几种支付方式？（　　）
   A. 货到付款　B. 信用卡支付　C. 微信支付　D. 京东支付
4. 下列属于典型的 O2O 模式的网站有哪些？（　　）
   A. 美团网　B. 饿了么　C. 去哪儿网　D. 途牛网

三、判断题（每题3分，共18分）

1. 淘宝注册可以用手机号码快速注册，手机号会默认成为注册账号。(　　)
2. 淘宝网注册的账号和密码不可以在支付宝、阿里巴巴平台登录。(　　)
3. 微信及支付宝都开通了二维码收付款功能。(　　)
4. 京东商城有公司自营商品，也有第三方企业在售商品。(　　)
5. 团购就是O2O，O2O就是团购。(　　)
6. 支付宝支持密码登录、手机验证码登录，但不支持刷脸登录和电脑端扫码登录。(　　)

四、简答题（每题5分，共10分）

1. 以淘宝网为例，简述网上开店的流程。

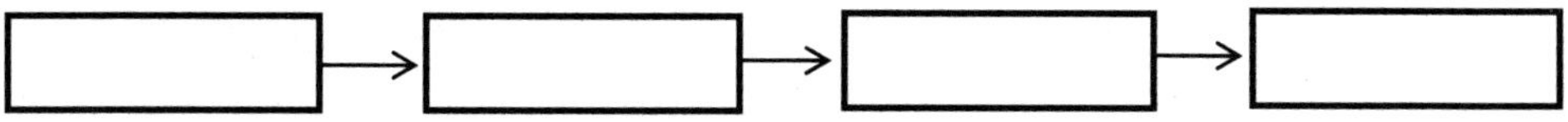

2. 以淘宝网为例，简述网上购物的过程。

五、填表题（共12分）

交易模式	B2B	B2C	C2C	G2B	G2C
交易主体					
典型网站代表					
典型业务举例					

六、论述题（共20分）

根据拼多多财报显示，截至2020年底，年度活跃买家数达到7.884亿，首次超过淘宝。随着直播电商的火热发展，抖音及快手等短视频平台迅速崛起，抖音电商高调打出“兴趣电商”的旗号，重仓电商业务。面对如此激烈的行业竞争，淘宝的流量一度下滑。

作为电商专业学生，谈谈你对行业竞争之下电商创业的一些看法。

微课拓展

创建直播间

项目 4

电子商务安全及支付

近年来，有关电子商务交易的案件多发，涉及合同订立、生效，合同履行、电子支付、诉讼管辖、证据收集及其采信、知识产权、商务欺诈等利用互联网实施的犯罪活动等。这些问题该如何解决呢？

卫问和任知忧心忡忡地找到袁莱老师。

卫问：袁莱老师，我们国家现在有专门的电子商务法律吗？

袁莱：恩，有的。《中华人民共和国电子商务法》，自2019年1月1日起施行。

任知：老师，那这部法律主要解决什么样的问题啊？怎样才能维护我们的合法权益啊？

袁莱：该法共7章89条，主要对电子商务经营者、电子商务合同的订立与履行、电子商务争议解决、电子商务促进和法律责任这五部分做了规定。

卫问、任知：哇，真好！那我们就再也不用担心电子商务的安全问题啦。

袁莱：哈哈，我们还是要学习电子商务安全的相关知识哦，接下来我们一起学习吧。

知识与能力目标

- 掌握电子商务安全的相关知识，理解电子商务安全的重要性及安全要素
- 了解我国电子商务的立法现状及目前电子商务交易安全的法律保障制度
- 了解网上银行，学会开通网上银行并使用网上银行
- 认识电子商务支付的各种方式，理解第三方支付方式

过程与方法

- 通过讲授、讨论和交流，认识电子商务交易存在的风险
- 通过合作探究和创设情景法，认识电子商务安全认证与法律法规
- 采用任务驱动法，谈谈规避电子商务交易风险的具体做法
- 通过探索和实际操作，学会使用网上银行，体验各种支付方式

情感态度与价值观

- 认识电子商务安全与法律法规，解除对电子商务交易安全威胁的恐惧感
- 了解并使用网上银行、电子支付，获得方便快捷的支付体验，从而产生信任
- 通过学习和操作实践，培养学生的创新能力、动手能力、自学能力以及分析和解决问题的能力

任务 4.1　电子商务安全认证与法律法规

任务要求与准备

按照之前分好的合作学习小组，各小组共同完成以下学习任务：

（1）结合生活经验，讨论电子商务交易可能存在哪些风险。

（2）以手机购物为例，谈谈防范规避电子商务交易风险的具体做法。

任务实施

1．各合作学习小组认真商量讨论，做好人员分配工作。

2．科任老师给予一定的准备时间，小组成员开始认真收集资料，讨论分析和整理，并在课堂上展示任务的成果。

3．各小组代表发言的时间规定在 4～6 分钟，而提问环节统一为 3 分钟。等所有的小组全部发言完毕后，每位同学填写评价量化表。

4．本次的任务表现会做详细记录，作为学生的平常表现成绩。

任务评价

填写量化评价表，见表 4-1。

1．填写分数时要发扬公平公正精神，切勿徇私。

2．自我评价、小组互评、教师评价分数都是百分制。

3．小组互评环节，各小组组长分别组织组内成员进行讨论，给予发言的小组一个分数，最终求得各小组平均分。

4．自我评价分数由学生本人填写。教师评价分数由任课老师填写。

5．总评分数=自我评价分数×0.4+小组互评分数×0.3+教师评价分数×0.3。

6．分数等级：分为五大类，分别是优秀（90～100 分）、良好（80～89）、中等（70～79）、及格（60～69）与不及格（60 分以下）。

7．“成果点评”这一栏目由任课老师填写。

表 4-1　学生任务成果展示评价量化表

班级：　　　　姓名：　　　　学号：　　　　（单位：分）

序号	评价项目	具体评价内容	评价分数参考	量化评价（等级分值）			
				满分	自评	组评	师评
1	内容准备	使用多种渠道收集资料	好（9～10），一般（6～8），不好（1～5）	10			
2		资料准备充分详实	好（13～15），一般（9～12），不好（1～8）	15			

续表

序号	评价项目	具体评价内容	评价分数参考	量化评价（等级分值）			
				满分	自评	组评	师评
3	展示成果	观点新颖，见解独到	好（13～15），一般（9～12），不好（1～8）	15			
4		演讲姿态，自然大方得体	好（13～15），一般（9～12），不好（1～8）	15			
5		语言表达清楚，逻辑清晰	好（13～15），一般（9～12），不好（1～8）	15			
6		积极明确回答同学提问的问题	好（13～15），一般（9～12），不好（1～8）	15			
7	小组合作	在小组讨论时积极参与	好（13～15），一般（9～12），不好（1～8）	15			
分数等级			总　分	100			

自我评价（×40%）	小组互评（×30%）	教师评价（×30%）	总　评
成果点评（特色及不足）：			

一、电子商务安全概述

随着互联网的发展，电子商务已经逐渐成为人们开展商务活动的模式，越来越多的人通过互联网进行商务活动。电子商务的发展前景十分诱人，而其安全问题也变得越来越突出。如何建立一个安全、便捷的电子商务应用环境，并对信息提供足够的保护，已经成为商家和用户都十分关心的话题。

（一）电子商务安全的重要性

电子商务是在开放的互联网上进行的商务活动，期间产生的谈判信息、订货信息、支付信息和机密的商务往来文件等大量商务信息在计算机系统中存放、传输和处理。计算机病毒、诈骗等都会造成信息被窃取、篡改或破坏，以及机器故障、程序错误、误操作等造成的信息失误或者失效，都严重地危害着电子商务系统的安全。一旦电子商务系统安全不能保证，带来的灾难将是巨大的，因此，电子商务安全是有效开展电子商务的前提和保障。

（二）电子商务安全的内容

电子商务的一个重要技术特征是利用计算机和网络来传输和处理商业信息。因此，电子商务安全从整体上可分为三大部分：计算机网络安全、电子商务交易安全和电子商务系统安全管理制度。

想一想：

计算机网络安全威胁有哪些？

1. 计算机网络安全

计算机网络安全是指网络系统的硬件、软件及其系统中的数据受到保护，不受偶然的或者恶意的原因而遭到破坏、更改、泄露，系统连续可靠正常地运行，网络服务不中断。计算机网络安全的内容包括：计算机网络设备安全、计算机网络系统安全、数据库安全等。其特征是针对计算机网络本身可能存在的安全问题，实施网络安全增强方案，以保证计算机网络自身的安全性为目标。

中国互联网络信息中心（CNNIC）发布的第 47 次“中国互联网络发展状况统计报告”显示，截至 2020 年 12 月，61.7%的网民表示过去半年在上网过程中遭遇过网络安全问题，详见图 4-1。其中，遭遇设备中病毒或中木马的网民比例达到 10.8%；遭遇账号或密码被盗的网民比例达到 8.2%；遭遇个人信息泄露的网民比例是 21.9%；遭遇网络诈骗的网民比例达到 16.5%。

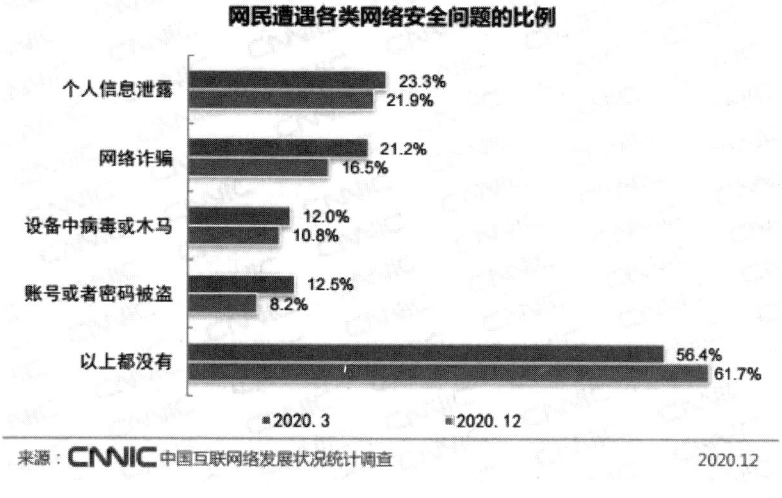

图 4-1　网民遭遇各类网络安全问题的比例

如图 4-2 信息系统安全漏洞数量所示，该报告还显示，2020 年，国家信息漏洞共享平台收集整理信息系统安全漏洞 20721 个，较 2019 年同期（16193 个）增长 28.0%。其中，收集整理信息系统高危漏洞 7422 个，较 2019 年同期（4877 个）增长 52.2%，具体见图 4-3 信息系统高危漏洞数量所示。

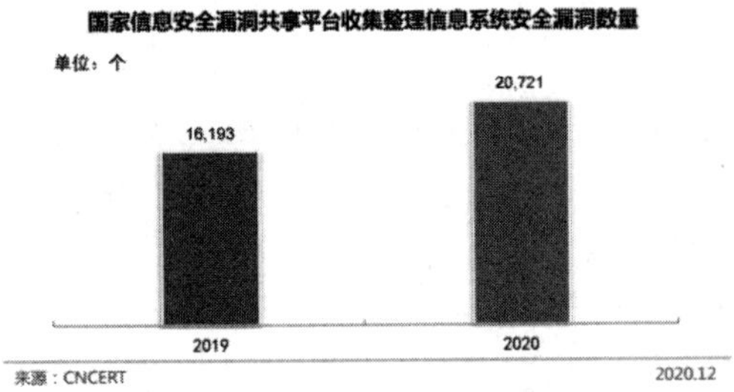

图 4-2　信息系统安全漏洞数量

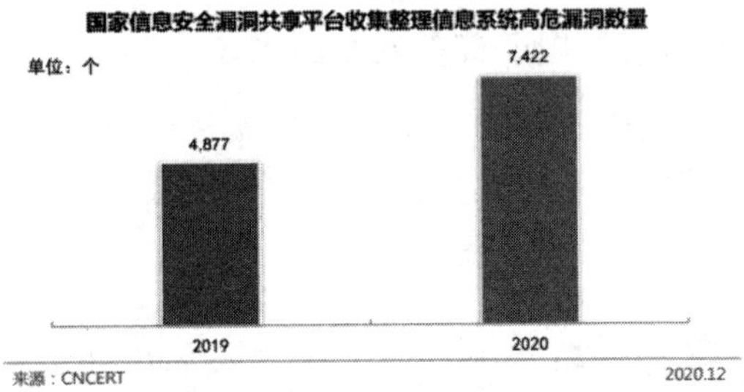

图 4-3　信息系统高危漏洞数量

此外，2020 年，CNCERT 接收到网络安全事件报告 103109 件，全国各级网络举报部门共受理 16319.2 万件，较 2019 年同期（13898.6 万件）增长 17.4%，具体见图 4-4 全国各级网络举报部门受理举报数量。

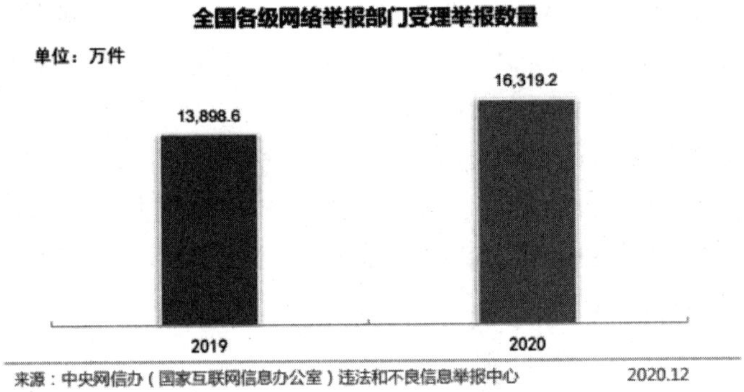

图 4-4　全国各级网络举报部门受理举报数量

目前，互联网安全威胁频发，主要以计算机木马病毒、黑客攻击、个人信息泄露、电信网络诈骗为主。

（1）木马病毒。

木马病毒是指以盗取用户个人信息，甚至是以远程控制用户计算机为主要目的的恶意程序。木马病毒其实是计算机黑客用于远程控制计算机的程序，将控制程序寄生于被控制的计算机系统中，里应外合，对被感染木马病毒的计算机实施操作。木马病毒具有很强的隐蔽性，可以根据黑客意图突然发起攻击。按照功能不同，木马程序可以分为盗号木马、网银木马、远程控制木马、流量劫持木马、下载类木马等。当然，随着木马程序编写技术的发展，一个木马程序可能包含上述多种功能。

腾讯安全发布的《2019 年度企业安全报告》指出，在企业终端风险中，风险木马软件、后门类、感染型病毒是企业面临的三大主要威胁。如图 4-5 所示，风险木马软件在病毒攻击事件中占比最高，这类病毒攻击者常常通过下载器捆绑及搜索引擎竞价排名获得优先展示来获取大量受众，感染量极大，占比高达 44%。后门类以 21%的占比紧随其后，由于其具有极高的隐蔽性，接受远程指令执行信息窃取、截屏、文件上传等操作，对金融科技等信息敏感行业造成极大危害。

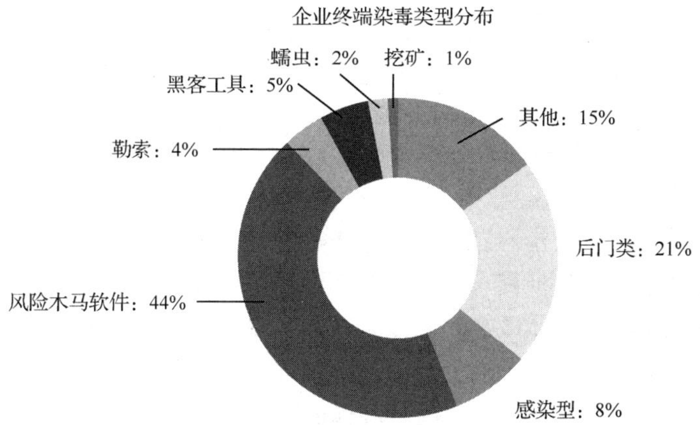

图 4-5　企业终端染毒类型分布

在所有病毒类型中，挖矿木马仍是企业服务器被攻陷后植入的主要木马类型，2019年，针对 Linux 平台的挖矿木马开始流行。如 2019 年 9 月，大型挖矿僵尸网络 WannaMine 就发起了针对 Linux 系统的攻击，攻击者利用 SSH 弱口令爆破成功后植入挖矿木马，并通过 SSH 弱口令在内网横向传播。勒索病毒虽然占比不高，但加密数据、锁定系统、针对企业数据价值勒索更加昂贵的赎金等行为令企业损失严重，破坏性极大。

社交网络也逐步沦为黑客传播挖矿木马的工具。如 2019 年 12 月发现的挖矿木马 LaofuMiner 的传播，就是攻击者将远控木马程序伪装成“火爆新闻”“色情内容”“隐私资料”“诈骗技巧”等文件名，通过社交网络进行传播，受害者一旦查看文件就立刻被安装远控木马，并通过远控木马控制电脑下载挖矿木马，中毒电脑就此沦为矿工。

专家指出，从木马病毒的编写、传播到出售，整个病毒产业链已经完全互联网化。对数量继续暴增的计算机病毒来说，防护永远只能是一种被动防护，而计算机感染上病毒后，轻则使系统工作效率下降，重则造成系统死机或毁坏，使部分文件或全部数据丢失。甚至造成计算机主板等部件的损坏，导致硬件系统完全瘫痪。据公安部调查结果显示，计算机病毒仍然呈现出异常活跃的态势，互联网站被大量“挂马”成为病毒木马传播的主要方式。同时，目前计算机病毒、木马等绕过安全产品的发现、查杀甚至破坏安全产品的能力也增强了。

（2）黑客攻击。

所谓黑客（hacker 或 cracker）是指利用系统安全漏洞对网络进行攻击破坏或窃取资料的人。一般来讲，黑客攻击主要是利用系统配置的缺陷、操作系统的安全漏洞或通信协议的安全漏洞来进行的。

2020 年 4 月 27 日，哔哩哔哩视频网站拥有 500 万粉丝的某 UP 主发布消息称，自己被黑客勒索了，根据他的介绍是因为自己的视频素材被黑客盗取，对方要求支付“赎金”才将素材还回来。在勒索事件发生后，他第一时间报警，但是因为视频素材的经济价值很难评估，最终无法立案。黑客还放狠话建议不要找数据恢复公司，否则有可能继续被勒索。据悉，2019 年国外论坛有用户遭到此勒索病毒攻击，最终花了 3000 美元才恢复了所有数据。

想一想：

学习上述案例后，你可以得到哪些启示？

（3）个人信息泄露。

个人信息泄露，实质上是一些技术人员利用技术手段和工具进行的技术性窃取，有别于一般的偷盗。个人信息泄露可能带来的危害有：垃圾短信源源不断、骚扰电话接二连三、垃圾邮件铺天盖地、冒名办卡透支欠款、案件事故从天而降、冒充他人要求转账、账户钱款不翼而飞、个人名誉无端受损等。

随着移动互联网的普及和应用，我们依赖使用的 APP 非常多，在 APP 上登记各种个人信息便存在着个人信息被泄露的风险，为了解决此问题，《中华人民共和国民法典》做出了相关规定。

《中华人民共和国民法典》第四篇人格权第六章隐私权和个人信息保护，就专门对个人信息保护的问题进行了阐述。其中，第一千零三十四条明确规定："自然人的个人信息受法律保护。个人信息是以电子或者其他方式记录的能够单独或者与其他信息结合识别特定自然人的各种信息，包括自然人的姓名、出生日期、身份证件号码、生物识别信息、住址、电话号码、电子邮箱、健康信息、行踪信息等。个人信息中的私密信息，适用有关隐私权的规定；没有规定的，适用有关个人信息保护的规定。"

此外，《中华人民共和国民法典》第一千零三十八条还规定"信息处理者不得泄露或者篡改其收集、存储的个人信息；未经自然人同意，不得向他人非法提供其个人信息，但是经过加工无法识别特定个人且不能复原的除外。信息处理者应当采取技术措施和其他必要措施，确保其收集、存储的个人信息安全，防止信息泄露、篡改、丢失；发生或者可能发生个人信息泄露、篡改、丢失的，应当及时采取补救措施，按照规定告知自然人并向有关主管部门报告。"

（4）电信网络诈骗。

电信网络诈骗是指犯罪分子通过电话、网络和短信方式，编造虚假信息，设置骗局，对受害人实施远程、非接触式诈骗，诱使受害人给犯罪分子打款或转账的犯罪行为。

360 企业安全集团、猎网平台发布的《2019 年网络诈骗趋势研究报告》显示，2014 年—2019 年，网络诈骗人均损失呈逐年增长趋势。其中，金融诈骗、兼职诈骗、交友诈骗是骗子常用的诈骗形式。长期以来，网络诈骗形式不断更新换代，新一代"变种"往往更具欺骗性与危害性。例如，2020 年 10 月 8 日，小陈突然接到一个自称某贷款公司客服的电话，对方称小陈在大学期间借的一笔 9000 元"校园贷"未还，现在国家正在大力整治校园贷款，如果小陈再不还，将影响个人征信。虽然小陈在上学期间并没有借过校园贷，但是由于对方提供的信息丝毫不差，这让小陈很惊讶。对方宣称只要按他所说操作，小陈的贷款记录就会注销，个人征信也不会受影响。

在对方的指导下，小陈向多个 APP 申请了贷款，最终申请到三笔总计 65000 元的贷款。随后，按照对方的要求，将贷款分别转到三个陌生的个人账户里。小陈按要求操作后，对方又要他把下载的 APP 都删除。此时，小陈才发觉事情不对劲，赶紧把之前贷款的 APP 一一打开核对，结果发现，一个下午就损失了 6 万多元。

专家分析，骗子“机智”地修改了贷款诈骗的老剧本，从“零担保贷款”到“注销网贷账号”，骗子紧跟金融行业的发展方向，并在网贷普及的现状下，见缝插针，以“影响征信”误导网民，确实有很强的蛊惑性。

更多例子请自行搜索网络诈骗趋势研究报告进行学习。

公安部工作人员提供有一些防骗秘笈，如下所述。

① 防骗秘笈一。

电信、银行、公安系统的电话各自有自己的平台。骗子说你的账号涉及洗钱或者你的账号不安全，要给你转到一个安全的账号，你要不信可以给你转到公安局或转到银行。这显然是不可能的，因为各自在不同的系统、不同的平台，是不可能直接转过去的，所以千万不要相信他。

② 防骗秘笈二。

没有任何单位设置有这种安全账号，所谓的安全账号百分之百都是骗子设置的。真正最安全的账号是自己的账号。所以公检法执法期间要向老百姓了解情况的时候会当面询问当事人，并进行相关的谈话笔录，不会打电话要求你提供银行账号、密码。

③ 防骗秘笈三。

税务部门、财政部门对消费者进行退税的时候都会通过电信、报纸等权威部门公告，如机动车限行要退养路费，会在网络、报纸、电视上做公开宣传，绝对不会打个电话说要退钱，这些都是骗子的手段。

④ 防骗秘笈四。

不要随便点击不明链接，登录注册填写个人信息。不要随便相信 QQ 好友视频借钱。犯罪嫌疑人通过种植木马等黑客手段，盗用他人 QQ，事先会有意和 QQ 使用人进行视频聊天，获取使用人的视频信息，在实施诈骗时播放事先录制的使用人视频，以获取信任。之后分别给使用人的 QQ 好友发送请求借款信息，进行诈骗。

2. 电子商务交易安全

电子商务交易安全是指确保在开放的互联网上交易信息的保密性、完整性和不可抵赖性。电子商务为企业降低商业成本、改善客户服务、吸纳新客户提供了方便的途径。但是由于其虚拟性，存在着潜在的负面影响。电子商务交易安全紧紧围绕传统商务在互联网络上应用时产生的各种安全问题，在计算机网络安全的基础上，要做好电子商务交易安全管理，必须了解电子商务交易的安全要求，如使用基本加密方法、安全认证手段、安全交易协议等。

在互联网上的电子商务交易过程中，核心和关键的问题就是交易的安全性。这个问题是网上交易的基础，也是电子商务技术的难点。目前，影响电子商务交易最大的阻力就是交易安全问题。

中国互联网络信息中心（CNNIC）发布的第 47 次“中国互联网络发展状况统计报告”显示，2020 年有 33.0%的网民遇到过网络购物诈骗，该群体规模大于 3 亿人。网络购物诈骗造成了用户对互联网商务类应用的担忧、抵制和排斥情绪，影响了商务类应用的可持续发展。为了推动网民商务类应用的深化，管理部门需要尽快完善有关法律法规和监管体系，通过政府、企业、行业协会和用户多方参与，共同维护绿色、健康的网络消费环境。

想一想：

电子商务交易安全有哪些需求？

电子商务面临的威胁引出了消费者对电子商务交易安全的需求，主要包括机密性、完整性、认证性、不可抵赖性和有效性等要素。

（1）机密性。

电子商务作为贸易的一种手段，其信息直接代表着个人、企业或国家的商业机密。传统的纸面贸易都是通过邮寄封装的信件或通过可靠的通信渠道发送商业报文来达到保守机密的目的。电子商务是建立在一个较为开放的网络环境上的（尤其互联网是更为开放的网络），维护商业机密是电子商务全面推广应用的重要保障。因此，要预防信息在传输过程中被非法窃取和非法信息存取。机密性一般通过密码技术来对传输的信息进行加密处理来实现。

（2）完整性。

电子商务简化了贸易过程，减少了人为的干预，同时也带来维护贸易各方商业信息的完整、统一的问题。由于数据输入时的意外差错或欺诈行为，可能导致贸易各方信息的差异。此外，数据传输过程中信息丢失、信息重复或信息传送的次序差异也会导致贸易各方信息的不同。贸易各方信息的完整性将影响贸易各方的交易和经营策略，保持贸易各方信息的完整性是电子商务应用的基础。因此，要预防对信息的随意生成、修改和删除，同时要防止数据传送过程中信息的丢失和重复，并保证信息传送次序的统一。完整性一般可通过提取信息消息摘要的方式来实现。

（3）认证性。

由于网络电子商务交易系统的特殊性，企业或个人的交易通常都是在虚拟的网络环境中进行的，所以对个人或企业实体进行身份性确认成了电子商务中很重要的一环。对人或实体的身份进行鉴别，为身份的真实性提供保证，即交易双方能够在相互不见面的情况下确认对方的身份。这意味着当某人或实体声称具有某个特定的身份时，鉴别服务将提供一种方法来验证其声明的正确性，一般通过 CA（后续有详述）和证书来实现。

（4）不可抵赖性。

电子商务可能直接关系到贸易双方的商业交易，如何确定交易的不可抵赖性是保证电子商务顺利进行的关键。在传统的纸面贸易中，贸易双方通过在交易合同、契约或贸易单据等书面文件上手写签名或印章来鉴别贸易伙伴，确定合同、契约、单据的可靠性并预防抵赖行为的发生。这也就是人们常说的“白纸黑字”。在无纸化的电子商务方式下，通过手写签名和印章进行贸易方的鉴别已不可能。因此，要在交易信息的传输过程中为参与交易的个人、企业或国家提供可靠的标识。不可抵赖性可通过对发送的消息进行数字签名来实现。

（5）有效性。

电子商务以电子形式取代了纸张，那么如何保证这种电子形式的贸易信息的有效性则是开展电子商务的前提。电子商务作为贸易的一种形式，其信息的有效性将直接关系到个人、企业或国家的经济利益和声誉。因此，要对网络故障、操作错误、应用程序错误、硬件故障、系统软件错误及计算机病毒所产生的潜在威胁加以控制和预防，以保证贸易数据在确定的时刻、确定的地点是有效的。

3. 电子商务系统安全管理制度

电子商务系统安全管理制度是用文字形式对各项安全要求所做的规定，它是保证电子商务取得成功的重要基础工作，是电子商务从业人员安全工作的规范和准则。企业在开展电子商务之初，就应当形成一套完整的、适用于网络环境的安全管理制度。这些制度包括人员管理制度、保密制度、跟踪审计制度、系统维护制度、病毒防范制度等。

二、电子商务认证技术

认证技术是用电子手段证明发送者和接收者身份及其文件完整性的技术，即确认双方的身份信息在传送或存储过程中未被篡改过。

CA（Certificate Authority）是数字证书认证中心的简称，是指发放、管理、废除数字证书的机构，如政府部门和金融机构。CA 的作用是检查证书持有者身份的合法性，并签发证书（在证书上签字），以防证书被伪造或篡改，以及对证书和密钥进行管理。

数字证书实际上是存于计算机上的一个记录，是由 CA 签发的一个声明，证明证书主体（“证书申请者”拥有了证书后即成为“证书主体”）与证书中所包含的公钥的唯一对应关系。证书包括证书申请者的名称及相关信息、申请者的公钥、签发证书的 CA 的数字签名及证书的有效期等内容。数字证书的作用是使网上交易的双方互相验证身份，保证电子商务的安全进行。常用的证书有：持卡人证书、商家证书、支付网关证书、银行证书、发卡机构证书和代码签名证书等。

用户以安全的方式向公钥证书权威机构提交他的公钥并得到证书，然后用户就可以公开这个证书。任何需要用户公钥的人都可以得到此证书，并通过相关的信任签名来验证公钥的有效性。数字证书通过标志交易各方身份信息的一系列数据，提供了一种验证各自身份的方式，用户可以用它来识别对方的身份。

三、电子商务立法概述

网络欺诈、价格战、虚假促销、售后服务不当、个人信息被泄露，电子商务引发的合同问题、知识产权问题、信息安全问题、纳税问题，以及围绕互联网支付、理财越来越热的互联网金融问题，伴随中国网购市场的高速发展，正变得越来越突出。

因此，亟待电子商务法来解决以上问题，维护消费者权益和整个电子商务行业的良性发展。

1. 电子商务法的概念和特征

电子商务法是指调整平等主体之间通过电子行为设立、变更和消灭财产关系和人身关系的法律规范的总称，是调整以数据电文为交易手段而形成的以交易形式为内容的商事关系的法律规范的总称，因此具有国际性、行业惯例性、技术性以及安全性等特征。

2. 我国电子商务立法现状

2004 年 8 月 28 日，全国人大常委会第十一次会议通过了《中华人民共和国电子签名法》。该法是我国推进电子商务发展、扫除电子商务发展障碍的重要步骤，被认为是中国首部真正电子商务法意义上的立法。

2012 年 12 月 28 日，十一届全国人大常委会第三十次会议表决通过了《关于加强网络信息保护的决定》。

2013 年 12 月，全国人大财政经济委员会牵头开展电子商务立法工作，组织成立由国务院十二个部门参加的电子商务法起草组，正式启动了《中华人民共和国电子商务法》的立法进程。

2018 年 8 月 31 日，十三届全国人大常委会第五次会议表决通过《中华人民共和国电子商务法》，自 2019 年 1 月 1 日起施行。该法共 7 章 89 条，主要就是对电子商务经营者、电子商务合同的订立与履行、电子商务争议解决、电子商务促进和法律责任这五部分做了规定。

该法的诞生不仅回应了电子商务发展对于法律制度的需求，同时也通过明确的定义和范围界定来消除市场上关于电子商务领域的一些争议。《中华人民共和国电子商务法》作为我国第一部电子商务领域的基础性、综合性法律，对于保障电子商务各方主体权益、规范电子商务行为、维护市场秩序、促进电子商务行业持续健康发展具有极其重要的意义。

四、电子商务交易安全的法律保障

（一）电子合同法律制度

1. 电子合同的概念

电子合同又称为电子商务合同，根据相关法律可以定义为：“双方或多方当事人之间通过计算机网络系统以电子的形式达成的设立、变更、终止民事权利义务关系的协议”。电子合同也是合同的一种形式，它是通过计算机网络进行的、有别于传统的合同订立方式，整个签署过程需要配合电子签名、防篡改等技术，只有应用了这些关键技术的电子合同才是具有法律效力的合同。

2. 电子合同生效条件

我国《合同法》第 13 条规定：“当事人订立合同，采取要约、承诺的方式。”要约是指当事人一方向另一方做出的希望与之订立合同的意思表示，承诺是指受要约人同意要约的意思表示。我国《合同法》第 25 条规定：“承诺生效时合同成立。”采用数据电文形式订立合同，收件人指定特定系统接收数据电文的，该数据电文进入该特定系统的时间，视为到达时间；未指定特定系统的，该数据电文进入收件人的任何系统的首次时间，视为到达时间。

我国《合同法》第 44 条规定：“依法成立的合同，自成立时生效。”一般情况下，合同的成立和生效是一致的。但是，成立的电子合同并不一定生效，有效的电子合同也并不一定立即生效。电子合同的生效应该具备以下条件：

（1）订立合同的当事人在订立合同时应具有相应的行为能力；

（2）订立合同的当事人的意思表示真实；

（3）电子合同不违反法律或者社会公共利益。

想一想：

8 岁的小孩隐瞒家人偷买了千元 Q 币，这样的交易是否有效？

《中华人民共和国电子商务法》第 48 条规定："电子商务当事人使用自动信息系统订立或者履行合同的行为对使用该系统的当事人具有法律效力。在电子商务中推定当事人具有相应的民事行为能力。但是，有相反证据足以推翻的除外。"

《中华人民共和国电子商务法》第 49 条规定："电子商务经营者发布的商品或者服务信息符合要约条件的，用户选择该商品或者服务并提交订单成功，合同成立。当事人另有约定的，从其约定。电子商务经营者不得以格式条款等方式约定消费者支付价款后合同不成立；格式条款等含有该内容的，其内容无效。"

想一想：

网络购物电商平台自动生成订单的，合同什么时候成立？

（二）电子商务知识产权保护法律制度

知识产权是基于人们对自己的智力活动创造的成果和经营管理活动中的标记、信誉依法享有的权利。电子商务知识产权是在网络环境下引起的或与其相关的各种知识产权，包括了网络作品著作权及相关权利、网络环境下的工业产权、域名、专利和网络环境下的商业秘密等。其中，《专利法》《商标法》《反不正当竞争法》《中国互联网络域名管理办法》对上述知识产权进行了保护。

（三）网络隐私侵权

隐私权是指自然人享有的私人生活安宁与私人生活信息依法受到保护，不受他人侵扰、知悉、使用、披露和公开的权利。网络隐私侵权是指未经他人许可，擅自通过互联网上自己或他人的主页，将特定的他人隐私公之于众，或擅自通过向第三人、第四人或众多其他人发送 E-mail 的方式张扬特定他人的隐私，情节恶劣、后果严重的行为。

电子商务环境下，侵犯他人隐私权的方式不断扩展，如何在网络环境下保护隐私权，亟需相关法律的规范。

知识拓展

校友录被爬案

证件照属于肖像、隐私还是个人信息？在无明确约定时，如何确定个人信息授权范围？搜索引擎抓取网络公开个人信息应负何种责任？2020 年 9 月 29 日，北京互联网法院官方微信发布了"校友录"头像被爬案一审宣判结果。

法院一审认定，姓名与证件照结合构成个人信息，搜索引擎网站无法预见一般公开网络信息为未经授权公开的个人信息，其使用行为不存在过错，但收到通知后应及时采取措施，因怠于采取措施行为造成损失的，构成侵权。一审宣判后，双方均未上诉，此案已生效。

案情是这样的：原告孙某某主张，2018年10月，其在百度网站搜索姓名“孙某某”关键词，发现百度网站非法收录并置顶了其十年前在校友录网站上传的个人账户头像，即个人证件照。2018年10月23日，孙某某向百度网站发出通知要求其删除证件照，但未获任何回复。

孙某某认为，涉案照片以及其与孙某某姓名的关联关系涉及个人隐私、个人信息，在校友录网站图片源地址已关闭的情况下，百度公司上述行为构成侵权。故诉至法院，要求判令百度公司赔偿经济损失1元和维权费用40元。

被告百度公司（涉案搜索引擎网站运营者）称，展示孙某某照片的行为不侵犯其个人隐私和个人信息权益。百度公司仅为网络搜索服务提供者，提供中立的技术服务，涉案照片存储于可正常浏览的第三方网页，百度公司只是基于搜索功能实施了正常合法的抓取行为，因此，百度公司不构成侵权。

第三人搜狐公司（校友录网站运营者）述称，显示有孙某某肖像的网站并非搜狐公司所运营，涉案信息与搜狐公司无任何关联性，早在2012年—2013年间，校友录网站已经对外停止服务和访问，不存在授权任何人和机构使用校友录任何信息的可能。综上，孙某某的诉讼请求与搜狐公司无关。

该案的争议焦点之一，是涉案姓名、照片及其关联关系等信息是否属于孙某某个人隐私或个人信息。

根据孙某某的陈述，其自行将涉案照片上传于社交网站中，主动向一定范围内的网络用户进行披露，可见，主观上孙某某并无强烈地将该信息作为隐私进行隐匿的意愿，客观上该信息亦未处于私密状态。因此，涉案信息的属性更接近于在某些场景下支持积极使用的个人信息。

法院认为，涉案姓名、照片及其关联关系等信息本身尚不足以构成私密信息，将涉案场景中利用的信息划入个人信息的保护范畴，更符合立法原意和当今网络社会下对上述信息利用的社会普遍认知。

此外，被控侵权行为是否属于未经同意处理个人信息的行为也是争议焦点。法院认定，孙某某仅授权搜狐公司在一定权限范围内使用和公开涉案信息。搜狐公司将涉案信息置于公开网络后，百度公司的搜索行为使得涉案信息可被全网不特定用户检索获取，在客观上导致该信息在孙某某授权范围之外被公开，属于未经同意处理个人信息的行为。

百度公司是否构成对孙某某个人信息权益的侵害？法院认为，在通知删除前，百度公司对涉案信息不存在明知或应知的主观过错，不构成对孙某某个人信息权益的侵害。在收到删除通知后，百度公司在其有能力采取相匹配必要措施的情况下，未给予任何回复，其怠于采取措施的行为，导致涉案侵权损失的进一步扩大，构成了对孙某某个人信息权益的侵害。

法院认为，虽然孙某某未对涉案行为造成其财产损失的数额进行举证，但个人信息在互联网经济的商业利用下，已呈现出一定的财产价值属性，且遏制个人信息侵权的行为，需违法信息利用者付出成本对冲其通过违法行为所得的获益，故对孙某某主张的赔偿数额予以支持，并判决：百度公司于判决生效之日起7日内赔偿孙某某经济损失1元和维权费用40元。

（信息来源：南方都市报）

任务 4.2　网 上 银 行

任务要求与准备

1．利用课余时间到银行办理银行卡

2．按照之前分好的合作学习小组，各小组共同完成以下学习任务

（1）谈一谈你所知道的银行有哪些？你办理的是哪家银行的卡？

（2）你觉得个人网上银行的使用安全吗？怎样防范风险？

（3）你知道网商银行吗？

任务实施

1．各合作学习小组认真商量讨论，做好人员分配工作

2．科任老师给予一定的准备时间，小组成员开始认真收集资料，讨论分析和整理，并在课堂上展示任务的成果

3．各小组代表发言的时间规定在 4～6 分钟，而提问环节统一为 3 分钟。等所有的小组全部发言完毕后，每位同学填写评价量化表

4．本次的任务表现会做详细记录，作为学生的平常表现成绩

任务评价

填写评价量化表，见表 4-2。

表 4-2　学生任务成果展示评价量化表

班级：　　　　姓名：　　　　学号：　　　　　　　　（单位：分）

序号	评 价 项 目	具体评价内容	评价分数参考	量化评价（等级分值）			
				满分	自评	组评	师评
1	内容准备	使用多种渠道收集资料	好（9～10），一般（6～8），不好（1～5）	10			
2		资料准备充分详实	好（13～15），一般（9～12），不好（1～8）	15			
3	展示成果	观点新颖，见解独到	好（13～15），一般（9～12），不好（1～8）	15			
4		演讲姿态，自然大方得体	好（13～15），一般（9～12），不好（1～8）	15			
5		语言表达清楚，逻辑清晰	好（13～15），一般（9～12），不好（1～8）	15			
6		积极明确回答同学提问的问题	好（13～15），一般（9～12），不好（1～8）	15			

续表

序号	评价项目	具体评价内容	评价分数参考	量化评价（等级分值）			
				满分	自评	组评	师评
7	小组合作	在小组讨论时积极参与	好（13～15），一般（9～12），不好（1～8）	15			
分数等级			总分	100			
自我评价（×40%）		小组互评（×30%）	教师评价（×30%）	总评			
成果点评（特色及不足）：							

评价量化表填写说明：

（1）填写分数时要发扬公平公正精神，切勿徇私。

（2）自我评价、小组互评、教师评价分数都是百分制。

（3）小组互评环节，各小组组长分别组织组内成员进行讨论，给予发言的小组一个分数，最终求得各小组平均分。

（4）自我评价分数由学生本人填写。教师评价分数由科任老师填写。

（5）总评分数=自我评价分数×0.4+小组互评分数×0.3+教师评价分数×0.3。

（6）分数等级：分为五大类，分别是优秀（90～100分）、良好（80～89）、中等（70～79）、及格（60～69）与不及格（60分以下）。

（7）“成果点评”这一栏目，由任课老师填写。

一、网上银行概述

（一）网上银行的概念

网上银行又称网络银行、电子银行、虚拟银行，指依托计算机网络实现银行服务，为客户提供各种金融服务的银行机构。

网上银行是在电子商务发展到一定程度而产生的，起着连接买卖双方的纽带作用。作为电子商务支付和结算的最终执行者，它对电子商务的顺利进行和发展起着至关重要的作用。

网上银行打破了传统银行的经营模式，网上银行的出现是金融业的一场革命，它消除了时间和空间的限制，就像把银行搬到了自己的家里或办公室，客户无须亲自到银行柜台，只要能上网，就可以在任何时间、任何地点享受银行为其提供的各种金融服务。网上银行的出现不仅精简了传统银行的分支机构，而且大大降低了银行的运营成本，并为客户提供更方便、更有效、更具个性化的服务。

（二）网上银行的形式

目前，网上银行包括两种形式：一种是传统银行开展的网上银行，即把银行业务运用到互联网上，我国目前常见的网上银行（中国银行、招商银行、中国工商银行、中国人民建设银行等）都属于这种形式；还有一种是随着网络的发展而出现的全新的电子银行，这类网上银行的业务全部依托互联网进行，不涉及传统银行的业务，如 SFNB（安全第一网络银行）。

（三）网上银行的特点

1. 全面实现服务无纸化

传统银行业务中广泛使用的票据大部分被电子票据所替代，原有的货币被电子货币，（如电子现金、电子零钱、电子信用卡等）所代替，所有的纸质文件的传输变成了电子化的数据传输。

2. 提供全方位、个性化银行服务

网上银行能够为客户提供生动、灵活、全面的服务，客户可以通过网上银行及时了解国内外的金融市场行情、金融产品等。网上银行则为客户实现各种金融工具的安全交易，并且可以借助网络及时了解客户的需求，为客户量身定做其所需的金融产品，满足客户个性化的需求。

3. 提供方便、高效的服务

网上银行客户可以在家里开设账户，进行各种交易，节省了银行柜台排队等候的时间。此外，网上银行为客户提供全天 24 小时、一年 365 天不间断的服务，客户可以在任何时间、任何地点使用网上银行的服务。银行业的电子化大大提高了资金的运作效率，从而提高整个社会的经济利益。

4. 操作简单、易用

使用网上银行的服务不需要特别的软件设置，也不需要专门的培训，只要拥有一台能上网的计算机即可。上网后，客户可根据需要，按照系统指示，使用鼠标和键盘进行简单操作便可。

5. 降低银行、客户交易成本

客户可以“足不出户”地完成网上银行提供的各种服务，从而节省了大量的人力、物力和财力开支。网上银行也可以节省大量的人力资源，节省大量网点建设费用，提高了银行的竞争力。

（四）网上银行的功能

网上银行的功能主要表现在两个方面：对外发布信息和提供金融服务。

1. 对外发布信息

网上银行可以通过网络发布各种信息，包括：银行机构、经营状况、业务品种、国内外金融信息、外汇信息和利率信息等。

通过发布各种信息，银行既可以给客户提供方便，又起到宣传的作用，在此基础上，还可以实现银行和客户的有效互动。

2. 提供金融服务

网上银行提供的金融服务主要包括：

① 资产业务：抵押贷款、住房抵押贷款、汽车贷款等。

② 负债业务：存款账户、支票账户、货币市场基金账户等。

③ 信用卡业务：各种利率的信用卡。

④ 保险：各种保险公司的保险业务。

⑤ 网上支付：大部分网上银行都提供无限制免费的网上支付，银行在此充当的是商家与客户之间的支付中介。

二、开通网上银行

以下以中国邮政储蓄银行官网为例。

（一）开通方式

1. 网上自助注册开通

进入个人网上银行登录界面进行注册，注册成功后成为网上注册客户，可以办理查询、挂失、绿卡通定活互转交易。

2. 营业网点注册开通

在任何一家中国邮政储蓄银行营业网点可以轻松开通网上银行服务，注册成功后，除了查询、挂失、定活互转交易外，还可实现在营业网点选择开通的各项账务交易功能。

（二）开通条件

1. 证件要求

要有申领银行卡、存折时使用的有效身份证件，如身份证、护照、军官证等。

2. 账户要求

需要注册中国邮政储蓄银行规定的账户类型，包括留密存折、借记卡、信用卡。

需要注意的是，留密存折是指本币结算账户、外币活期一本通、外币定期一本通；借记卡包括普通绿卡、本外币绿卡通主卡。

（三）开通流程

1. 网上银行初体验，成为网上注册客户

登录中国邮政储蓄银行网站，点击“个人网上银行”下方的“注册”按钮，注册完成后登录网上银行开始体验便捷服务。

2. 享受全面服务，成为柜面注册客户

持有效证件和邮储银行指定的卡或存折到营业网点填写服务申请表，然后认真核对服务回执，进行签字确认，最后注册成功并领用安全产品，便可以登录网上银行享受便捷服务。

三、使用网上银行

（一）登录

1. 登录

登录中国邮政储蓄银行网站，点击“个人网上银行登录”项，进入登录页面，然后在登录区域填写相关信息。

2. 登录成功

成功登录之后会显示“欢迎登录中国邮政储蓄银行”等信息。

（二）网上支付申请

1. 网上支付申请

首先选中“网上支付”→“网上支付申请”项。具体见图 4-6。

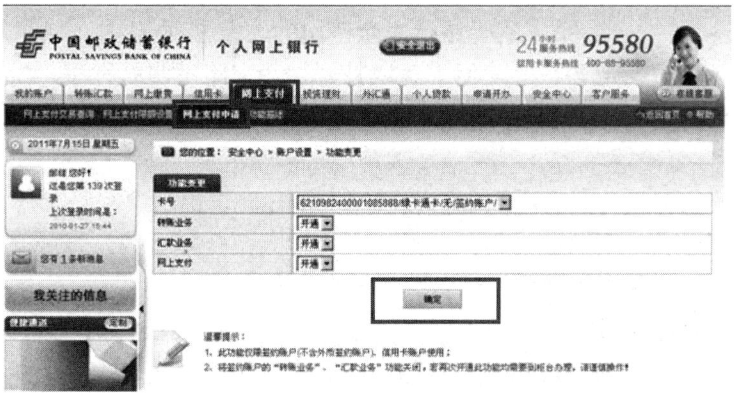

图 4-6　网上支付申请

2. 功能变更修改成功

然后点击“确定”按钮开通，提示功能变更修改成功。

（三）设置网上支付限额

选中“网上支付”→“网上支付限额设置”项。见图 4-7。

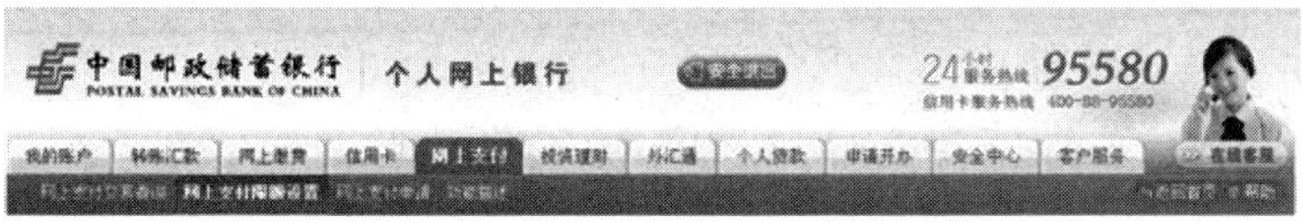

图 4-7　网上支付限额设置页面

做一做：

1. 查看各大银行官网并进行对比。
2. 开通并使用网上银行，完成上述步骤。

课后阅读

网商银行

网商银行于 2015 年 6 月 25 日正式开业，是由蚂蚁集团发起，银保监会批准成立的中国首批民营银行之一，致力于解决小微企业、个体户、经营性农户等小微群体的金融需求。

作为一家科技驱动的银行，网商银行不设线下网点，借助实践多年的无接触贷款“310”模式（3 分钟申请，1 秒钟放款，全程 0 人工干预），为更多小微经营者提供纯线上的金融服务，让每一部手机都能成为便捷的银行网点。

近年来，科技发展使得中国小微贷款可得率大幅提升，截至 2021 年末，累计超过 4500 万小微经营者使用过网商银行的数字信贷服务，助力自己的经营与发展，他们中 80%过去从未获得银行经营性贷款。

知识拓展 1

个人网上银行安全使用的注意事项

（1）确保计算机安全。不要随便下载或打开一些来路不明的程序、游戏或邮件，小心木马病毒入侵电脑。安装杀毒软件和防火墙并及时更新，定期杀毒，防止计算机病毒入侵。

（2）尽量不要使用公共场所的电脑登录网上银行，防止账户密码泄露。

（3）不要通过其他网站链接访问，最好直接输入银行网址登录，或者把正确网址存入收藏夹中，注意识别虚假网站、钓鱼网站。

（4）登录密码和支付密码设置为不同的密码，并且不要在计算机上保存密码。

（5）设置防伪验证信息，防止假网站；或者设置私密信息，选择登录时回答私密问题，增强登录网上银行的安全强度。

（6）定期查看“历史交易明细”确保账户安全，每次登录留意“上次登录时间”是否与实际相符。

（7）使用银行提供的各种风险防范措施，如数字证书、动态口令、安全控件、短信通知、限额控制等。

（8）有人通过邮件、短信、电话等方式索要卡号、密码、验证码的，都要保持警惕，不要轻易相信。

（9）使用网上银行完毕或离开机器时及时退出网上银行。

（10）遇到任何怀疑或问题，及时致电银行客服咨询。

知识拓展 2

个人手机银行的使用

曾经，在银行排队，仅仅为了一笔转账；曾经，四处寻找能上网的电脑想要尽快完成一笔转账。现在，在出差途中、候车时、超市排队结账时……拿出手机，就能享受手机银行提供的随身金融服务，弹指之间，理财、生活、工作皆不误！以中国邮政储蓄银行为例，具体的操作请自行搜索个人手机银行操作手册学习查看。

知识拓展 3

个人手机银行安全使用的注意事项

（1）务必从正规的渠道下载手机银行、支付软件，并定期更新该类应用。

（2）建议使用手势密码或口令保护移动设备，并将设备设置为一定时间后自动锁定。

（3）使用无线网络，须在确保无线网络安全的情况下再连接至手机银行站点或应用程序。

（4）如果 APP 提供保存密码选项时，建议不要勾选。每次登录时重新输入登录密码，同时建议设置较为复杂的登录密码、支付密码等。

（5）如果更换了手机号码，须及时通知银行做信息变更；如果遇到手机被盗，要及时致电银行挂失银行卡

（6）在使用交易类、银行类应用进行支付或者转账的过程中保证手机在本人身边，确有紧急事项时，立即结束当前交易并退出应用系统；同时在全部使用完毕后建议结束应用进程，不要在后台继续运行。

想要了解更多，可以自行搜索“国家网络安全宣传周之手机银行篇”查看学习。

任务 4.3　电子支付方式

任务要求与准备

按照之前分好的合作学习小组，各小组共同完成以下学习任务：

（1）谈谈你知道的电子支付方式。

（2）说说你知道的第三方支付平台，并选择最熟悉的两个进行分析。

任务实施

1．各合作学习小组认真商量讨论，做好人员分配工作。

2．科任老师给予一定的准备时间，小组成员开始认真收集资料，讨论分析和整理，并在课堂上展示任务的成果。

3．各小组代表发言的时间规定在 4～6 分钟，而提问环节统一为 3 分钟。等所有的小组全部发言完毕后，每位同学填写评价量化表。

4．本次的任务表现会做详细记录，作为学生的平常表现成绩。

任务评价

填写评价量化表，见表 4-3。

评价表填写说明：

1．填写分数时要发扬公平公正精神，切勿徇私。

2．自我评价、小组互评、教师评价分数都是百分制。

表 4-3　学生任务成果展示评价量化表

班级：　　　　姓名：　　　　学号：　　　　（单位：分）

序号	评价项目	具体评价内容	评价分数参考	量化评价（等级分值）			
				满分	自评	组评	师评
1	内容准备	使用多种渠道收集资料	好（9～10），一般（6～8），不好（1～5）	10			
2		资料准备充分详实	好（13～15），一般（9～12），不好（1～8）	15			
3	展示成果	观点新颖，见解独到	好（13～15），一般（9～12），不好（1～8）	15			
4		演讲姿态，自然大方得体	好（13～15），一般（9～12），不好（1～8）	15			
5		语言表达清楚，逻辑清晰	好（13～15），一般（9～12），不好（1～8）	15			
6		积极明确回答同学提问的问题	好（13～15），一般（9～12），不好（1～8）	15			
7	小组合作	在小组讨论时积极参与	好（13～15），一般（9～12），不好（1～8）	15			
分数等级			总　　分	100			

自我评价（×40%）	小组互评（×30%）	教师评价（×30%）	总　　评
成果点评（特色及不足）：			

3．小组互评环节，各小组组长分别组织组内成员进行讨论，给予发言的小组一个分数，最终求得各小组平均分。

4．自我评价分数由学生本人填写。教师评价分数由科任老师填写。

5．总评分数=自我评价分数×0.4+小组互评分数×0.3+教师评价分数×0.3。

6．分数等级：分为五大类，分别是优秀（90～100 分）、良好（80～89）、中等（70～79）、及格（60～69）与不及格（60 分以下）。

7．“成果点评”这一栏目由任科老师填写。

一、电子支付概述

所有的交易都涉及支付，所谓支付是指资金从付款人到收款人的转移过程。根据支付方式的不同，可以分为传统支付和电子支付两类。其中，电子支付是电子商务过程中比较重要的一个环节，是电子商务可否顺利进行的保证。

1. 电子支付的概念

电子支付是指个人或企业使用安全支付手段通过网络提出支付请求，完成货币支付和资金转移的过程。

2. 电子支付的分类

按照电子支付所依托的网络不同，电子支付可以分为以下类型：

（1）电话支付——电话网；

（2）移动支付——移动通信网；

（3）自动柜员机（ATM）交易——银行专用网；

（4）销售点终端交易——银行专用网；

（5）网上支付——Internet。

3. 网上支付

网上支付，也称在线支付，是指电子交易的当事人使用安全电子支付手段通过互联网实现的货币支付或资金转移的过程。

网上支付是一种在银行电子支付系统的基础之上发展而来的，是电子支付的新形式，它使得个人和企业可以突破时间和地域的限制，足不出户地完成电子支付。网上支付包括网上银行、电子货币等支付方式。

中国互联网络信息中心（CNNIC）发布的第 47 次“中国互联网络发展状况统计报告”显示，截至 2020 年 12 月，我国网络支付用户规模达 8.54 亿，较 2020 年 3 月增长 8636 万，占网民整体 86.4%。

二、第三方支付平台

所谓第三方支付，就是一些和产品所在国家以及国外各大银行签约、并具备一定实力和信誉保障的第三方独立机构提供的交易支持平台。

买方选购商品后，使用第三方平台提供的账户进行货款支付，由第三方通知卖家货款到达、进行发货；买方检验物品后，就可以通知付款给卖家，第三方再将款项转至卖家账户。

目前，我国的第三方支付平台有支付宝、财付通、银联在线支付、快钱、汇付天下、易宝支付、环迅支付、通联支付、拉卡拉、翼支付、平安付、国付宝、宝付等。

根据 Analysys 易观发布的《中国第三方支付综合支付市场季度监测报告 2020 年第 3 季度》数据显示，2020 年第 3 季度中国非金融支付机构综合支付业务的总体交易规模达 78.66 万亿元人民币，环比增长 11.28%。根据易观分析，2020 年第 3 季度中国第三方支付机构综合支付市场交易格局的占比统计，支付宝、腾讯金融和银联商务分别位居市场前三位；快钱凭借量身定制的解决方案深耕保险并领跑行业，保持行业第四；通联支付、壹钱包、易宝分居行业第 5～7 位。

三、其他支付方式

1. 移动支付

移动支付：以移动终端，包括智能手机、平板电脑等在内的移动工具，运用蓝牙、红外、NFC（近场通信）、RFID（射频识别）等技术，通过移动通信网络，实现资金由支付方转移到收款方的一种支付方式。

中国互联网络信息中心（CNNIC）发布的第 47 次“中国互联网络发展状况统计报告”显示，截至 2020 年 12 月，我国手机支付用户规模达 8.53 亿，较 2020 年 3 月增长 8744 万，占手机网民的 86.5%。受新冠肺炎疫情影响，我国中小企业加速数字化转型进程，移动支付工具发挥惠民信息载体、电子钱包、信用媒介、收银记账等作用，促进移动支付普及。

根据 Analysys 易观分析发布的《中国第三方支付移动支付市场季度监测报告 2020 年第 3 季度》数据显示，如图 4-8 所示，2020 年第 3 季度市场交易规模达 67.27 万亿元人民币，环比增长 11.56%。其中，支付宝继续夺得移动支付头名，腾讯金融位列市场第二位，壹钱包与京东金融分居行业 3、4 名，易宝与快钱并列第五，排名 6～8 位的依次是联动优势、百度钱包、苏宁支付。

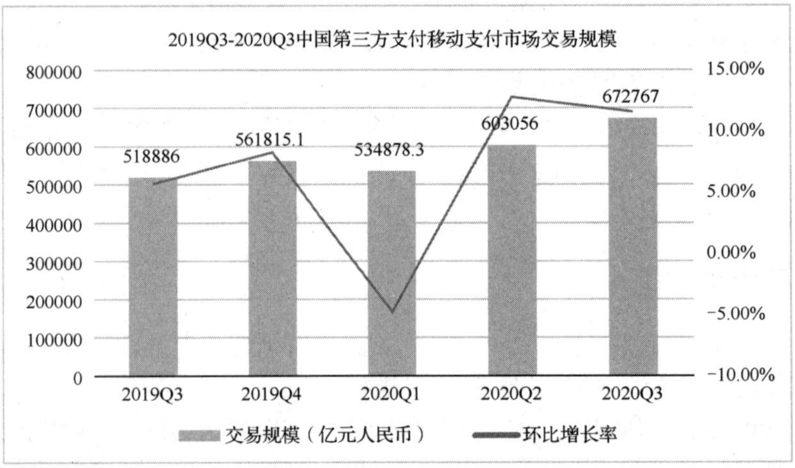

图 4-8　2019 年 Q3-2020 年 Q3 中国第三方支付移动支付市场交易规模

想一想：

2020 年第三季度，中国第三方移动支付交易规模上涨的原因有哪些?

2. 微信支付

微信支付是集成在微信客户端的支付功能，用户可以通过手机完成快速的支付流程。微信支付以绑定银行卡的快捷支付为基础，向用户提供安全、快捷、高效的支付服务。

用户只需在微信中关联一张银行卡，并完成身份认证，即可将装有微信 app 的智能手机变成一个全能钱包，之后即可购买合作商户的商品及服务，用户在支付时只需在自己的智能手机上输入密码，无需任何刷卡步骤即可完成支付，整个过程简便流畅。

目前微信支付已实现刷卡支付、扫码支付、公众号支付、APP 支付，并提供企业红包、代金券、立减优惠等营销新工具，满足用户及商户的不同支付场景。

3. 指纹支付

指纹支付即指纹消费，是采用目前已成熟的指纹系统进行消费认证，即顾客使用指纹注册成为指纹消费折扣联盟平台会员，通过指纹识别即可完成消费支付，并可享受到商家最低折扣，不仅简化了消费程序，省去了各种会员卡银行卡的牵绊，还可以获得高额返利的一种最新型的支付模式。

4. 扫码支付

扫码支付是一种基于账户体系搭起来的新一代无线支付方案。在该支付方案下，商家可把账号、商品价格等交易信息汇编成一个二维码，并印刷在各种报纸、杂志、广告、图书等载体上发布。

用户通过手机客户端扫拍二维码，便可实现与商家支付宝账户的支付结算。最后，商家根据支付交易信息中的用户收货、联系资料，就可以进行商品配送，完成交易。

5. 刷脸支付

刷脸支付是基于人工智能、机器视觉、3D 传感、大数据等技术实现的新型支付方式。在此过程，用户不需要带钱包、信用卡或手机，支付时只需要自己面对刷脸支付屏幕上的摄像头，刷脸支付系统便会自动将用户的面部信息与个人账户相关联，用户确认姓名、扣款账户后，最终完成支付。

想一想：

刷脸支付的使用会对你的生活产生什么影响？刷脸支付有哪些优势和弊端？

课后阅读：

1. 移动支付不断扩大，刷脸支付方兴未艾

随着数字化的加速和移动支付技术的发展创新，移动支付俨然已成为社会主流的支付模式。据不完全统计数据显示，2019 年中国移动支付用户规模为 7.33 亿人，市场渗透率还在不断地扩大，预计在 2020 年移动支付的规模将达 7.90 亿人。

虽然在新冠肺炎疫情的影响下，中国移动支付的交易规模增速有着明显的下降，据了解 2020 年第一季度交易规模为 90.8 万亿元，同比增速了 4.8%，特别是线上下单采购大大得到提升，强化了用户移动支付习惯，从长远来看，消费服务线上化的规模将持续增长。

根据艾媒调查数据显示，国内移动支付平台的用户最常使用的移动支付平台的三个场景分别为餐饮消费、小型实体店/便利店消费和电商平台网购，占比分别为 69.5%、69.0%、65.3%，移动支付的使用场景呈现细分多元化发展，因此提供高效便捷的服务成为移动支付平台发展的关键。

二维码支付暂时占主流地位，新型的支付方式正在兴起。据受访的大部分用户表示偏好使用二维码支付的支付方式，认为比较安全，以无感支付、NFC支付、刷脸支付为代表的新型支付方式正在兴起，占比分别为32.9%、26.3%、25.8%，市场渗透率表现良好。

2. 数字人民币

深圳发放千万数字人民币红包的活动，引发了不小的关注。2020年10月12日，数字人民币正式揭开面纱，5万名中签的“幸运儿”开启了使用数字人民币红包的新奇体验。

相关人员称，被抽中的5万名市民将受邀下载名为“数字人民币”的App，点进去显示的就是200元面额的数字人民币，下划收款，上划付款，页面上还有转钱的字样。未来应该可以提供转账服务，不过此次试点没有开通。

用户在超市里体验了购物付款和退货退款两项业务，和支付宝微信的体验感基本相同。

2020年10月19日，“深圳发布”官方披露，截至2020年10月18日24时，共有47573名中签个人成功领取“数字人民币红包”，使用红包交易62788笔，交易金额876.4万元。数据显示，部分中签个人还对本人数字钱包进行充值，充值消费金额90.1万元。

中国社科院国家金融与发展实验室副主任杨涛表示，这个测试一方面是为了适应在不同的场景当中，如何更顺畅地作为支付中介；另一方面，是为了避免未来的条件下，受到网上的风险冲击，既是一种压力测试，又是一种应用测试。中长期来看，它的影响还是值得期待的。

随着数字人民币钱包正式出现在大众视野，露出真面目的数字人民币证明此前一些猜想是“误读”。

（1）数字货币不等于区块链。

正如此前人民银行行长易纲介绍，数字人民币在研发工作上不预设技术路线，可以在市场上公平竞争选优，既可以考虑区块链技术，也可采取在现有电子支付基础上演变出来的新技术，充分调动市场的积极性和创造性。

法定数字货币不是数字加密资产，也不拘泥于某种技术，不是只有采取区块链技术才是数字货币。记者了解到，数字人民币在某些环节的确采取了区块链技术，但基于区块链的某些技术特征，不适宜在零售环节应用。

（2）数字人民币对商户并非强制使用。

按照现行规定，商户不可拒收现金。尽管数字人民币定位于替代部分现金，但支持数字人民币消费必须进行相关支付系统改造，所以对接受的商户有条件要求。

一位参与数字人民币运营的机构人士表示，数字人民币流通和运行是市场化行为，需要运营和服务机构提升客户和商户的使用体验，充分调动各方积极性和创造性，确保数字人民币广泛可得。

（3）数字货币不是要替代第三方移动支付。

数字人民币在流通过程中，需要支付链条上各方共同推进。央行数字货币研究所已与京东数字科技集团达成战略合作，共同促进数字人民币落地应用。蚂蚁集团也透露，积极参与数字人民币研发试验。

央行数字货币研究所所长穆长春曾明确表示，数字人民币是“人民币的数字化”。作为纯公共产品，数字人民币将成为电子化支付的重要补充，而不寻求替代哪一类支付方式。

3. 移动支付安全

2020 年 4 月 2 日，中国银联发布《2019 移动互联网支付安全大调查报告》，与您共同探寻在过去的一年里移动支付领域有哪些新趋势、新变化，新风险，作为一名普通金融消费者又该如何在使用移动支付时保护好自己的钱袋子。

根据中国银联风险安全专家分析，2019 年移动支付产业呈现出以下新特点：一是移动支付使用持续活跃，平均使用频次与消费金额双增长；二是移动支付已成为普惠金融重要载体，伴随移动支付便民工程下沉，获得县乡居民，小微业主青睐；三是金融科技助力提升便捷与安全，生物识别等新型身份认证技术与传统密码验证方式共同守护安全；四是公众安全意识有所提升，发生损失人群占比下降。

（1）日均使用逾 3 次便民支付场景建设惠及日常生活。

调查显示，2019 年移动支付用户使用频次继续上升，日均使用逾 3 次。从人群看，自主创业者、私营业主、个体户、网店店主等小微业主使用频率显著高于他人，近三成日均使用超过 5 次。同时，移动支付成为普惠金融服务的重要载体，退休人员、家庭主妇、农民、工人等群体，在公共缴费、超商便利、菜场生鲜等场景中，使用移动支付方式消费占比过半。从场景看，交通出行成为 2019 年移动支付最活跃的场景，全国 32 城地铁、逾 1600 城公交受理银联移动支付，全国 200 多城的逾 10000 家停车场开通银联无感支付，移动支付与我们“行”影不离。

（2）金融科技成就支付安全新体验 与密码验证共同守护安全。

支付产品中身份验证、风险提示、账户安全管控功能、转账信息核验、赔付保证等安全措施持续优化，获得消费者的感知与认可。受访消费者普遍认为，生物识别验证、转账账户信息核验等措施使支付安全更有保障。60、70 后等群体希望在支付及交易过程中多一些安全提示。

（3）传统电信网络诈骗发生率下降 受损人群占比下降。

随着金融知识普及与打击电信网络诈骗宣传活动的深入推进，与 2018 年相比受访者风险防范意识有所提升。2019 年网络诈骗情况出现好转迹象，数据显示 51%的消费者曾经遇到过网络诈骗，相比 2018 年下降了 16%，发生损失的人群占比为 23%，较 2018 年下降 26 个百分点。

（4）在非法平台泄露个人信息致损概率高参与网络博彩损失金额大。

受访消费者存在不良使用习惯的比例与 2018 年持平。出现频率最高的三大使用不良习惯仍然为：更换新手机时，不解绑银行卡或删除存留的敏感信息（24%）；直接删除带支付功能 APP，不解除银行卡绑定（23%）；带有优惠信息的二维码都会尝试扫描（20%）。同时，在非法的贷款、外汇、期货等平台泄露银行卡号、验证码等个人敏感信息也是导致消费者发生损失的重要因素。数据显示，存在不良行为的受访人群的损失比较习惯良好的受访人群损失比高出了 2.7 倍之多。在所有不良行为习惯中，有参与网络赌博行为的消费者受诈骗的比例最高。同时，遭受大额损失的比例也最高，为所有不良习惯中受损人群比例、受损金额之首。此外，在未婚男性、大专及以下、工人、学生、私营业主/个体户等群体中有参与网络赌博行为的人群占比也相对较高。

（5）移动支付安全意识普遍提升重点人群仍需关注。

2019 年，消费者的安全意识普遍提升，损失化解渠道更为多元。主动向银行挂失、拨打110已是主要挽损方式，同时保险赔偿也成为弥补欺诈损失的重要来源。值得关注的是，女性不采取任何措施的比例达到近1/4，较男性高出5个百分点。家庭主妇、退休人员未采取任何措施的比例也高于平均水平。

本次调查由中国银联与17家全国性商业银行、18家支付机构联合开展，筛选有效问卷约6.2万份，约七成被访者集中在25岁至45岁。样本覆盖全国34个省市自治区，高度还原移动支付人群现状，力求准确、真实反映中国移动支付人群的支付行为及安全意识，为持卡人与相关产业各方带来支付安全领域的趋势指引。想要了解更多，可自行搜索中国银联发布的《2019移动互联网支付安全大调查报告》查看。

知识拓展

近年来，第三方支付账户被盗刷的案件频发，如一位使用支付宝的网友在自述中表示，在其手机保持支付宝登录状态下，他人使用其他手机登录了其支付宝账号，还发生了两笔大额消费，共计2.5万元。另一位网友在微博上公布了自己微信支付被盗刷的遭遇，他表示在没有任何提醒的情况下，其微信中绑定的银行卡被盗刷了1.5万元，银行卡余额只剩下0.1元。

互联网时代，第三方支付在为消费者提供更高效率支付方式的同时，该如何保障资金安全？

1. 不容忽视的风险

近年来，我国支付产品与服务尤其是移动支付推陈出新，发展迅速。但不少金融消费者在享受移动支付带来的方便快捷时，往往轻视甚至忽视了随之而来的风险。

那么，第三方支付的风险主要有哪些？“一是部分支付机构风险意识薄弱，存在较多安全漏洞，导致客户资金和信息保护机制缺失，给了违法分子可乘之机，对用户财产安全构成严重威胁。二是部分支付机构普遍缺乏保护用户权益的有效机制，普通用户维权存在投诉难、报案难、取证难。尽管部分第三方支付机构承诺先行赔付，或者引入盗刷保险，但实际上并没有真正落实。三是账户实名制方面不够重视，欠账较多。这不但为洗钱等活动提供便利，也导致出现账户盗刷之后难以追查的问题。”某研究员说。此外，少数支付机构还存在挪用客户资金等不良行为。

不少业内人士认为，相比传统银行，互联网金融机构在面对“便捷”与“安全”的选择时，往往将前者放在首位。“当下，一些互联网机构片面强调快捷而忽视了安全，没有履行好对消费者的安全保障义务，导致了消费者出现非自身原因下资金被盗刷的情况。”某法学院教授建议表示，第三方支付是互联网金融的一个重要组成部分，要想实现多赢，构建一个金融消费者友好型的金融市场生态环境非常重要。

2. 规范行业自律行为

盗刷事件的发生，表明涉及盗刷的第三方支付平台本身存在很大隐患。“查漏补缺是首先要做的。建议监管部门再次重申保护消费者资金安全的极端重要性，对网络支付开展一次地毯式监督排查，包括对支付平台的技术软件、风险控制制度等进行全面体检。”某法学院教授建议，如果是技术漏洞，就尽快打补丁补漏洞，再造技术内部流程；如果支付平台不具备风险控制的能力，则应当强制勒令取消支付业务。

中国人民银行已正式发布第三方支付管理办法，将第三方支付定位为我国支付市场的补充者，应坚持“小额”“小微”等原则。普通金融消费者作为金融市场中的弱势群体，一旦出现类似盗刷事件，尽管所涉及金额不高，但维权成本普遍过高。因此，要杜绝支付危险的发生，还需要互联网机构加强自身的责任意识。“企业要慎独自律，善待消费者。”某法学院教授表示，根据《消费者权益保护法》，第一责任主体金融企业应当做好金融消费者权益保护，不能一出现事情就只想到推诿，而没有主动承担责任的意识。

实际上，《消费者权益保护法》第 28 条规定已明确指出，提供证券、保险、银行等金融服务的经营者，应当向消费者提供经营地址、联系方式、商品或者服务的质量，价款或者费用，履行期限和方式，安全注意事项和风险警示，售后服务、民事责任等信息。

有学者也表示，非银行支付机构尤其是行业领先的支付机构，更需要充分考虑到自己对于零售支付体系的重要性在提升，因此需不断优化自身的安全标准与意识。与此同时，监管部门和行业协会在支付业务功能监管、支付技术标准与规则完善等方面也应做好文章，尽快推动各类新型电子支付的标准化发展。

3. 消费者要看紧“钱袋子”

消费者也不能只是图快捷、方便，快捷和安全最好两者兼顾，如果兼顾不了，还是安全第一。消费者要看好自己的“钱袋子”，避免因为轻信部分互联网企业天花乱坠的承诺而导致资金受损。

对普通金融消费者而言，在选择支付产品与服务时，应尽量使用那些安全性与便捷性有机统一的机构与产品，如中国银联联合多家商业银行推出的“云闪付”，或者使用信用卡等支付方式。“第三方支付机构的产品，一般只适用于小额支付；绑定在第三方支付上的银行卡，只保留少量余额；支付时，尽量选择使用密码及短信验证码；发现异常情况应及时报案，并保留证据”。保护网络支付安全的方法见图 4-9。

图 4-9　保护网络支付安全的方法

例如，为什么说“云闪付”更安全呢？以苹果支付为例，苹果支付没有用户数据积累、没有交易闭环、不集成金融服务。其不同于市场上很多支付产品的特点之一，是苹果支付没有支付账号，也不存在虚拟中间账户，支付资金完全在银行体系内流动，不存在互联网金融公司卷款潜逃和少数非银支付机构挪用备付金的风险。

项目小结

本项目主要让学生了解电子商务安全及支付的相关知识，通过对电子商务安全重要性和安全要素的理解，认识电子商务安全认证和相关法律法规，掌握规避电子商务交易风险的方法；了解网上银行并学会开通网上银行及使用网上银行；熟悉电子支付的各种方式，理解第三方支付方式，并获得方便快捷的支付体验。

练习与自测

总分：100 分
哇，我得了______分！

一、填空题（每空 4 分，共 40 分）

1. 电子商务安全从整体上可分为三大部分：________________、商务交易安全和________________________。
2. 电子商务系统安全管理制度包括人员管理制度、_____________、跟踪审计制度、______________、防病毒防范制度等。
3. 目前，互联网安全威胁频发，主要以计算机病毒木马、__________、__________、电信网络诈骗为主。
4. 电子商务系统安全要素主要包括_________、完整性、_________、不可抵赖性和________。
5. CA（Certificate Authority）是____________________________的简称。

二、判断题（每题 2 分，共 10 分）

1. 承诺生效时合同成立。（　　）
2. 通过网商银行转账需要手续费。（　　）
3. 《中华人民共和国电子商务法》自 2019 年 1 月 1 日起施行。（　　）
4. 成立的电子合同并不一定生效，有效的电子合同也并不一定立即生效。（　　）
5. 支付宝是我国的第三方支付平台之一。（　　）

三、简答题（每题 5 分，共 20 分）

1. 电子商务交易存在的风险有哪些？
2. 什么是 CA？
3. 什么是电子支付？电子支付方式有哪些？
4. 什么是网上银行？网上银行的特点和功能是什么？

四、论述题（共 10 分）

收集资料，谈谈怎样防范网购风险。

五、实操题（每题 10 分，共 20 分）

1. 开通手机银行，并使用手机银行进行一次购物支付。
2. 使用莲花 GO 到卜蜂莲花超市购物。

思政课堂

诚信经营

项目 5

网络营销

随着电子商务的普及以及网络营销的快速发展，企业该如何拓展网络营销业务呢？

卫问：老师，我大伯经营一家旅行社，经营范围主要是国内旅游业务及旅游商品销售。我想建议他开展网络营销业务，但是我不太了解，请老师给予指导。

袁莱：哈哈，那先说说你对网络营销的了解？

卫问：我喜欢在网上看新闻、逛微博，经常会看到一些旅游新闻、攻略或广告。我发现很多人喜欢在大众点评、飞猪等平台上团购旅游门票，也有很多人通过淘宝、天猫、拼多多、唯品会甚至抖音、快手等平台购买商品，不仅非常便利，还可以买到全国各地甚至国外的商品。

袁莱：简单地说，网络营销就是以互联网为主要手段进行的，为达到一定营销目的的营销活动。不过它的形式有很多，你说的只是很小的一部分，你可以先去收集和了解关于网络营销的优势及网络营销工具这些方面的资料，进而说服你的大伯。

知识与能力目标

- 了解网络营销的概念、网络营销与传统营销的区别，清楚网络营销的优势。
- 关注网络营销的最新发展趋势，了解新媒体营销。
- 了解网络营销的 4P、4C 策略和常见的网络广告类型。
- 掌握网络调查问卷设计与发布的方法。
- 熟悉常见的网络营销工具及新媒体营销手段。

过程与方法

- 通过讲授、讨论和交流，初步了解网络营销的概念以及与传统营销的区别和优势。
- 通过案例讨论和创设情景法，熟悉常见的网络营销工具和网络广告类型。
- 通过探索和实践操作，体验一次网络问卷调查。

情感态度与价值观

- 贴近生活，体验身边无处不在的网络营销案例。
- 关注网络营销的发展动态。
- 懂得策划相关的网络营销活动。

任务5.1 网络营销概述

任务要求与准备

1．教师构建合作学习小组：将全班同学分为不同的学习小组，每个小组由2～6名同学组成，同时选举小组长，起一个响亮的组名，设计小组标志和口号，组长负责全组的组织、分工、协调、合作等工作。

2．合作学习小组的成员共同完成以下学习任务，解决以下问题：

（1）网络营销的定义是什么？

（2）与传统营销相比，网络营销具有怎样的特点？

（3）讨论那些年你曾被哪些商品（品牌）圈粉，以及通过什么途径知晓该商品（品牌）的。

任务实施

1．学生当天构建合作学习小组，并商量讨论，做好人员分配工作。

2．各小组组长把自己组员的姓名、学号、联系方式和分工情况汇总在一张纸上，于次日放学之前交给任科老师。

3．小组成员开始认真收集资料，讨论分析和整理，制作成PPT展示，或者设置成模拟场景在讲台上表演。

4．任务准备时间统一为一个星期，于下周上课（下次课）时在教室讲台上展示任务的成果。

5．各小组展示成果的时间规定在3～5分钟，而提问环节统一为3分钟。等所有的小组全部展示完后，每个人公平公正地填写评价量化表，并由各小组组长收齐，交到科任老师手上。

6．本次的任务表现会做详细记录，作为学生的平常表现成绩。

任务评价

本次任务评价表见表5-1。填写说明如下：

1．填写分数时要发扬公平公正精神，切勿徇私。

2．自我评价、小组互评、教师评价分数都是百分制。

3．小组互评环节由任课老师自行安排。比如：有6组成员，1组给2组的成员评分，2组给3组的成员评分，3组给4组的成员评分，依次类推！

4．自我评价分数由学生本人填写。填写完后，交到本组组长手上，由本组组长交到互评小组的组长手上，接着进行互评分数的填写，最后环节的教师评价分数，等每位学生填写好自评分数和互评分数后，由各小组组长收齐评价表，交由任课老师填写。

5．总评分数=自我评价分数×0.4+小组互评分数×0.3+教师评价分数×0.3。

6．分数等级：分为五大类，分别是优秀（90～100分）、良好（80～89）、中等（70～

79）、及格（60～69）与不及格（60 分以下）。

7.“成果点评”这一栏目，在互评环节，由给分数的小组成员填写，最后由任课老师填写。

表 5-1　学生任务成果展示评价量化表

班级：　　　　姓名：　　　　学号：

<table>
<tr><th rowspan="2">序号</th><th rowspan="2">评 价 项 目</th><th rowspan="2">具体评价内容</th><th rowspan="2">评价分数参考</th><th colspan="4">量化评价（等级分值）</th></tr>
<tr><th>满分</th><th>自评</th><th>组评</th><th>师评</th></tr>
<tr><td>1</td><td rowspan="3">内容准备</td><td>使用多种渠道收集资料</td><td>好（8～10）、一般（5～7），不好（1～4）</td><td>10</td><td></td><td></td><td></td></tr>
<tr><td>2</td><td>资料加工，融入自己的看法</td><td>好（11～15），一般（6～10），不好（1～5）</td><td>15</td><td></td><td></td><td></td></tr>
<tr><td>3</td><td>PPT 排版制作，图文并茂</td><td>好（11～15），一般（6～10），不好（1～5）</td><td>15</td><td></td><td></td><td></td></tr>
<tr><td>4</td><td rowspan="3">展示成果</td><td>演讲姿态，自然大方得体</td><td>好（11～15），一般（6～10），不好（1～5）</td><td>15</td><td></td><td></td><td></td></tr>
<tr><td>5</td><td>语言表达清楚，逻辑清晰</td><td>好（11～15），一般（6～10），不好（1～5）</td><td>15</td><td></td><td></td><td></td></tr>
<tr><td>6</td><td>积极明确回答同学提问的问题</td><td>好（11～15），一般（6～10），不好（1～5）</td><td>15</td><td></td><td></td><td></td></tr>
<tr><td>7</td><td>小组合作</td><td>在小组讨论时积极参与</td><td>好（11～15），一般（6～10），不好（1～5）</td><td>15</td><td></td><td></td><td></td></tr>
<tr><td colspan="2">分 数 等 级</td><td></td><td>总　　分</td><td>100</td><td></td><td></td><td></td></tr>
<tr><td colspan="2">自我评价（×40%）</td><td>小组互评（×30%）</td><td>教师评价（×30%）</td><td colspan="4">总　　评</td></tr>
<tr><td colspan="2"></td><td></td><td></td><td colspan="4"></td></tr>
<tr><td colspan="8">成果点评（特色及不足）：</td></tr>
</table>

网络营销（On-line Marketing 或 E-Marketing）就是以国际互联网络为基础，利用数字化的信息和网络媒体的交互性来辅助营销目标实现的一种新型的市场营销方式。其中可以利用多种手段，如 E-mail 营销、博客与微博营销、网络广告营销、短视频营销、网络社区营销、直播营销、竞价推广营销、SEO 优化排名营销等。

网络营销的特点有两个方面：一方面是基于互联网，以互联网为营销介质；另一方面它属于营销范围，是营销的一种表现形式。

一、网络营销策略

（一）4P 与 4C 策略

1. 传统营销 4P 策略

传统的市场营销策略是由迈卡锡教授提出的 4P 组合，即产品（Product）、价格（Price）、渠道（Place）和促销（Promotion），见图 5-1。在传统市场营销策略中，由于技术手段和物质基础的限制，产品的价格、宣传和销售的渠道、商家（或厂家）所处的地理位置以及企业促销策略等成了企业经营、市场分析和营销策略的关键性内容。

图 5-1　传统营销 4P 策略

（1）产品策略

产品策略包括产品发展、产品计划、产品设计、交货期等决策的内容。其影响因素包括产品的特性、质量、外观、附件、品牌、商标、包装、担保、服务等。

（2）价格策略

价格策略包括确定定价目标、制定产品价格原则与技巧等内容。其影响因素包括付款方式、信用条件、基本价格、折扣、批发价、零售价等。

（3）促销策略

促销策略是指主要研究如何促进顾客购买商品以实现扩大销售的策略。其影响因素包括广告、人员推销、宣传、营业推广、公共关系等。

（4）渠道策略

渠道策略是指主要研究如何使商品从生产者顺利到达消费者手中的策略。其影响因素包括分销渠道、区域分布、中间商类型、运输方式、存储条件等。

4P 理论的出发点是企业的利润，而没有将顾客的需求放到与企业的利润同等重要的地位上来。而随着互联网的普及，网络的互动性使得顾客能够参与整个营销过程，而且其参与的主动性和选择的主动性都得到加强。据此，以舒尔兹、劳特朋教授为首的一批营销学者提出了一套从消费者的需求出发开始整个营销过程的 4C 营销策略，即消费者的需求（Consumer）、成本（Cost）、便利（Convenience）和沟通（Communication），见图 5-2。

图 5-2　网络营销 4C 策略

2. 网络营销 4C 策略

（1）产品和服务以消费者的需求为导向

由于互联网具有很好的互动性和引导性，用户可通过互联网在企业的引导下对产品或服务进行选择或提出具体要求。企业可以根据顾客的选择和要求进行生产并提供及时服务，使顾客能跨时空得到满意的产品和服务。

（2）以顾客能接受的成本定价

企业可以通过互联网获得消费者能够承受的成本，根据顾客的成本提供弹性的产品设计和生产方案供用户选择，直到顾客认同后再组织生产和销售。

（3）产品的分销以方便顾客为主

顾客可以随时随地利用互联网订货和购买产品，整个购买过程只需“动动手指”就可顺利完成，整个过程十分方便、简单，且销售服务良好。

（4）加强与顾客的沟通和联系

互联网具有信息容量大、检索方便、多媒体互动良好等优点，通过展示商品图像、商品信息资料库提供有关的查询，来实现供需互动与双向沟通，这是一种友好健康的关系。另外，企业还可以通过互联网进行产品测试、消费者满意调查、提供优质的售后服务等。

（二）网络营销与传统营销

1. 网络营销与传统营销的共同点

① 两者都是一种营销活动。

② 两者都需要达到企业的经营目标。

2. 网络营销与传统营销的不同点（见表 5-2）

表 5-2 网络营销与传统营销的不同点

不同点	
产品和消费者	网络营销直接面对消费者，较传统营销更加便于实施差异化营销，可以针对某一类型，甚至一个消费者制定相应的营销策略，并且消费者可以自由选择感兴趣的内容观看、定制或购买，这是传统营销所不能及的。
价格和成本	网络营销直接面对消费者，进而减少了批发商、零售商等中间环节，降低了销售成本和营销费用，使得商品的价格低于传统营销方式的价格，从而产生较大的竞争优势。
促销和便利	在促销方式上，网络营销可采用电子邮件、网页、网络广告等方式，也可以借鉴传统营销中的促销方式。网络营销为消费者提供足不出户即可挑选和购买自己所需的商品和服务。
渠道和沟通	网络有很强的互动性和全球性，网络营销可以实时地和消费者进行沟通，解答消费者的疑问，并可以通过网络社区、电子邮件等快速地为消费者提供信息。它改变了客户关系，转变了竞争态势和重组了企业组织。不过，要注意的是基于网络营销的物理条件，使得离开网络便不可能谈论网络营销，而传统营销的渠道是多样的。

二、网络营销工具

案例导入

春节档电影《囧妈》营销

2020 年春节，为了减少人员聚集，响应国家疫情防控号召，1 月 23 日，春节档所有影片全部撤档。

令人意想不到的是，1月24日，“囧妈初一上线免费播出”迅速登上了微博热搜榜首。电影《囧妈》像一匹黑马横空出世！今日头条的母公司“字节跳动”抓住时机，花费6.3亿元购买贺岁电影《囧妈》的版权，在自家的APP“西瓜视频”让全国观众免费观映，这一营销让“西瓜视频”一夜之间声名鹊起，用户增长过亿。

微信、今日头条及今日头条旗下的抖音，用户量都在几亿人以上。2019年“抖音”的用户已经超过“微信”达到惊人的19亿人次，很多用户刷抖音的时长远远超过刷微信的时长，但今日头条公司并不放过任何一个宣传机会，除了斥巨资进入春晚舞台之外，最知名的便是出资6.3亿买来贺岁影片《囧妈》让全国人民免费观看，顺带带动了“西瓜视频”平台的爆红。

据统计，2020年1月份和2月份字节跳动旗下的“今日头条”“抖音”“西瓜视频”“火山小视频”“剪映”等App下载量快速飙升，字节跳动成为2020年最成功的营销赢家之一。

案例点评：

此次电影《囧妈》营销事件虽然在后期颇有争论，但就其效果来看，无疑是一次非常成功的营销。其营销手段是非常值得肯定的。从各平台搜索/关注趋势来看，#囧妈初一上线免费播出#词条商务搜索指数1月24日达到了峰值，高达7080335，微博热搜排名在榜一占据了2小时之久，见图5-3。

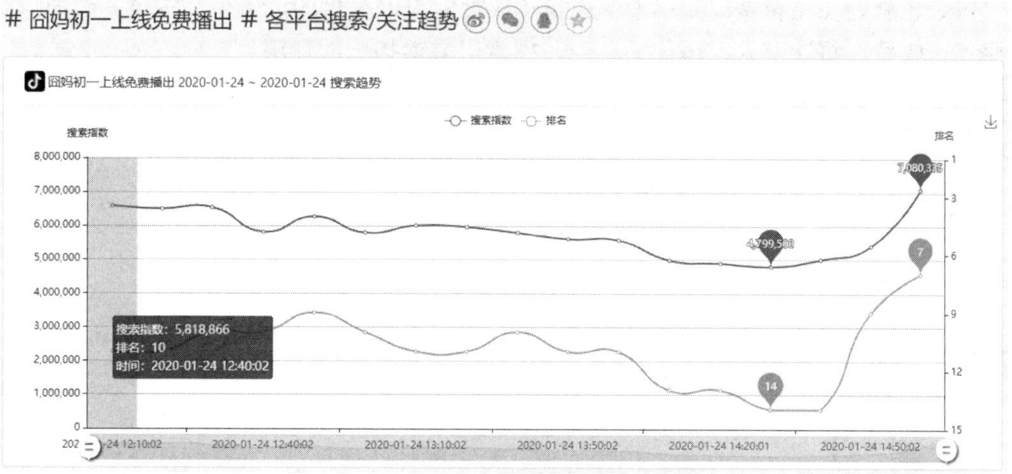

图5-3 《囧妈》事件期间的搜索趋势

诸如《囧妈》这样的营销事件每天都在发生，我们的生活中充斥着各种各样网络营销活动。而凡是以网络技术为基础，进行营销活动时采用的技术和手段都可以成为网络营销工具。随着电子商务的发展，网络营销方式越来越丰富多样化，如今比较主流的网络营销工具有：搜索引擎、电子邮件、广告联盟、社区与论坛营销、网络通讯工具以及微博、微信、短视频、直播等新媒体营销。

（一）搜索引擎

搜索引擎营销：英文Search Engine Marketing，简称为“SEM”。是指在搜索引擎（百度、谷歌等）平台上推广网站，提高网站可见度，从而带来流量的网络营销活动，见图 5-4。搜索引擎营销包括搜索引擎优化（SEO）、竞价排名（PPC 点击付费）、付费登录等形式，其中以 SEO 和 PPC 最为常见。

图 5-4　搜索引擎营销

1. SEO（Search Engine Optimization)

SEO 也就是搜索引擎优化，是指通过对网站的内容、结构、外链等方面进行优化，使网站更符合搜索引擎的抓取规则，从而提升搜索结果排名，提升网站流量的手段。

2. PPC（pay per click）

PPC 也就是点击付费，简单理解就是购买搜索引擎提供的广告位，按照关键词购买，按照点击收费。每次有人点击你的广告，搜索引擎就扣一次费用。

想一想：

曾经轰动一时的“魏则西事件”，究竟是谁“害死了”魏则西？

（二）电子邮件（Email 营销）

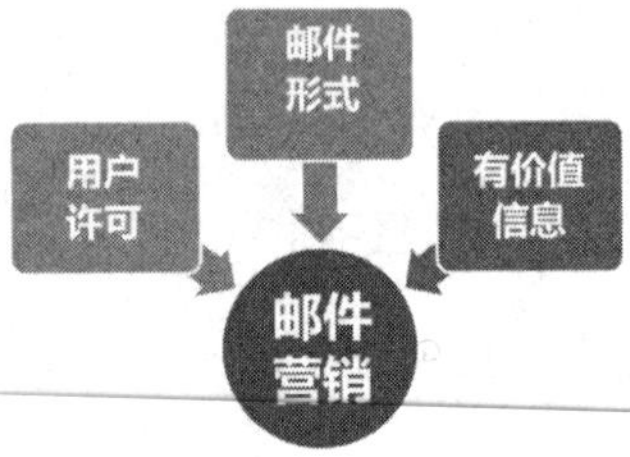

图 5-5　电子邮件营销

电子邮件营销：英文 Email Direct Marketing，简称“EDM”，是通过电子邮件的方式向目标用户传递价值信息的一种网络营销手段。一个有效的电子邮件营销有三个基本因素：用户许可、电子邮件传递信息、信息对用户有价值，三个因素缺一不可，见图 5-5。

（三）网络广告

网络广告是指通过网络广告投放平台，利用网站上的广告横幅、文本链接、多媒体等方法在互联网发布广告，通过网络传递到用户的一种高科技广告运作方式。

与传统的四大传播媒体（报纸、杂志、电视、广播）广告及户外广告相比，网络广告具有网络互动性、及时性、多媒体、跨时空等特征优势，是实施现代营销媒体战略的重要一部分。

（四）社区与论坛营销

企业常利用论坛网络社区平台，通过文字、图片、视频等方式发布产品和服务的信息，从而让目标客户更加深刻地了解企业的产品和服务，最终达到宣传企业的品牌、加深市场认知度的目的。

论坛营销具有“广泛参与、亲和力强、接受度高、双向互动、口碑效应、引导体验、自主传播”等优点，是网络时代里企业赢得市场的重要手段之一。目前国内影响力较大的论坛有百度贴吧、知乎、豆瓣等。

随着移动应用的发展，微博、微信等新型社交形态兴起，传统 PC 论坛黯淡失色，但并不表示人们不再需要论坛，而是这种业务正向着垂直化、移动化、社交化这三个方向快速地发展。一些主打垂直社区的美妆穿搭类 App（如小红书），分享类 App（如下厨房），以及母婴类 App（如柚宝宝等），这些 App 上活跃着针对某一领域的大量用户。如小红书的用户以 25～34 岁为主，尤其是以特别关注时尚美妆的女性为主，利于精准营销。另外，论坛营销对于一些特殊行业，如游戏、数码（太平洋电脑网、电脑爱好者）等领域还是很有效的；还有一些区域性论坛依旧独树一帜，传播力不可小觑，如淘宝论坛、汽车论坛、房产论坛、家居论坛等。

知识拓展

小红书用户画像分析

根据千瓜数据《2020 小红书直播数据分析报告》显示，截至 2020 年 9 月，小红书月活跃用户破亿，其用户特征见图 5-6；可以看出，时尚美妆依旧是小红书用户关注的主要焦点。

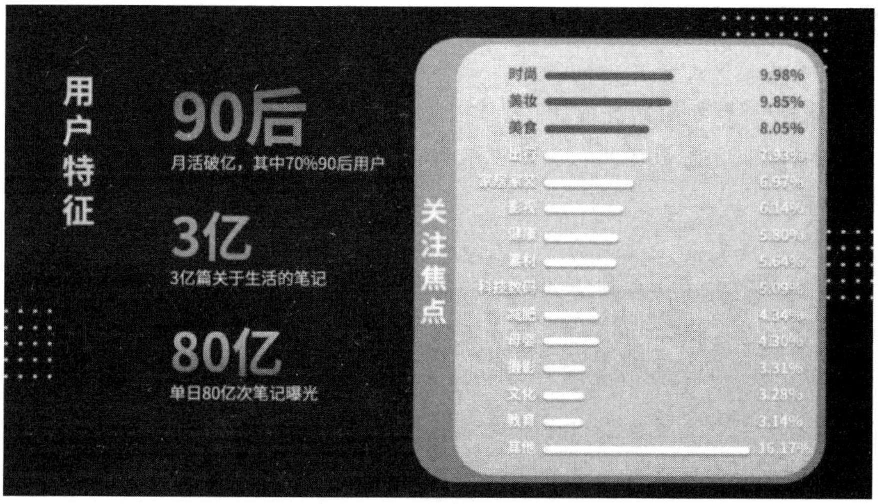

图 5-6　小红书用户特征

小红书的平台用户呈年轻化趋势，年龄主要集中在 18～34 岁，超过一半的用户来自北上广深四大一线城市，且以女性为主。都市白领、职场精英女性是其主要用户群体，该群体消费能力强，且有强烈的消费需求，见图 5-7。

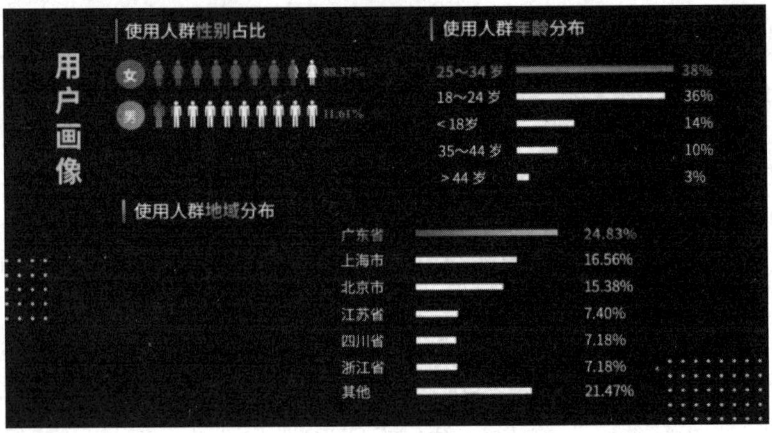

图 5-7　小红书用户画像

（五）网络通信工具

即时通信营销（Instant Messaging）又叫 IM 营销，是企业通过即时聊天工具帮助企业推广产品和品牌的一种手段，如微信、QQ、千牛工作台、钉钉等。

IM 营销具有互动性强、营销效率高、传播范围大等优势，是继电子邮件营销、搜索引擎营销后的又一重要营销方式，它克服了其他非即时通信工具信息传递滞后的不足，可以很方便地与客户沟通，维护客户关系、促进交易。

（六）新媒体营销工具

案例导入

文化直播

2016 年淘宝上线“淘宝直播”功能，并开展活动，邀请众多淘女郎进行直播带货。在之后，淘宝上的主播数量、机构数量还是总成交额都在成倍增长，更是涌现了许多带货主播。随着越来越多主播的入驻，剧烈的竞争使直播带货行业的画风出现了微妙的变化。直播带货频繁受到关注的不再是“喊麦式营销”，观众更容易被内容附加值所吸引，悄然之间，直播带货开始努力摆脱对“全网最低价”的依赖，转变成靠内容来吸引消费者的新模式。

某公司以双语直播、授课式带货火遍全网，成为真正现象级的传播。不同于其他直播间请明星、搞套路、声嘶力竭喊口号的营销方式，他们在直播间教英语、闲话家常、畅谈人生的直播模式，让人眼前一亮。

其中，“散文式”带货的董某，更是让人惊艳不已，一夜之间火爆全网，无数网友折服在他的才华之中。董某最出圈的地方，在于他对当下大多数主播的降维打击。他中英文切换自如，出口成章，信手拈来诗词歌赋，时不时迸发智慧金句。他不断地输出着传统文化和生活哲学。不同于普通的带货直播，他还在向观众教授知识、传达思想、倾诉人生感悟。

在刚开始直播时，他也遭遇了许多谩骂与不解，但他始终坚持着自己的风格，并认为“如果批评不自由，则赞美无意义。”最终，凭借人格魅力，他的直播间粉丝已突破 2500 万人。

传统营销的单向传播已经远远跟不上网络时代的前进步伐，网络营销也在不断推陈出新。其中，多元化的新媒体营销则是当下最炙手可热的方式。新媒体营销是指利用新媒体平台进行营销的模式，新媒体营销的渠道主要包括但不限于：微博、微信、公众号、短视频、直播、APP 客户端、搜索平台等，见图 5-8。

图 5-8 新媒体营销

1. 微信

微信现在已成为社会化媒体营销的重地，且互动形式丰富，常见的包括图文、H5、视频等，其口碑营销和病毒传播的价值不容小觑。

2. 微博

微博的媒体属性决定了其品牌宣传特性，因此，品牌营销的微博定位可以是产品宣传、企业公关传播等，还可以通过名人、大 V 推荐，话题/粉丝互动、事件营销、借势营销等进行更好地营销。

3. 短视频平台

短视频是指在各种新媒体平台上播放的、适合在移动状态和短时休闲状态下观看的、高频推送的视频内容，几秒到几分钟不等。内容融合了技能分享、幽默搞怪、时尚潮流、社会热点、街头采访、公益教育、广告创意、商业定制等主题。由于内容较短，可以单独成片，也可以成为系列栏目。代表性的短视频平台有抖音、快手、西瓜视频等。

4. 直播平台

“网络直播”大致分两类，一类是在网上提供电视信号的观看，例如各类体育比赛和文艺活动的直播，这类直播原理是将电视（模拟）信号通过采集，转换为数字信号输入电脑，实时上传网站供人观看，相当于“网络电视”；另一类是人们所了解的“网络直播”，在现场架设独立的信号采集设备（音频+视频）导入导播端（导播设备或平台），再通过网络上传至服务器供人观看。常见的直播平台有淘宝直播、抖音直播、快手直播、斗鱼直播等。

知识拓展

李某，出生于四川省，是中国内地美食短视频著名创作者。从 2016 年开始， 凭借原创美食短视频迅速吸引广泛关注，其原创短视频着力于弘扬传统文化，彰显非遗魅力。不仅在国内好评如潮，也在海外运营相继获得了 YouTube 平台白银和烁金创作者奖牌，也是首个外国平台粉丝破千万的中文创作者。在稳定输出短视频的基础上，成立了个人品牌，正式开始带货之路。

李某在国内的多个社交平台上粉丝数也非常多，新浪微博、抖音、B 站都有其踪迹，从国内火到国外，她已经是“文化输出”的象征。因此，她所带货的产品销量更是节节高升。其中以螺蛳粉为典型代表，以月销量 12.8 亿，牢牢占据该商品销量榜+人气排行榜第一名，见图 5-9。

图 5-9　某平台螺蛳粉销量

任务 5.2　网络信息收集与发布

任务要求与准备

1．教师构建合作学习小组：将全班同学分为不同的学习小组，每个小组由 2～6 名同学组成，同时选举小组长，起一个响亮的组名，设计小组标志和口号，组长负责全组的组织、分工、协调、合作等工作。

2．合作学习小组的成员共同完成以下学习任务，解决以下学习问题：

（1）了解网络社区收集信息的方法与途径。

（2）了解网络社区发布信息的方法与要点。

（3）了解网络调查的主要方法和途径。

任务实施

1．学生当天构建合作学习小组，并商量讨论，做好人员分配工作。

2．各小组组长把自己组员的姓名、号数、联系方式和分工情况汇总在一张纸上，于第二天一早交给任课老师。

3．小组成员开始认真收集资料，并讨论分析和整理，制作成PPT展示，或者设置成模拟场景在讲台上表演。

4．任务准备时间统一为一个星期，于下周本节课（下次课）在教室讲台上展示任务的成果。

5．各小组展示成果的时间规定在3-5分钟，而提问环节统一为3分钟。等所有的小组全部展示完后，每个人公平公正填写评价量化表，并由各小组组长收齐，交到科任老师手上。

6．本次的任务表现会做详细记录，作为大家的平常表现成绩。

任务评价

评价量化表见表5-3。

评价表填写说明：

1．填写分数时要发扬公平公正精神，切勿徇私。

2．自我评价、小组互评、教师评价分数都是百分制。

3．小组互评这环节，由科任老师自行安排。如：有6组成员，1组给2组的成员评分，2组给3组的成员评分，3组给4组的成员评分，依次类推！

4．自我评价分数由自己本人填写。填写完后，交到本组组长手上，由本组组长交到互评小组的组长手上，接着进行互评分数的填写，最后环节的教师评价分数，等每位学生填写好自评分数和互评分数后，由各小组组长收齐评价表，交由任课老师填写。

5．总评分数=自我评价分数×0.4+小组互评分数×0.3+教师评价分数×0.3。

6．分数等级：分为五大类，分别是优秀（90～100分）、良好（80～89）、中等（70～79）、及格（60～69）与不及格（60分以下）。

7．“成果点评”这一栏目，在互评环节，由给分数的小组成员填写，最后由任课老师填写。

表5-3 学生任务成果展示评价量化表

班级：　　　　姓名：　　　　学号：

序号	评价项目	具体评价内容	评价分数参考	量化评价（等级分值）			
				满分	自评	组评	师评
1	内容准备	使用多种渠道收集资料	好（8～10）、一般（5～7），不好（1～4）	10			
2		资料加工，融入自己的看法	好（11～15），一般（6～10），不好（1～5）	15			

续表

序号	评价项目	具体评价内容	评价分数参考	量化评价（等级分值）			
				满分	自评	组评	师评
3	内容准备	PPT排版制作，图文并茂	好（11～15），一般（6～10），不好（1～5）	15			
4	展示成果	演讲姿态，自然大方得体	好（11～15），一般（6～10），不好（1～5）	15			
5		语言表达清楚，逻辑清晰	好（11～15），一般（6～10），不好（1～5）	15			
6	展示成果	积极明确回答同学提问的问题	好（11～15），一般（6～10），不好（1～5）	15			
7	小组合作	在小组讨论时积极参与	好（11～15），一般（6～10），不好（1～5）	15			
分数等级			总分	100			

自我评价（×40%）	小组互评（×30%）	教师评价（×30%）	总评
成果点评（特色及不足）：			

情景导入

卫问的大伯让他全面收集通过网络经营旅游类业务及产品的相关信息，以分析其开展网络营销的可行性。

卫问：任知，我大伯让我收集关于经营旅游类业务的资料，我该从哪里入手？去哪些网站收集？该如何收集？你给点意见。

任知：我们之前学习过搜索技巧和搜索引擎营销，就是一个很好的信息收集工具，我们可以“百度一下”。另外，我知道现在很多网友喜欢在马蜂窝、小红书等平台上看旅游攻略，或者贴吧等论坛中讨论各种话题，我们也可以去这些平台中收集和发布相关信息。

卫问：好，那就去百度、小红书等平台看看。

一、网络社区信息收集与发布

（一）网络社区信息收集

网络社区起始于最早的BBS，BBS原先为“电子布告栏”的意思，但由于用户的需求不断增加，BBS已不仅仅是电子布告栏而已，而是一个广阔的交流平台，其最大的特点就是“互动”。网络社区的开放性、互动性和共享性深得广大网民的喜爱，逐渐成为网民表达思想、展示自我、获取信息、与其他网民互动互通以及建立社交圈子的主要平台，已经成为最重要的网络应用之一。

另外，网络社区中用户通常根据自己的兴趣爱好聚合成众多圈子，同圈子内的用户在一定程度上具有类似的需求倾向，有利于进行产品的精准推广。如基于论坛形成的车友会，有共同需求的用户会在相关社区中询问、交流相关信息。企业也可以通过这些平台得到市场动态、消费者需求、对自身的评价、负面新闻等第一手信息，在这样的平台上进行产品的推广与营销更具针对性。

（二）网络社区信息发布

情景导入

完美日记——如何玩转小红书

近些年，国货品牌逐渐崛起。2018 年的天猫 99 大促中，完美日记实现美妆行业销售额第一，远超美宝莲、欧莱雅等外资品牌。2018 年的天猫双 11，开场 1 小时 28 分便成为天猫美妆首个成交额破亿的彩妆品牌，堪称国货彩妆黑马。2019 年 1 月淘宝天猫美妆月销排行榜位列第七（见图 5-10）在它后面的是纪梵希、资生堂、迪奥、阿玛尼等国际顶级大牌。

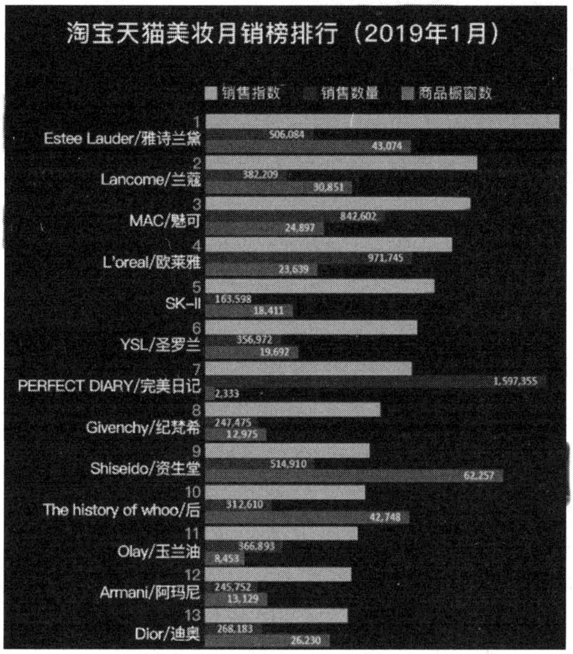

图 5-10　完美日记排名

而这距离完美日记 2017 年 8 月开设天猫官方旗舰店只有一年半品牌成立也就两年多。这个新兴美妆品牌的成长速度是惊人的。完美日记迅速走红的背后离不开内容营销模式的打造，完美日记的营销几乎包含了所有热门的营销渠道，其中以小红书营销为重点。

小红书作为目前国内美妆用户主要聚集社区，用户活跃，内容生产能力较强，且大部分都是年轻女性，从小红书的数据可以看出，美妆类的用户数排名第一，这也为完美日记在小红书进行布局提供了数据参考。

截至 2021 年 6 月，完美日记的小红书品牌账号已经拥有 192.4 万粉丝、386.3 万获赞与收藏，粉丝数远超知名国货、外资彩妆品牌。在“小红书”搜索“完美日记”一共有 32 万+篇笔记，见图 5-11。

图 5-11　小红书上完美日记数据

那么完美日记是如何实现小红书内容营销的呢？主要分为以下几个方面。

（1）明星投放

请到多位明星在“小红书”上进行种草，通过明星带来短期的爆发式关注和讨论。《2018 微博电商白皮书》提到，超过 60%的用户愿意购买明星同款，70%以上的用户对红人推荐的产品持积极态度。

（2）头部+中腰部的 KOL 种草，试色种草

KOL 种草的笔记，头图都是以试色形式出现的，这样很容易从视觉上一下子就把用户的注意力抓住，这也是彩妆产品的优势所在，见图 5-12。

（3）二次传播和声量叠加

素人购买后，在小红书上分享产品使用体验，据微热点对近 1 月内参与讨论“小红书”的微博用户粉丝分布分析（见图 5-13）可知：粉丝数量为 0～49 人的微博用户约 300K，粉丝数量为 50～199 人的微博用户约 110K，粉丝数量为 2000 人以上的微博用户约 60K，这些数据从侧面说明除了明星 KOL 的“种草”和“带货”能力，素人分享也是小红书用户群体最偏爱的内容。

网络社区作为网民间沟通最为充分的网络平台，其互动性成为社区营销的一大亮点。网民将社区作为发表自己思想、见解的平台，具有较强的参与性和信息分享性，如很多人在使用了产品后，会在社区中分享自己的体验感受，其他消费者在购物前，也习惯借助网络听取其他消费者的体验感受和评价。因此在社区中很容易形成对某企业或产品评价的“声音”，从而影响其他社区用户的消费决策。

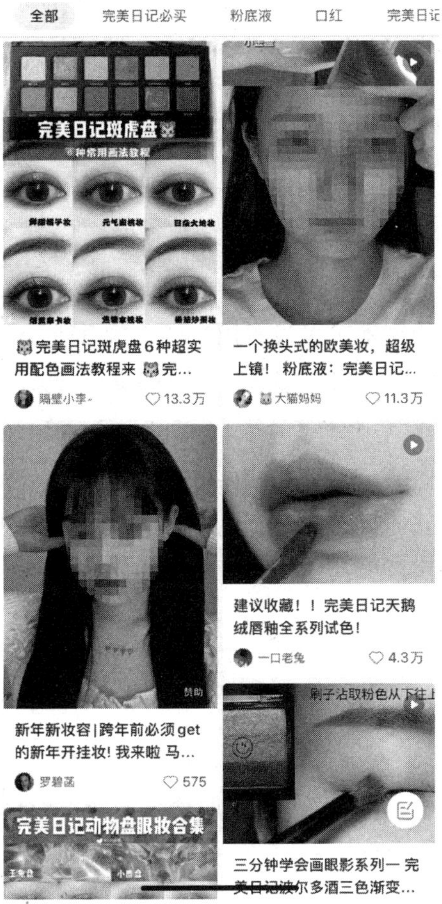

图 5-12　试色种草笔记

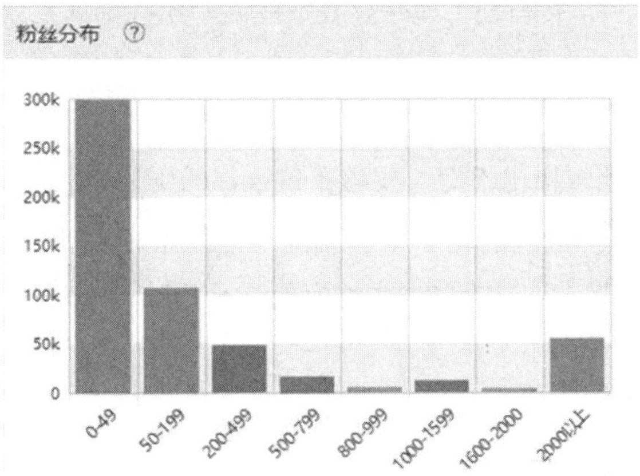

图 5-13　微博用户粉丝分布分析

利用网络社区论坛平台发布产品进行营销，需要做到以下几点。

1. 选择合适的平台

对于社区平台的寻找应遵循对口原则，即找到客户群体所集中的社区或者版块，如推广美妆，可以选择小红书；推广旅游，应该到旅游类社区或者到人气较高的论坛中的旅游版块进行推广。目前国内影响力较大的论坛有百度贴吧、知乎、豆瓣等；垂直型论坛有小红书、柚宝宝等。

2. 熟悉目标平台

确定了平台后，应先了解该平台的基本情况。如版块结构、规则制度及用户特点等，充分了解之后才能更好地利用平台开展营销。

3. 利用好头像和签名

目前绝大部分的社区论坛都可以设置用户的头像和签名，用于宣传自己的品牌。用户可以自己发布主题，也可以去别人的贴子下方回复或评论，增加自己的曝光度。

4. 发贴要求质量第一，质大于量

在论坛等社区中发高质量的帖子，才能引起关注，获得较好的效果。如果贴子质量好，很可能被别人转载，获得更多的传播量；如果帖子的质量不好，就算发得再多，置顶多久也没有用。发帖的质量好加上后期合适的营销手法，浏览的人就会多，关注的人也会多。

如果帖子较长，可以把自己的长贴分割成多个短小的系列贴，这样才可以调动读者的兴趣，因为浏览贴吧的网民大部分不喜欢看长篇的文章。

5. 适当的顶一把

在论坛等社区中营销，有时为了帖子的气氛和人气，可以适当地用“小号”顶一把，如“小号”提问，发帖大号回答。

6. 利用热门贴来宣传

一般情况下，一个热门的话题贴关注的人数会较多，尽量占据回帖前五排中的一个位置，在回帖时巧妙地宣传自己。或是寻找一些回贴率很高的贴子，再转帖到其他平台，同时巧妙地宣传自己。

7. 借助营销软件

如今，各种网络社区层出不穷，要想覆盖全部的平台，手动的方式显然无法做到。一款好的营销工具能够提升信息覆盖率，带来不错的推广效果。例如，SKYCC 组合营销软件，具有论坛群发+群顶功能，发布信息简单快捷、成功率高，将使得论坛营销更加方便快捷。

二、网络调查问卷设计

（一）网络调查的方法

网络调查指在网络上发布调研信息，并在互联网上收集、记录、整理、分析和公布网民反馈信息的调查方法。它是传统调查方法在网络上的应用和发展。对于很多企业来说，网络调查就是让它们了解市场基本动态的一种工具，它具有调研速度快、成本低的优点，根据调查的方法不同，可以分成网上问卷调查法、网上讨论法、网上实验法和网上观察法等。

网上问卷调查法是最常用的方法，主要是指在网上发布一些问卷，被调查者通过网络来填写问卷，完成一系列的调查过程，而网上问卷调查法又有以下几种常见形式。

1. 站点法

它是把调研问卷放在专门的网站上让被调查者自己填写的调研方法。站点法属于被动调研法，是网上调研的基本方法。

2. 电子邮件法

它是通过发送电子邮件的形式将调研问卷发送给一些特定的用户，由用户填写后再反馈给调研者的调研方法。电子邮件法属于主动调研法，优点是大大提高时效性。

3. 随机 IP 法

它是以产生一批随机 IP 地址作为抽样样本的调研方法。属于主动调研法，其理论基础是随机抽样。

4. 视频会议法

它是基于 WEB 的计算机辅助访问的调研方法，是将分散在不同地域的被调研者通过互联网视频会议功能虚拟地组织起来，在主持人的引导下讨论调研问题的调研方法。

（二）网络调查问卷设计

问卷设计是市场调查中的一项重要内容，问卷设计的好坏直接关系到调查的质量。一份完整的调查问卷应具备以下内容：

① 标题，如中职生上网情况调查问卷。

② 说明词，说明调查的目的、意义、填答问卷的要求和注意事项。

③ 背景资料，主要是被调查者的一些主要特征（如消费者的性别、年龄、民族、家庭人口、婚姻状况、文化程度、职业、单位、收入、所在地区等）。

④ 调查内容，为主体部分。

⑤ 致谢语。

⑥ 调查记录，主要是记录调查员的姓名、访问日期、访问时间、地点范围等，以便于对调查员工作进行监督和检查。

（三）在问卷星网站发布问卷

1. 注册和登录问卷星网站。

2. 登录网站后，创建新的调查问卷，见图 5-14。

图 5-14　创建新调查问卷

3. 选择创建问卷的类型

本案例以创建调查问卷为例，点击“调查”按钮，见图 5-15。

图 5-15　选择创建问卷类型

4. 创建调查问卷

有如图 5-16 所示的 3 种创建方式供选择，本案例中采用文本导入形式。

图 5-16　选择创建调查问卷的方式

5. 导入问卷文本

将准备好的问卷文档复制到页面文本框中，按文本格式要求排版好，见图 5-17。

6. 预览调查问卷

可以选择“手机预览”或“电脑预览”，手机预览形式还可以设置手机型号；也可进行作答测试，检查是否存在错误，如果有需要调整的地方，还可以进行编辑修改，见图 5-18。

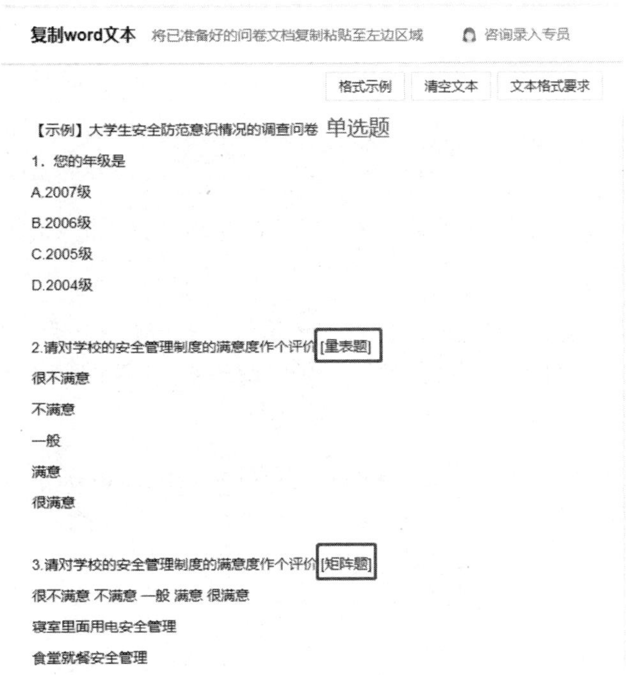

图 5-17　导入问卷文本

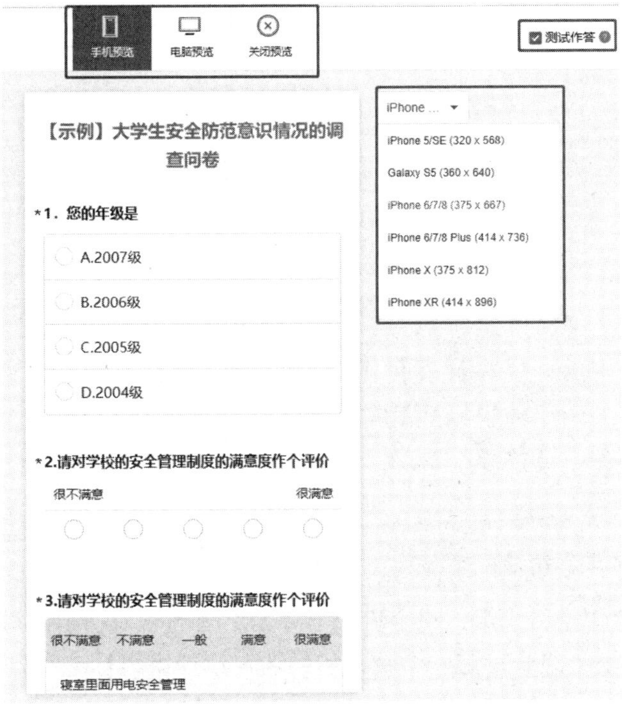

图 5-18　预览调查问卷

7．设置调查问卷

完成问卷编辑后，可以对问卷进行进一步设置，如设置问卷外观、设置红包及奖品等，全部设置完成后，点击“发布此问卷”按钮，见图 5-19。

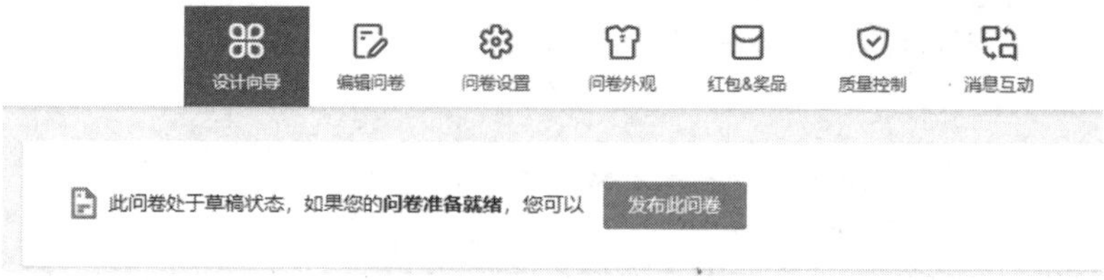

图 5-19　设置调查问卷

8. 发布调查问卷

发布问卷可以采用发送问卷链接、微信邀请等方式展开调查和回收数据，为了吸引用户积极参与调查，还可以采用红包奖励或者申请问卷星网站推荐、样本服务等方式。

9. 统计和分析数据

待问卷调查开始运行后，可以使用网站提供的数据统计和分析功能，这项功能使得网络调查的数据分析效率比传统调查有着较大的提高，见图 5-20。

图 5-20　统计和分析问卷数据

任务 5.3　网 络 广 告

任务要求与准备

1. 教师构建合作学习小组：将全班同学分为不同的学习小组，每个小组由 2～6 名同学组成，同时选举小组长，起一个响亮的组名，设计小组标志和口号，组长负责全组的组织、分工、协调、合作等工作。

2. 合作学习小组的成员共同完成以下学习任务，解决以下学习问题：

（1）网络广告与传统广告的差异？

（2）PC 端和移动端分别有哪些网络广告形式？

（3）学会找出生活中优秀的网络广告。

任务实施

1．学生当天构建合作学习小组，并商量讨论，做好人员分配工作。

2．各小组组长把自己组员的姓名、号数、联系方式和分工情况汇总在一张纸上，于第二天一早交给任课老师。

3．小组成员开始认真收集资料，讨论分析和整理，制作成PPT展示，或者设置成模拟场景在讲台上表演。

4．任务准备时间统一为一个星期，于下周本节课在教室讲台上展示任务的成果。

5．各小组展示成果的时间规定在3～5分钟，而提问环节统一为3分钟。等所有的小组全部展示完后，每个人公平公正填写评价量化表，并由各小组组长收齐，交到任课老师手上。

6．本次的任务表现会做详细记录，作为大家的平常表现成绩。

任务评价

评价量化表见表5-4。

评价表填写说明：

1．填写分数时要发扬公平公正精神，切勿徇私。

2．自我评价、小组互评、教师评价分数都是百分制。

3．小组互评这环节，由科任老师自行安排。比如：有6组成员，1组给2组的成员评分，2组给3组的成员评分，3组给4组的成员评分，依次类推！

4．自我评价分数由本人填写。填写完后，交到本组组长手上，由本组组长交到互评小组的组长手上，接着进行互评分数的填写，最后环节的教师评价分数，等每位学生填写好自评分数和互评分数后，由各小组组长收齐评价表，交由任课老师填写。

5．总评分数=自我评价分数×0.4+小组互评分数×0.3+教师评价分数×0.3。

6．分数等级：分为五大类，分别是优秀（90～100分）、良好（80～89）、中等（70～79）、及格（60～69）与不及格（60分以下）。

7．“成果点评”这一栏目，在互评环节，由给分数的小组成员填写，最后由任课老师填写。

表5-4　学生任务成果展示评价量化表

班级：　　　　　姓名：　　　　　学号：

序号	评价项目	具体评价内容	评价分数参考	量化评价（等级分值）			
				满分	自评	组评	师评
1	内容准备	使用多种渠道收集资料	好（8～10）、一般（5～7），不好（1～4）	10			
2		资料加工，融入自己的看法	好（11～15），一般（6～10），不好（1～5）	15			

续表

序号	评价项目	具体评价内容	评价分数参考	量化评价（等级分值）			
				满分	自评	组评	师评
3	内容准备	PPT 排版制作，图文并茂	好（11～15），一般（6～10），不好（1～5）	15			
4	展示成果	演讲姿态，自然大方得体	好（11～15），一般（6～10），不好（1～5）	15			
5		语言表达清楚，逻辑清晰	好（11～15），一般（6～10），不好（1～5）	15			
6		积极明确回答同学提问的问题	好（11～15），一般（6～10），不好（1～5）	15			
7	小组合作	在小组讨论时积极参与	好（11～15），一般（6～10），不好（1～5）	15			
分数等级			总分	100			

自我评价（×40%）	小组互评（×30%）	教师评价（×30%）	总评
成果点评（特色及不足）：			

一、网络广告与传统广告

案例导入

在互联网发展的早期，或者说互联网商业化之前，网络上是没有广告的。直到 1994 年 10 月 27 日，才出现了有史以来第一条网络横幅广告（见图 5-21）。美国著名的 Wired 杂志推出自己的网站时，其主页上开始刊登 AT&T 等 14 个客户（包括 AT&T，IBM，沃尔沃等）的横幅广告。在之后的 4 个月里，有 44%的网民在看到广告之后点击了它。

图 5-21　史上第一幅网络广告

中国的第一条网络广告诞生于 1997 年 3 月。当时风头正劲的 IT 巨头 IBM、Intel 在 ChinaByte 上发布了网络横幅广告。IBM 为 AS400 的宣传支付了 3000 美元。这是中国历史上第一个网络广告，开创了中国互联网广告业的历史。从此以后，网络广告逐渐渗透到我们生活中，如今已是铺天盖地。

网络广告，顾名思义，就是投放在网络中的广告。与传统媒体相比，网络广告具有不受地域、时间限制、宣传时间长、交互性强、成本低廉等特点，表 5-5 将网络广告与传统媒体广告进行比较，突出各自的特点。

表 5-5　网络广告与传统媒体广告对比表

类别/项目	传播范围	时效性	资讯类型	用户接收方式	更新速度	互动性	价格
网络广告	全世界	实时	丰富互动多媒体	被动+主动	即时	高	低
平面媒体	区域性	滞后	文字、图片	被动	慢	低	中
广播	区域性	实时	声音	被动	慢	中	高
电视	区域性	实时	文字、图片、声音、影像	被动	慢	中	高

二、网络广告的类型

（一）PC 端网络广告

1. 旗帜广告

旗帜广告分为横幅广告和竖式广告两种。横幅广告一般出现在网站主页的顶部和底部，见图 5-22；竖式广告一般设在网站主页的两侧。旗帜广告可以分为 3 种基本类型：静态、动态和交互式。

2. 按钮广告

通常是一个很小的图片展现出来的广告，放在网页中，访客通过点击进入广告内容，见图 5-22。

图 5-22　旗帜广告和按钮广告

3. 对联广告

对联广告是指利用网站页面左右两侧的竖式广告位置而设计的广告形式，见图 5-23。

图 5-23　对联广告

4. 文字链接广告

文本链接广告是以文字为链接的广告，即在热门站点的 Web 页上放置可以直接访问其他站点的链接，通过热门站点的访问，吸引一部分流量点击，见图 5-24。

图 5-24　文字链接广告

5. 文字环绕广告

环绕广告是被文字环绕在中间的一个图片广告，见图 5-25。

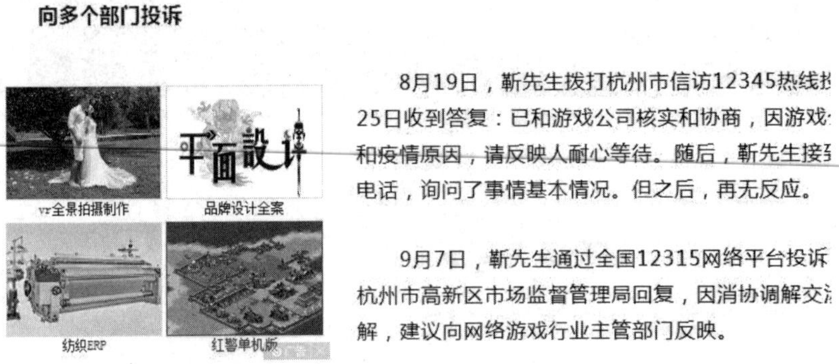

图 5-25　文字环绕广告

6. 浮动广告

浮动广告指的是会随鼠标或光标移动的网络广告，见图 5-26。

图 5-26　浮动广告

7. 全屏广告

全屏广告在页面开始下载时出现，占据整个浏览器，是一种广告效果巨大的广告形式。根据广告创意的要求，充分利用整个页面的最大空间而形成的广告信息的传递，拥有最强大的视觉冲击力。

8. 插播式广告和视频广告

插播式广告打开网页会自动播放，不需要点击播放，见图 5-27。视频广告是要用户自己点击播放才会播放的，不点击播放就不会播放。

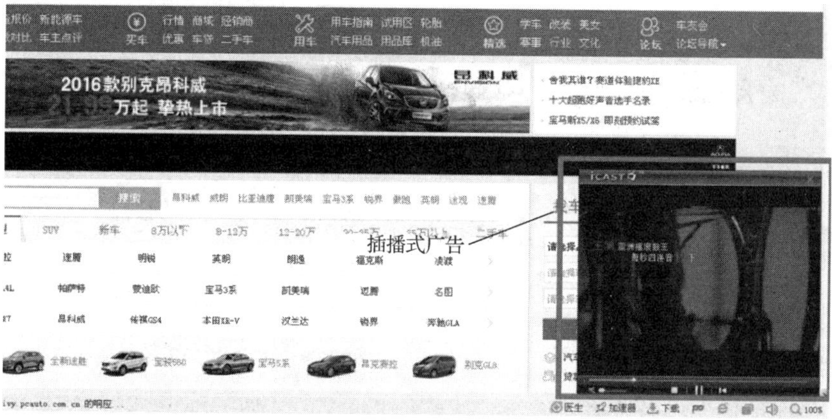

图 5-27　插播式广告

9. 交互式广告

交互式广告指注重与网民互动，允许浏览者做出行动的广告。该类广告通过吸引用户点击进入广告页面，并且进行交互式操作，以达到广告目的，如 H5，就是交互式广告的一种。

10. 弹出广告

弹出广告，是指在浏览者访问网站内容时强行弹出的广告，不过随着 IE 工具栏的广泛应用，此类广告一般会被 IE 浏览器拦截，起不到实际效果。

以上只是网络广告的一部分表现形式，互联网技术的发展使得网络广告的形式越来越丰富和多样化，除了以上形式之外，还有三维广告、画中画广告等。

（二）移动端网络广告

1. Banner 横幅广告

与 PC 端一样，移动设备的顶部、底部也常出现横幅广告、通栏广告，见图 5-28。优点是：展示更直观，更能快速吸引用户注意；缺点是：影响用户体验，对内容观看造成一定的遮挡，易造成用户反感。

2. 公告广告

公告广告常出现在电商类 App 上，通过消息广播的形式给用户传递相关信息，常在首页出现。优点是：直观简洁、不占用内容页。缺点是：不能直接引导用户进行点击，大多情况下只能起提示作用，见图 5-29。

图 5-28　Banner 广告

图 5-29　公告广告

3. 插屏广告

插屏广告是指用户第一次点开某 App 时弹出的广告内容，常出现在首页或未点击的功能页。优点是：视觉冲击力强、定位更精准、效果显著。缺点是：会暂时打断用户操作行为，影响用户体验，见图 5-30。

4. 启动页广告

启动页广告也称为全屏广告，几乎所有的应用都能看到，形式多样，包括静态图片、动态图片、视频、Flash 等。用户首次进入 App 时，启动页广告将自动出现，当 App 在后台运行时，启动页将不会再出现。优点是：合理利用资源，等待 App 加载时呈现内容；当用户打开启动页时，将直接呈现广告内容，能够更好地刺激用户记忆。缺点是：部分 Flash 安装包加载缓慢，影响用户体验，见图 5-31。

图 5-30 插屏广告

图 5-31 启动页广告

5. 信息流广告

信息流广告伴随信息而出现，用户在浏览信息时会不经意间浏览到广告。常出现在以 Time Line 信息为主的内容列表里。优点是：不影响用户操作行为。缺点是：内容定位不精准会让用户产生厌恶情绪，见图 5-32。

6. 竞价排名广告

竞价排名的基本特点是按点击付费，推广信息出现在搜索（靠前）的结果中，如果没有被用户点击，则不收取推广费。常出现位置：搜索结果。优点是：见效快、关键词数量无限制、关键词不分难易程度。缺点是：搜索结果是以资金衡量，出现的结果难免会造成与用户意愿不匹配，影响用户体验，见图 5-33。

7. 下拉刷新式广告

当列表内容需要刷新的时候，一般 App 会采用下拉刷新的形式刷新列表。广告便会填充空白页，以达到宣传效果。常出现在下拉的刷新栏中。优点是：隐藏在内容页面板下，用户刷新才会出现，节约空间成本，不影响用户体验。缺点是：广告出现时间过短，不容易引起用户注意，见图 5-34。

图 5-32　信息流广告

图 5-33　竞价排名广告

8. 私信通知广告

以私信的形式将商品信息发送给用户，用户可以通过查看私信了解商品详情。常出现在消息功能中。优点是：具有精准性，通过后台分析用户喜好发送特定商品。缺点是：常忽略用户需求，将增大用户筛选成本，见图 5-35。

图 5-34　下拉刷新式广告

图 5-35　私信通知广告

9. 视频广告

视频广告针对的用户群体分为 VIP 用户和普通用户，VIP 用户在购买 VIP 业务后能够直接跳过广告，普通用户则需要先把广告看完才能看后面的内容。所以，这种广告方式收入渠道分为两种：一种是会员业务，另一种是视频广告。常出现在播放类 App 的内容页面开头。优点是：以内嵌的形式植入广告，不增加额外的内容板块。缺点是：普通用户（不愿意付费购买 VIP 业务）长时间观看会影响用户体验。

知识拓展："边看边买"优酷土豆视频广告植入案例

2015 年 1 月，在东方卫视开年大戏《何以笙箫默》中，电视机旁的观众不仅能看到明星的精彩演出，还可以掏出手机，在天猫上买到明星身上的华丽服饰，实现"边看边买"。而优酷也宣布和阿里巴巴合作推出了一个产品叫"边看边买"，在视频内容中直观地呈现出购物通道，用户观看视频时候把出现的商品放到购物车里，等到整个视频内容看完以后，网站会提醒已将××件商品放入购物车。优酷总裁表示，全网 ID（用户数据）的融合将带动视频电商的新模式，他认为，如果一个平台上既有影像视频观众的数据，又有消费行为和消费数据，整合这两类数据的价值将是难以估量的。

边看边买的模式也被业内人士成为 F2O，即 Focus to Online。F2O 可以依托时下剧集热点，借助视频的影响力，迅速推出剧中同款，能够有效地满足剧集大热而带来的瞬间激增消费需求，短时间制造话题，成功打造爆款，以优酷土豆为例，优酷土豆每个月覆盖 5 亿以上用户，5 亿用户当中每一天所有用户加起来看的视频时间超过一万年，如果能够把商品信息很好地结合在视频内容中，能产生的收入和购买流量将相当巨大，甚至形成崭新的商业模式。类似的案例还有：爱奇艺 Video out 技术，可以达到视频内容与购买无缝连接。

项目小结

网络营销是电子商务的重要组成部分，本项目主要是让学生初步了解网络营销的概念、优势；清楚网络营销与传统营销的区别，并且开始关注网络营销的最新发展；熟悉网络营销的 4P、4C 策略、常见的网络营销工具及常见的网络广告类型；能够使用 BBS 论坛进行信息的收集与发布和初步设计网络调查问卷并且在网站上发布。

练习与自测

总分：100 分
哇，我得了______分！

一、填空题（每空 2 分，共 36 分）

1. 比较主流的网络营销工具有：____________、____________、____________、____________、____________、____________。

2. 网上问卷调查法有以下几种常见形式____________、____________、____________、____________。

3. 传统的市场营销 4P 策略指的是____________、____________、____________、____________。

4. 网络营销 4C 策略指的是______________________、______________________、______________________、______________________。

二、将下列英文及对应的含义进行连线（每题2分，共10分）

SEM	即时通信营销
SEO	电子邮件营销
IM 营销	网络营销
EDM	搜索引擎优化
E-Marketing	搜索引擎营销

三、简答题（每题5分，共15分）

1. 简述网络营销的定义。
2. 一份完整的调查问卷应具备哪些内容？
3. 移动端网络广告有哪些常见的类型？

四、论述题（共9分）

网络营销与传统营销对比，具有哪些特点及优势？

五、实操题（每题10分，共30分）

1. 通过网络查找一种网络营销工具的应用案例，并且和大家一起分享。
2. 小组作业，查阅微营销相关资料，策划一场游戏式微信营销活动。
3. 设计一份关于“中职生网上购物”调查问卷，并且在问卷星网站或者调查派网站上发布。

微课拓展

认识市场营销 4Ps 和网络营销 4Cs

网络营销的产生和发展

思政课堂

友善，和谐，文化自信

项目 6

电子商务物流

卫问和任知同时在京东商城购买了手机。

卫问：袁莱老师，任知昨天上午在京东商城购买了手机，我下午买的，为什么我们同一天下单，她的快递昨天就到了，我的还没收到？

袁莱：因为京东推出了“211限时达”极速配送服务，当日上午11:00前提交现货订单，当日送达；23:00前提交的现货订单，第二天14:00前送达。

京东已经在中国自营B2C市场占据超过一半的份额，凭借其供应链优势继续扩大其在中国电子商务市场的领先优势。京东已经建立六大物流中心，同时在全国超过360座城市建立核心城市配送站，京东物流中心结构见图6-1。

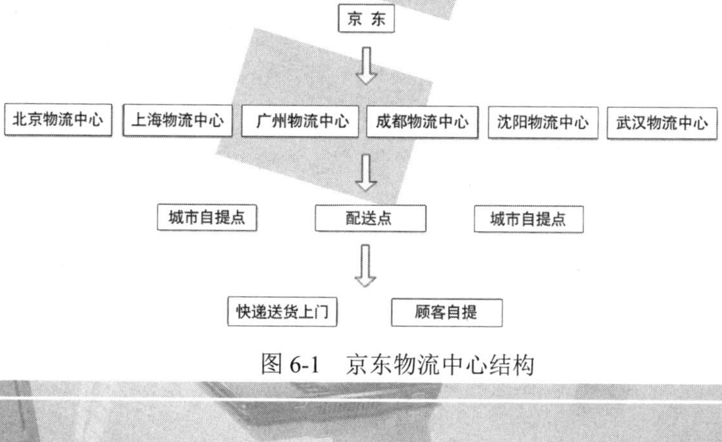

图 6-1　京东物流中心结构

知识与能力目标

- 掌握电子商务物流的相关知识，理解电子商务与物流的关系
- 掌握物流包装的分类，了解常见的物流包装材料
- 了解常见的物流企业、快递公司和智能快递柜，学会查询快递
- 关注电子商务物流的发展动态，简单分析电子商务物流的发展趋势

过程与方法

- 通过讲授、讨论和交流，认识电子商务与物流的关系
- 通过合作探究和创设情景法，认识电子商务物流的包装
- 通过实际操作，学会选择物流包装材料来包装不同的商品

情感态度与价值观

- 认识电子商务物流，了解电子商务物流对电子商务发展的重要性
- 了解常见电子商务物流的运营模式
- 通过学习和操作实践，培养学生的创新能力、动手能力、自学能力及分析和解决问题的能力

任务 6.1　电子商务物流概述

任务要求与准备

按照之前分好的合作学习小组，各小组共同完成以下学习任务：

（1）如果没有物流，那么电子商务会是怎样的模式？

（2）以京东商城购物为例，谈谈电子商务物流配送的关键。

任务实施

1．各合作学习小组认真商量讨论，做好人员分配工作。

2．科任教师给予一定的准备时间，小组成员开始认真收集资料，讨论分析和整理，并在课堂上展示任务的成果。

3．各小组代表发言的时间规定在 6 分钟左右，提问环节统一为 3 分钟。等所有的小组全部发言完毕，每位同学填写评价量化表。

4．本次的任务表现会做详细记录，作为学生的平常表现成绩。

任务评价

评价量化表（见表 6-1）填写说明：

1．填写分数时要遵循公平、公正的原则，切勿徇私。

2．自我评价、小组互评、教师评价分数都是百分制。

3．小组互评环节中，各小组组长分别组织组内成员进行讨论，给予发言的小组一个分数，最终求得各小组平均分。

4．自我评价分数由学生本人填写。教师评价分数由任课老师填写。

5．总评分数=自我评价分数×0.4+小组互评分数×0.3+教师评价分数×0.3。

6．分数等级分为五大类，分别是优秀（90～100 分）、良好（80～89 分）、中等（70～79 分）、及格（60～69 分）与不及格（60 分以下）。

7．“成果点评”这一栏目由任课老师填写。

表 6-1　学生任务成果展示评价量化表

班级：　　　　姓名：　　　　学号：　　　　（单位：分）

序号	评价项目	具体评价内容	评价分数参考	量化评价（等级分值）			
				满分	自评	组评	师评
1	内容准备	利用多种渠道收集资料	好（9～10），一般（6～8），不好（1～5）	10			
2		资料准备充分翔实	好(13～15)，一般(9～12)，不好（1～8）	15			

续表

<table>
<tr><th rowspan="2">序号</th><th rowspan="2">评 价 项 目</th><th rowspan="2" colspan="2">具体评价内容</th><th rowspan="2" colspan="2">评价分数参考</th><th colspan="4">量化评价
（等级分值）</th></tr>
<tr><th>满分</th><th>自评</th><th>组评</th><th>师评</th></tr>
<tr><td>3</td><td rowspan="4">展示成果</td><td colspan="2">观点新颖，见解独到</td><td colspan="2">好（13～15），一般（9～12），不好（1～8）</td><td>15</td><td></td><td></td><td></td></tr>
<tr><td>4</td><td colspan="2">演讲姿态自然、大方、得体</td><td colspan="2">好（13～15），一般（9～12），不好（1～8）</td><td>15</td><td></td><td></td><td></td></tr>
<tr><td>5</td><td colspan="2">语言表达清楚，逻辑清晰</td><td colspan="2">好（13～15），一般（9～12），不好（1～8）</td><td>15</td><td></td><td></td><td></td></tr>
<tr><td>6</td><td colspan="2">积极明确回答同学提问的问题</td><td colspan="2">好（13～15），一般（9～12），不好（1～8）</td><td>15</td><td></td><td></td><td></td></tr>
<tr><td>7</td><td>小组合作</td><td colspan="2">在小组讨论时积极参与</td><td colspan="2">好（13～15），一般（9～12），不好（1～8）</td><td>15</td><td></td><td></td><td></td></tr>
<tr><td colspan="2">分 数 等 级</td><td colspan="2"></td><td colspan="2">总　　分</td><td>100</td><td></td><td></td><td></td></tr>
<tr><td colspan="2">自我评价（×40%）</td><td>小组互评（×30%）</td><td colspan="2">教师评价（×30%）</td><td colspan="5">总　　评</td></tr>
<tr><td colspan="2"></td><td></td><td colspan="2"></td><td colspan="5"></td></tr>
<tr><td colspan="10">成果点评（特色及不足）：</td></tr>
</table>

一、电子商务物流的内涵

电子商务是指以商务活动为主体，以计算机网络为基础，以电子化方式为手段，在法律许可的范围内所进行的商务活动。物流是物品从供应地向接收地的实体流动过程中，根据实际需要，将运输、存储、装卸、搬运、包装、流通加工、配送、信息处理等功能有机结合起来实现用户要求的过程。电子商务物流正是与电子商务这一新兴商务模式相配套的物流，是实现商品从生产者到消费者的转移的重要保障。

电子商务物流是指电子商务应用中的物流，也就是说，电子商务物流是电子商务应用业务运营中的物流，是区别于传统商务物流的一种新型物流模式。

很多人分不清电子商务物流、电子物流及物流电子商务。电子物流是指电子化技术在物流活动中的运用；物流电子商务是指电子商务在物流服务业中的运用。

二、电子商务物流的特点

电子商务时代的来临，给全球物流带来了新的发展，使物流具备了一系列新特点。

1. 信息化

电子商务时代，物流信息化是电子商务的必然要求。物流信息化表现为物流信息的商品化、物流信息收集的数据库化和代码化、物流信息处理的电子化和计算机化、物流信息传递的标准化和实时化、物流信息存储的数字化等。

2. 自动化

自动化的基础是信息化，自动化的核心是机电一体化，自动化的外在表现是无人化，自动化的效果是省力化。另外，还可以扩大物流作业能力、提高劳动生产率、减少物流作业的差错等。物流自动化的设施非常多，如条码/语音/射频自动识别系统、自动分拣系统、自动存取系统、自动导向车、货物自动跟踪系统等。

3. 网络化

物流领域网络化的基础也是信息化，物流的网络化是物流信息化的必然，是电子商务下物流活动的主要特征之一。当今世界 Internet 等全球网络资源的可用性及网络技术的普及为物流的网络化提供了良好的外部环境，物流网络化不可阻挡。

4. 智能化

这是物流自动化、信息化的一种高层次应用，物流作业过程大量的运筹和决策，如库存水平的确定、运输路径的选择、自动导向车的运行轨迹和作业控制、自动分拣机的运行、物流配送中心经营管理的决策支持等问题都需要借助大量的知识才能解决。

5. 分散化

任何地方的客户在任何时间都可以在网上下订单。这是电子商务的优势，但客户的地域分散化，也带来了电子商务物流服务的分散化。极度分散的物流服务要求建立分散的物流配送网络。

6. 多渠道化

电子商务客户分布广，有城市的、农村的、沿海地区的、内地山区的，有国内的还有国外的。所以，电子商务物流不能仅采用一种配送渠道，电子商务应用企业应该借用多种配送渠道，才能满足不同类别客户的配送要求。

想一想：

商品页面上标有“京东发货&售后”的商品与标有“店铺发货&售后”的商品，配送渠道一样吗？

三、电子商务与物流

电子商务对物流有很大的影响，没有电子商务的发展，物流瓶颈问题将很难得到解决。一国经济的发展离不开物流的发展，在电子商务如火如荼发展的今天，我国不仅得抓电子商务，也得抓物流，二者都得抓，并且都要硬。只有对它们之间的关系有了比较深刻的认识，才可能比较好地解决这个新兴行业的问题。电子商务与物流是辩证统一的关系。

（一）电子商务对物流的影响

（1）电子商务将改变人们传统的物流观念。

（2）电子商务将改变物流的运作方式。

（3）电子商务将改变物流企业的经营形态。

（4）电子商务将促进物流基础设施的改善和物流管理与技术水平的提高。

（二）物流对电子商务的影响

（1）物流是电子商务的重要组成部分。

（2）物流现代化是电子商务的基础。

（3）物流是实现电子商务的可靠保证。

电子商务的任何一笔完整交易，都包含着几种基本的“流”，即信息流、商流、资金流、物流。信息流是指商品信息的提供、商业单证的转移、技术支持等内容。商流是指商品交易和商品所有权转移的过程。资金流是指付款、转账等资金的转移过程。物流则是指物质实体（商品或服务）的流动过程，如商品的存储、保管、配送、运输、信息管理等活动。无论是信息流还是资金流都会随着Internet的普及得到好的解决方案。而物流实现的是实体的转移，它造成了电子商务的瓶颈问题。这也是许多电子商务公司在经过多年的探索之后得出来的结论。

四、电子商务物流服务模式

目前，各类物流新型商业模式有很多，电子商务物流服务模式如何分类一直缺乏清晰的界定，但卖家需要了解电子商务物流模式，才可进一步降低成本，优化服务。按照电子商务物流服务的系统资源这条主线综合分类，可以避免分类混乱与交叉，突出电子商务物流的特点。根据这个思路，电子商务物流服务模式主要有以下四类。

1. 平台整合物流资源模式

利用智慧物流平台，搭建智慧物流骨干网，全面整合社会资源，建设服务于电子商务网购平台的智慧物流体系。最典型的案例是菜鸟物流，见图6-2。

这一模式是以轻资产模式为宗旨，以整合资源为手段，以数据驱动赋能为纽带，以智能仓储为网络节点，打造的社会化电子商务物流服务大系统。

菜鸟物流基于阿里巴巴淘宝、天猫、新零售等电商平台的物流需求，联合多家快递企业、物流企业、物流技术服务企业，通过大数据驱动，以建设中国和世界智慧物流骨干网为目标，建立了基于数据驱动的社会化协同平台，力争实现全国任何地区电子商务物流配送24小时达的目标。

这一模式中，菜鸟重点把控的是数据、技术和关键网络节点。在物流骨干网的关键节点或物流枢纽，菜鸟也投资自建仓储物流中心，或租赁社会的仓储设施，在物流末端建设菜鸟驿站和社区自提柜，并投资了一些物流技术设备公司，推动物流自动化技术发展。

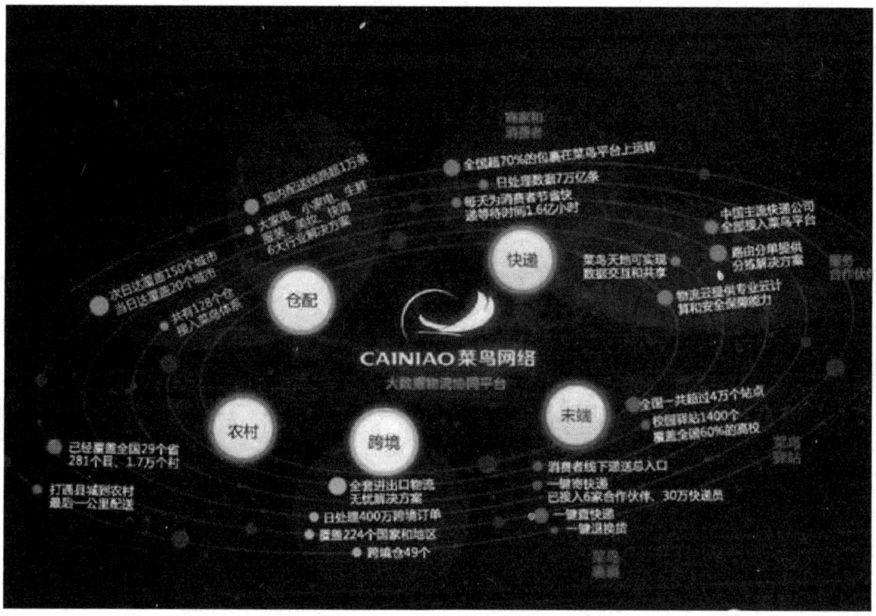

图 6-2　菜鸟物流（菜鸟网络）生态图

2. 平台自建物流体系模式

在全国各地以投资自建为主，搭建智慧物流服务体系，如京东物流。这是典型的重资产物流服务模式，虽然也有一些地区的物流仓储设施采用了租赁模式，但物流服务网络基本上是以投资自建为主。京东在全国大量建设了仓储设施作为智慧物流服务网络的节点，末端配送也以自营为主体，干线运输以社会资源为主体，也有部分自有车辆，见图 6-3。

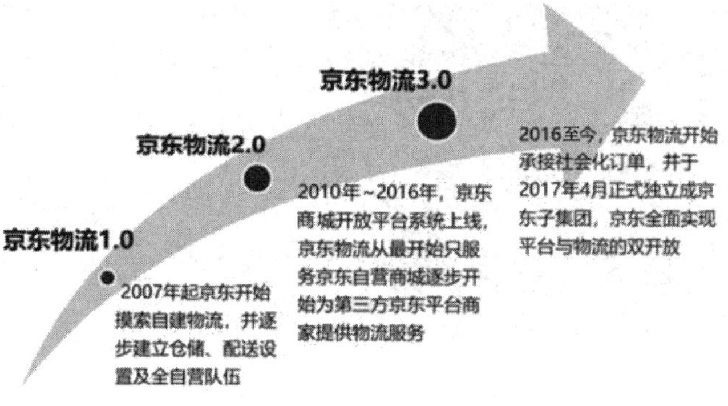

图 6-3　京东物流

这一模式中，京东物流重点把控的是设施、技术、配送。以自建的物流基础设施为平台，结合自有的物流技术和装备，对接电商平台，提供高效快捷的物流配送服务。目前这一系统也向社会开放共享，但运营主体不变，是典型的平台自建和运营的服务模式。

3. 电子商务物流外包模式

电子商务物流外包模式即商家把物流配送服务外包给物流配送企业（主要是快递物流企业）的服务模式，中小商家一般均采用这种服务外包的模式。淘宝最早采用的也是物流配送服务外包模式，与众多快递企业合作，接入淘宝平台，通过向商家推荐快递企业，商家选择第三方物流企业将物流配送外包，实例见图 6-4。

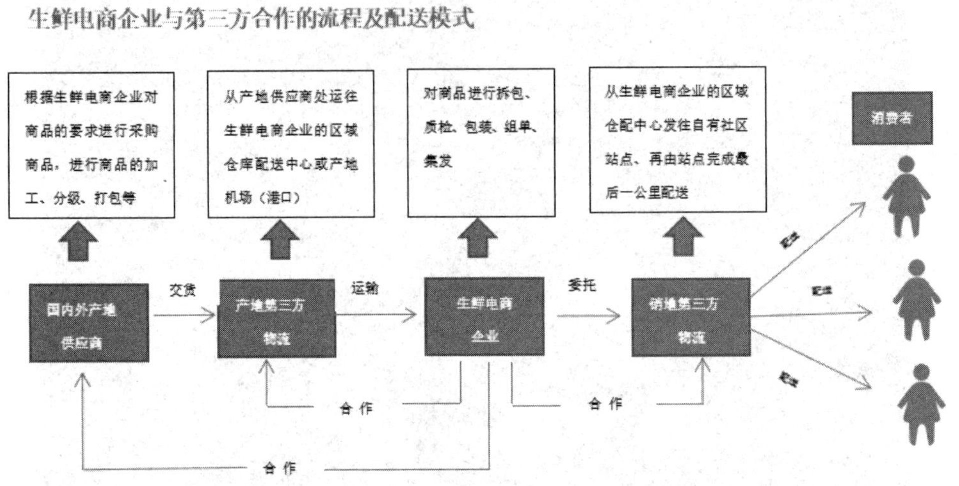

图 6-4　实例：生鲜电商物流外包配送模式

品牌商或生产制造企业的电子商务，在干线运输和仓库网点货物分拨的前端一般外包给第三方物流公司，在末端配送上外包给快递企业。

4. 即时配送物流服务模式

即时配送模式是近几年外卖配送、新零售、电子商务物流等在配送末端推出的一种新的物流资源组织服务的模式。即时配送模式主要指不经过仓储网点周转，直接点对点配送的物流服务模式，其智能化的配送调度与管理平台是关键。目前，同城邻近区域的本地生活服务类电商一般都在用这一服务模式，见图 6-5。

图 6-5　即时物流的分布式系统

即时配送最早由本地餐饮服务而兴起，随着新零售的快速发展，门店面向区域配送需求高速增长并快速发展，推动了物流配送末端服务的大变革。如即时配送与平台物流服务网络对接，推动了传统物流配送模式变革；即时配送与门店之间的货物调拨对接，推动了末端供应链整合等。

目前本地电商生活服务如：餐饮配送、个人和单位的区域小件配送、新零售的从门店向社区配送、区域内门店货物调拨均采用即时配送服务；部分快递企业和电子商务平台，也发展即时配送与自身平台的智慧物流大系统对接，提高配送时效。

从大的角度看，主要的电子商务服务模式主要有上面四种模式。如果从电商模式角度看，B2B 电商物流一般都是第三方物流外包模式，虽然也有部分自营，但基本上可以归类于第三种模式；B2C 电商物流，京东采用的是平台自建运营模式，天猫采用的是平台整合资源的物流服务模式，生产企业 B2C 电商一般是自建自营+服务外包模式的组合；中小平台和中小电商企业一般都是物流服务外包模式；总之，各类电商的物流服务模式基本可以归入上述四种模式或这四种模式的组合。

知识拓展：亚马逊物流配送模式启示

美国亚马逊网上书店自 1995 年 7 月在美国开业，亚马逊为消费者提供的商品总数已达到 40 多万种。近几年许多追随者在电子商务发展上受挫，纷纷倒地落马，而亚马逊却顽强地活了下来并脱颖而出，创造了令人振奋的业绩。

为什么在电子商务发展普遍受挫时亚马逊依然不倒？是什么成就了亚马逊今天的业绩？亚马逊的快速发展说明了什么？带着这一连串的疑问和思索探究亚马逊的发展历程后，人们惊奇地发现，正是被许多人称为电子商务发展瓶颈和最大障碍的物流拯救了亚马逊，是物流创造了亚马逊今天的业绩。那么研究对亚马逊的生存和发展经历带给当今企业哪些有益的启示呢？

启示一：物流是亚马逊促销的手段

在电子商务举步维艰的日子里，亚马逊推出了创新、大胆的促销策略——为消费者提供免费的送货服务，并且不断降低免费送货服务的门槛。“物流是企业竞争的工具”在亚马逊的经营实践中得到了最好的诠释。

很多年来，网上购物收货麻烦的现实是使消费者摈弃电子商务而坚持选择实体商店购物的主要因素，也是导致电子商务公司失去客户、经营失败的重要原因。亚马逊独辟蹊径，大胆地将物流作为促销手段，薄利多销、低价竞争，通过物流来占领市场，招揽客户，扩大市场份额。显然此项策略是正确的，因为抓住了问题的实质。某市场调查公司一项消费者调查显示，网上消费者认为，在节假日期间送货运费折扣的吸引力远远超过其他任何促销手段。亚马逊把在线商品的价格普遍降低了 10%左右，从而使其客户群达到了 4000 万人次，其中通过网上消费的达 3000 万人次左右。当然这项经营策略也是有风险的，如果不能消化由此产生的成本，转移沉重的财务负担，将功亏一篑。那么亚马逊是如何解决这些问题的呢？

启示二：开源节流是亚马逊促销成功的保证

如前所述亚马逊盈利的秘诀在于给消费者提供的大额购买折扣及免费送货服务。然而此种促销策略也是一柄双刃剑：在增加销售的同时产生巨大的成本。如何消化由此而带来的成本呢？亚马逊的做法是在财务管理上不遗余力地削减成本：减少开支、裁减人员，使用先进便捷的订单处理系统降低错误率，整合送货和节约库存成本……通过降低物流成本，相当于以较少的促销成本获得更大的销售收益，再将之回馈于消费者，以此来争取更多的消费者，形成有效的良性循环。当然这对亚马逊的成本控制能力和物流系统都提出了很高的要求。此外，亚马逊在节流的同时也积极寻找新的利润增长点，如为其他商户在网上出售二手商品；与众多商家合作，向亚马逊的客户出售这些商家的品牌产品，从中收取佣金等。这使亚马逊的客户可以一站式地购买众多商家的品牌产品及书籍、音乐制品和其他产品，既向消费者提供了更多的商品，又以其多样化选择和商品信息吸引众多消费者前来购物，同时自己又不增加额外的库存风险，可谓一举多得。这些有效的开源节流措施是亚马逊低价促销成功的重要保证。

启示三：完善的物流系统是电子商务生存与发展的命脉

电子商务是以现代信息技术和计算机网络为基础进行的商品和服务交易，具有交易虚拟化、透明化、成本低、效率高的特点。在电子商务中，信息流、商流、资金流的活动都可以通过计算机在网上完成，唯独物流要经过实实在在的运作过程，无法像信息流、资金流那样被虚拟化。因此，作为电子商务组成部分的物流便成为决定电子商务效益的关键因素。在电子商务中，如果物流滞后、效率低、质量差，则电子商务经济、方便、快捷的优势就不复存在。所以，完善的物流系统是决定电子商务生存与发展的命脉。分析众多电子商务企业经营失败的原因，在很大程度上是由于物流的失败。而亚马逊的成功正是得益于其在物流上的成功。亚马逊虽然是一家电子商务公司，但它的物流系统十分完善，一点也不逊色于实体公司。由于有完善、优化的物流系统作为保障，它才能将物流作为促销手段，并有能力严格地控制物流成本和有效地进行物流过程的组织运作。

1. 在配送模式的选择上采取外包的方式

亚马逊将其国内的配送业务委托给美国邮政和 UPS，将国际物流委托给国际海运公司等专业物流公司，自己则集中精力去发展主营和核心业务。这样可以减少投资，降低经营风险，又能充分利用专业物流公司的优势，节约物流成本。

2. 将库存控制在最低水平，实行零库存运转

亚马逊通过与供应商建立良好的合作关系，实现了对库存的有效控制。如亚马逊的库存图书很少，维持库存的只有 200 种最受欢迎的畅销书。一般情况下，亚马逊是在消费者买书下订单后，才从出版商那里进货。购书者以信用卡向亚马逊公司支付书款，而亚马逊却在图书售出 46 天后才向出版商付款，这就使得它的资金周转比传统书店要顺畅得多。由于保持了低库存，亚马逊的库存周转速度很快。

3. 降低退货比率

虽然亚马逊经营的商品种类很多，但由于对商品品种选择适当，价格合理，商品质量和配送服务等能满足消费者的需要，所以保持了很低的退货比率。传统书店的退书率一般为 25%，高的可达 40%，而亚马逊的退书率只有 0.25%，远远低于传统的零售书店。极低的退货比率不仅减少了企业的退货成本，也保持了较高的服务水平并取得良好的商业信誉。

4. 为邮局发送商品提供便利，减少送货成本

在送货时亚马逊采取一种被称为“邮政注入”的送货方式来减少送货成本。所谓“邮政注入”就是使用自己的货车或由独立的承运人将整卡车的订购商品从亚马逊的仓库送到当地邮局的库房，再由邮局向消费者送货。这样就可以免除邮局对商品的处理程序和步骤，为邮局发送商品提供便利条件，也为自己节省了资金。据一家与亚马逊合作的送货公司估计，靠此种“邮政注入”方式节省的资金相当于头等邮件普通价格的 5%～17%，十分可观。

5. 根据不同商品类别建立不同的配送中心，提高配送中心作业效率

亚马逊的配送中心按商品类别设立，不同的商品由不同的配送中心进行配送。这样

做有利于提高配送中心的专业化作业程度，使作业组织简单化、规范化，既能提高配送中心的作业效率，又可降低配送中心的管理和运转费用。

6. 采取“组合包装”技术，扩大运输批量

当消费者在亚马逊网站上确认订单后，就可以立即看到亚马逊销售系统根据其所订商品发出的是否有现货，以及选择的发运方式、估计的发货日期和送货日期等信息。如前所述，亚马逊根据商品类别建立不同的配送中心，所以消费者订购的不同商品是从位于美国不同地点的不同配送中心发出的。由于亚马逊的配送中心只保持少量的库存，所以在接到消费者订单后，亚马逊需要查询配送中心的库存，如果配送中心没有现货，就要向供应商订货，因此会造成同一张订单上有的商品可以立即发货，有的则需要等待。为了节省消费者等待的时间，亚马逊建议其在订货时不要将需要等待的商品和有现货的商品放在同一张订单中。这样在发运时，承运人就可以将来自不同消费者、相同类别，且配送中心也有现货的商品配装在同一货车内发运，从而缩短消费者订货后的等待时间，也扩大了运输批量，提高运输效率，降低运输成本。

完善的发货条款、灵活多样的送货方式及精确合理的收费标准体现出亚马逊配送管理的科学化与规范化。

亚马逊的发货条款非常完善，在其网站上，消费者可以得到以下信息：商品的发运、送货时间的估算，免费的超级节约发运，店内拣货，需要特殊装卸和搬运的商品，包装物的回收、发运的特殊要求、发运费率、发运限制、订货跟踪等。

亚马逊为顾客提供了多种可供选择的送货方式和送货期限。在送货方式上有以陆运和海运为基本运输方式的“标准送货”，也有空运方式。送货期限上，根据目的地是国内还是国外的不同，以及所订的商品是否有现货，而采用标准送货、2 日送货和 1 日送货等。根据送货方式和送货期限及商品品类的不同，采取不同的收费标准，有按固定费率收取的批次费，也有按件数收取的件数费，还有按重量收取的费用。

所有这些都表明亚马逊配送管理上的科学化、法制化和运作组织上的规范化、精细化，为消费者提供了方便、周到、灵活的配送服务，满足了消费者多样化需求。亚马逊以其低廉的价格、便利的服务在消费者心中树立起良好的形象，增加了消费者的信任度。

总之，亚马逊带给人们的启示很多，其中最重要的一点就是物流在电子商务发展中起着至关重要的作用。

任务6.2 物 流 包 装

任务要求与准备

1．利用课余时间收集一些不同材质的包装材料和商品。

2．按照之前分好的合作学习小组，各小组共同完成以下学习任务：

（1）网络购物需要物流配送，那么就离不开包装。不同商品的包装一样吗？

（2）如果商品在运输途中，因包装损坏导致商品变质，该如何处理？

（3）每一个小组选择不同的商品和包装材料，演示包装方法。

任务实施

1．各合作学习小组认真商量讨论，做好人员分配工作。

2．任课教师给予一定的准备时间，小组成员开始认真收集资料，讨论分析和整理，并在课堂上展示任务的成果。

3．各小组代表发言的时间规定在 6 分钟左右，而提问环节统一为 3 分钟。等所有的小组全部发言完毕，每位同学填写评价量化表。

4．本次的任务表现会做详细记录，作为学生的平常表现成绩。

任务评价

评价量化表（见表 6-2）填写说明：

1．填写分数时要遵循公平、公正的原则，切勿徇私。

2．自我评价、小组互评、教师评价分数都是百分制。

3．小组互评环节，各小组组长分别组织组内成员进行讨论，给予发言的小组一个分数，最终求得各小组平均分。

4．自我评价分数由学生本人填写。教师评价分数由任课老师填写。

5．总评分数=自我评价分数×0.4+小组互评分数×0.3+教师评价分数×0.3。

6．分数等级分为五大类，分别是优秀（90～100 分）、良好（80～89 分）、中等（70～79 分）、及格（60～69 分）与不及格（60 分以下）。

7．“成果点评”这一栏目由任课老师填写。

表 6-2　学生任务成果展示评价量化表

班级：　　　　姓名：　　　　学号：　　　　（单位：分）

序号	评价项目	具体评价内容	评价分数参考	量化评价（等级分值）			
				满分	自评	组评	师评
1	内容准备	利用多种渠道收集资料	好（9～10），一般（6～8），不好（1～5）	10			
2		资料准备充分翔实	好（13～15），一般（9～12），不好（1～8）	15			
3	展示成果	观点新颖，见解独到	好（13～15），一般（9～12），不好（1～8）	15			
4		演讲姿态自然、大方、得体	好（13～15），一般（9～12），不好（1～8）	15			
5		语言表达清楚，逻辑清晰	好（13～15），一般（9～12），不好（1～8）	15			
6		积极明确回答同学提问的问题	好（13～15），一般（9～12），不好（1～8）	15			

续表

序号	评价项目	具体评价内容	评价分数参考	量化评价（等级分值）			
				满分	自评	组评	师评
7	小组合作	在小组讨论时积极参与	好（13～15），一般（9～12），不好（1～8）	15			
分数等级			总分	100			
自我评价（×40%）		小组互评（×30%）	教师评价（×30%）	总评			
成果点评（特色及不足）：							

案例导入

任知热衷于网络购物，网购时，她会比较一下同一种商品在不同电商平台上的价格。她发现，有的平台无论商品大小，包装的都是比商品尺寸大很多的纸箱。而另一些平台上购买的商品，大都只是包装着快递袋。那么，为什么同一件商品包装不一样呢？

一、包装的定义

可以这么说，从有产品的那一天起，就有了包装。包装已成为现代商品生产不可分割的一部分，也成为各企业竞争的利器，他们纷纷打着“全新包装，全新上市”来吸引消费者，绞尽脑汁，不惜重金，以改变其产品在消费者心中的形象，从而提升企业自身的形象。就像唱片公司为歌星全新打造、全新包装，并以此来改变其在歌迷心中的形象一样。而今，包装已融合在各类商品的开发设计和生产之中，几乎所有产品都需要通过包装才能成为商品进入流通过程。

包装的定义是：为了在流通过程中保护产品、方便储运、促进销售，按一定的技术方法所用的容器、材料和辅助物等的总体名称。也指为了达到上述目的而在采用容器、材料和辅助物的过程中施加一定技术方法等的操作活动。

二、包装的分类

正如人们常说的一样，“包装是沉默的商品推销员”。商品种类繁多、形态各异、五花八门，其功能、作用、外观、内容也各有千秋。所谓内容决定形式，包装也不例外。所以，为了区别商品与设计，对包装进行如下分类。

（一）按产品内容分

可分为日用品类、食品类、化妆品类、医药类、文体类、工艺品类、化学品类、五金家电类、纺织品类、儿童玩具类、土特产类等，见图 6-6 和图 6-7。

图 6-6 食品包装

图 6-7 土特产包装

（二）按包装材料分

不同的商品，考虑到其运输过程与展示效果等，在使用材料上也不尽相同。如纸盒包装、金属包装、玻璃包装、木包装、陶瓷商品包装、塑料包装、棉麻包装、布包装等，见图 6-8 和图 6-9。

图 6-8 陶瓷商品包装

图 6-9 纸盒包装

（三）按包装目的分

1. 销售包装

销售包装又称商业包装，可分为内销包装、外销包装、礼品包装、经济包装等。销售包装是直接面向消费者的，因此，在设计时，要有一个准确的定位，符合商品的诉求对象，力求简洁大方，方便实用，又能体现商品的特性，见图 6-10。

图 6-10 销售包装

2. 储运包装

储运包装就是以商品的存储或运输为目的的包装。它主要在厂家与分销商、卖场之间流通，便于产品的搬运与计数。设计并不是重点，但是要注明产品的数量，发货与到货日期、时间与地点，见图 6-11。

图 6-11　储运包装

（四）按包装的形状分

1. 个包装

个包装也称小包装，它是与产品最亲密接触的包装，它是产品走向市场的第一道保护层。个包装一般都陈列在商场或超市的货架上，最终连产品一起卖给消费者。

2. 中包装

中包装也称内包装，主要是为了增强对商品的保护、便于计数而对商品进行组装或套装。

3. 大包装

大包装也称外包装、运输包装。因为它的主要作用是增加商品在运输中的安全，且还要便于装卸与计数，因此大包装的设计相对个包装简单许多。一般在设计时，只标明产品的型号、规格、尺寸、颜色、数量、出厂日期。再加上一些视觉符号，如小心轻放、防潮、防火、堆压极限、有毒等。

做一做

在如图 6-12 所示的图片中指出个包装、中包装和大包装。

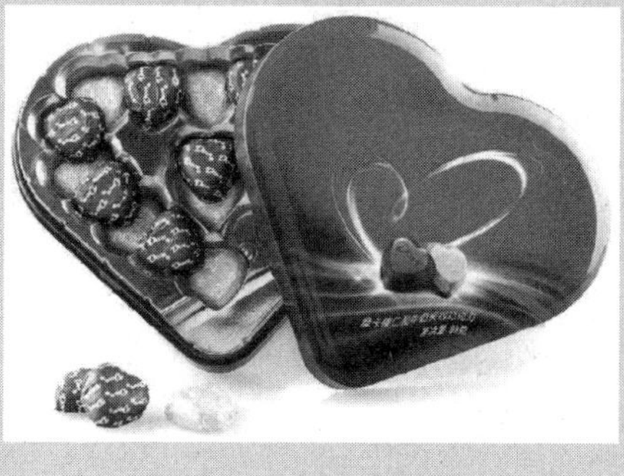

图 6-12　巧克力包装

三、包装的作用

1. 保护功能

保护功能是包装最基本的功能，即使商品不受各种外力的损坏。一件商品要经过多次流通，才能走进商场或其他场所，最终到达消费者手中。这期间，需要经过装卸、运输、库存、陈列、销售等环节。在储运过程中，很多外因，如撞击、潮湿、光线、气体、细菌等因素，都会威胁商品的安全。因此，作为一名设计师，在开始设计之前，首先要想到包装的结构与材料，保证商品在流通过程中的安全。

2. 便利功能

便利功能就是商品的包装是否便于使用、携带、存放等。一个好的包装作品，应该以“人”为本，站在消费者的角度考虑，这样会拉近商品与消费者之间的关系，提升消费者的购买欲及对商品的信任度，也促进消费者与企业之间的沟通。如很多人购买易拉罐装的饮料时，都喜欢开盖时的那一声“啪”所带来的快感。

3. 销售功能

以前，人们常说“酒香不怕巷子深”“一等产品、二等包装、三等价格”，只要产品质量好，就不愁卖不出去。在市场竞争日益激烈的今天，包装的作用与重要性已被企业熟知。如何让自己的产品从琳琅满目的货架中脱颖而出，只靠产品的质量与媒体的轰炸是远远不够的。在各种超市与自选卖场如雨后春笋般出现的今天，直接面向消费者的是产品自身的包装。好的包装，能直接吸引消费者的视线，让消费者产生强烈的购买欲。

四、包装材料

1. 定义

制作包装容器和满足产品包装要求所使用的材料。

2. 分类

（1）纸类包装材料

优点：耐摩擦、耐冲击、易黏合、重量轻、价格低。

缺点：防潮性差、易破损。

（2）木制、纤维包装材料

① 木质包装材料。

优点：抗压、抗震、抗挤、抗冲撞能力强（一般用于外包装）。

缺点：较重、不够环保。

② 纤维包装材料：用各种纤维制作的袋装容器，如麻袋、编织袋等。

（3）金属包装材料

优点：具有较强的塑性和韧性、抗冲击力强、不易破损。

缺点：存在导电、导热等问题。

（4）塑料包装材料

常用：塑料袋、塑料桶、塑料纸、塑料箱等。

优点：重量轻、可塑性强、阻隔性强、良好的加工性能和装饰性。

缺点：强度及硬度不足、耐热性和耐寒性差、易老化、不够环保。

（5）玻璃、陶瓷包装材料

优点：高熔点、高硬度、高耐磨性、耐氧化。

缺点：易碎。

（6）纳米包装材料

优点：可以除异味、杀菌消毒。

缺点：加工难、成本高。

知识拓展：易拉罐——包装容器之王

俗话说物以类聚，不同的饮品，应该有不同的包装，以示区分。然而，易拉罐技术的诞生和发展，却使其可以被广泛运用于各类商品包装中，啤酒、饮料、罐头目前大多以易拉罐来包装，全世界每年大约生产的铝制易拉罐已经超过 2000 亿个。目前，易拉罐已经成为市场上应用范围最广，消费者接触使用最多、最频繁的包装容器，是名副其实的包装容器之王。易拉罐消耗量的快速增长，使得制造易拉罐的铝材消耗量也有大幅增长，目前制作易拉罐的铝材已经占世界各类铝材总用量的 15%。

易拉罐作为一种金属包装材料，具有其他金属材质及塑料等包装容器不可比拟的优势，如质轻、可回收性好等，所以产品一面世，便受到人们极大的推崇，并流行于世界各地。

任务 6.3　物 流 业 务

任务要求与准备

按照之前分好的合作学习小组，各小组共同完成以下学习任务：

（1）学会从物流企业网站查询快递。

（2）每一个小组选择两家不同的物流企业，从以下几方面进行简单对比，见表 6-3。

表 6-3　不同物流企业对比

内　　容	物流企业 A	物流企业 B
网址		
网站的主要功能		
成立时间		
企业所在地		
企业负责人		
主要经营内容		
提供的主要服务		
业务覆盖范围		

续表

内　　容	物流企业A	物流企业B
发展或荣誉		
企业新闻		

任务实施

1．各合作学习小组认真商量讨论，做好人员分配工作。

2．任课教师给予一定的准备时间，小组成员开始认真收集资料，讨论分析和整理，并在课堂上展示任务的成果。

3．各小组代表发言的时间规定在6分钟左右，而提问环节统一为3分钟。等所有的小组全部发言完毕，每位同学填写评价量化表。

4．本次的任务表现会做详细记录，作为学生的平常表现成绩。

任务评价

评价量化表（见表6-4）填写说明：

1．填写分数时要遵循公平、公正的原则，切勿徇私。

2．自我评价、小组互评、教师评价分数都是百分制。

3．小组互评环节中，各小组组长分别组织组内成员进行讨论，给予发言的小组一个分数，最终求得各小组平均分。

4．自我评价分数由学生本人填写。教师评价分数由任课老师填写。

5．总评分数=自我评价分数×0.4+小组互评分数×0.3+教师评价分数×0.3。

6．分数等级分为五大类，分别是优秀（90～100分）、良好（80～89分）、中等（70～79分）、及格（60～69分）与不及格（60分以下）。

7．“成果点评”这一栏目由任课老师填写。

表6-4　学生任务成果展示评价量化表

班级：　　　　姓名：　　　　学号：　　　　（单位：分）

序号	评价项目	具体评价内容	评价分数参考	量化评价（等级分值）			
				满分	自评	组评	师评
1	内容准备	利用多种渠道收集资料	好（9～10），一般（6～8），不好（1～5）	10			
2		资料准备充分翔实	好（13～15），一般（9～12），不好（1～8）	15			
3	展示成果	观点新颖，见解独到	好（13～15），一般（9～12），不好（1～8）	15			

续表

序号	评 价 项 目	具体评价内容	评价分数参考	量化评价（等级分值）			
				满分	自评	组评	师评
4	展示成果	演讲姿态自然、大方、得体	好(13～15)，一般(9～12)，不好（1～8）	15			
5		语言表达清楚，逻辑清晰	好(13～15)，一般(9～12)，不好（1～8）	15			
6		积极明确回答同学提问的问题	好(13～15)，一般(9～12)，不好（1～8）	15			
7	小组合作	在小组讨论时积极参与	好(13～15)，一般(9～12)，不好（1～8）	15			
分 数 等 级			总　　分	100			

自我评价（×40%）	小组互评（×30%）	教师评价（×30%）	总　　评

成果点评（特色及不足）：

案例导入

随着电子商务日渐普及，网上购物渐渐成为一种时尚，异地的商品如何送到消费者手中，是关系到电子商务能否顺利实施的关键。在前面的项目学习中，同学们曾体验网上购物的操作过程，在此基础上，让我们更深入地了解有关物流公司的基本情况，看看在电子商务红红火火的背后，是哪些行业在给它提供着坚强有力的支持。

一、快递业务简介

1. 中国邮政的 EMS

EMS 是中国现今覆盖范围最广的快递，全国拥有 2000 多个网点，让所有对手望尘莫及，而且这 2000 多个点都是他们自己的，别说到县里，就是到村里，他们也可以做到。

2. 顺丰速运

顺丰速运是一家主要经营国际、国内快递业务的港资快递企业，于 1993 年 3 月 26 日在广东省顺德市成立。顺丰速运是目前中国速递行业中投递速度最快的快递公司之一。

3. 申通快递

申通快递简称上海申通。上海申通物流公司拥有 247 个独立城市营业所、179 个营业厅，1220 个操作点，快递初创于 1993 年，是一家以经营快递为主的国内合资（民营）企业。

4. 圆通速递

上海圆通速递有限公司有各类运输车辆千余辆、员工 3 万余名，服务覆盖全国 500 多个城市。圆通速递成立于 2000 年 5 月 28 日。经过多年的精心打造，现已成为集速递、物流、电子商务于一体的大型民营企业。公司总部位于上海市青浦区华新镇。数年来，公司业务迅速发展，网络覆盖中国各个城市。

5. 宅急送

宅急送是一家物流公司，创建于 1994 年 1 月 18 日，宅急送经过 20 多年的快速发展，已有员工逾 2 万人、车辆 2000 余台。全国共有 30 个分公司、7 个航空基地、247 个独立城市营业所、40 个市内营业所、179 个营业厅、1220 个操作点、705 个外网，共计网络机构 2440 个，网络已覆盖全国地级以上城市。

6. 中通快递

中通快递是一家集快递、物流及其他业务于一体的大型集团公司。在“诚信、创新、发展、和谐”的核心价值观引领下，全体中通人以“用我们的产品，造就更多人的幸福”为使命，提供迅速、方便、安全、准确的快递服务，赢得了社会各界的信赖和支持，多次荣获“中国快递行业十大影响力品牌”和“中国快递行业客户满意安全放心十佳品牌”等荣誉称号。

做一做： 查看各大快递公司官网并进行对比。

二、物流快递的应用

以圆通速递为例，简单介绍如何填写快递单，见图 6-13。

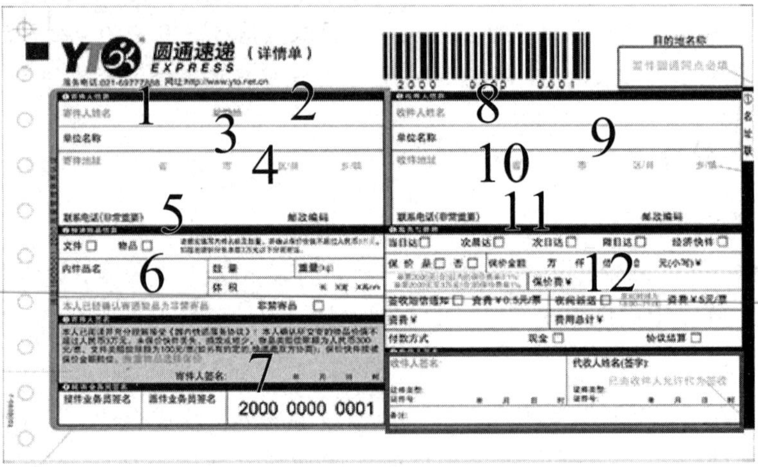

图 6-13 圆通速递面单

图中对应的编号应该如实填写，详情可以参考表 6-5。

表 6-5　快递单填写详细信息

编　　号	填 写 内 容
1	请填写发件人姓名
2	请填写始发地址
3	请填写发件人所在单位
4	请填写发件人详细地址
5	请填写发件人的手机号码（非常重要）
6	请填写内件说明及数量
7	请填写发件人签名及时间
8	请填写收件人姓名
9	请填写收件人所在单位
10	请填写收件人详细地址
11	请填写收件人的手机号码（非常重要）
12	如需保价请填写保价金额

三、快递查询方法

1．官网查询

通过相应快递公司的官网和快递公司网点可以对快件进行跟踪，相关信息可以直接通过查询码进行查询。如圆通速递公司的查询码为 884249679191314448，则可在公司的网页上输入查询码并获取快递单的相关信息，见图 6-14。

图 6-14　圆通速递官网查询快递

2．综合查询

综合查询主要是指通过集成多家快递公司的网站来跟踪查询快递。这类网站主要是提供一个统一的查询入口，然后在输入相关查询码之后，在后台调用相关快递公司的查询功能并给用户返回结果。例如，上快递 100 网站查询圆通速递 884249679191314448 的快递信息，见图 6-15。

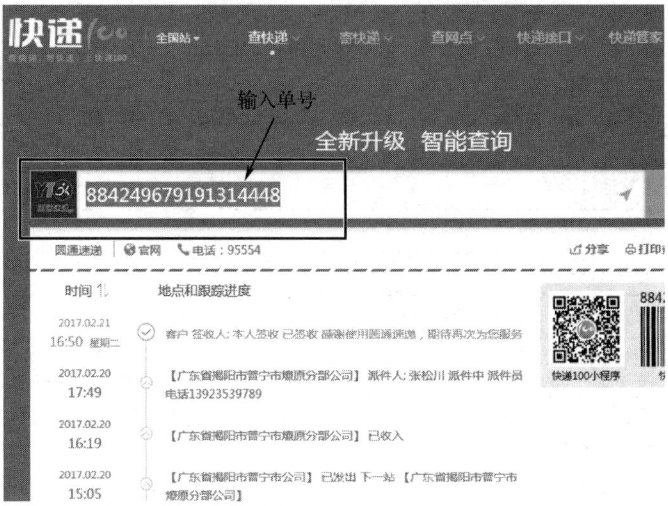

图 6-15 快递 100 网站查询快递

3. API 查询

通过快递查询接口（API）进行查询，是指通过调用综合查询平台对外开放的应用程序接口进行查询的方式。电子商务网站、企业管理系统等第三方开发者，能够通过调用这些接口与开放自身数据的快递查询平台进行交互，以获得快递查询的信息与数据，并基于这些接口开发自己的快递查询应用程序，从而实现不用登录快递官网或综合查询平台就能实现查快递的功能。如淘宝网，在线寄件后，系统将对快件信息进行 GPS 定位，可供用户随时跟踪查询，实时显示快递信息，使快件的安全能够得到最大保障。例如，淘宝网交易成功后单击“查看物流”按钮可以查询快递，见图 6-16。

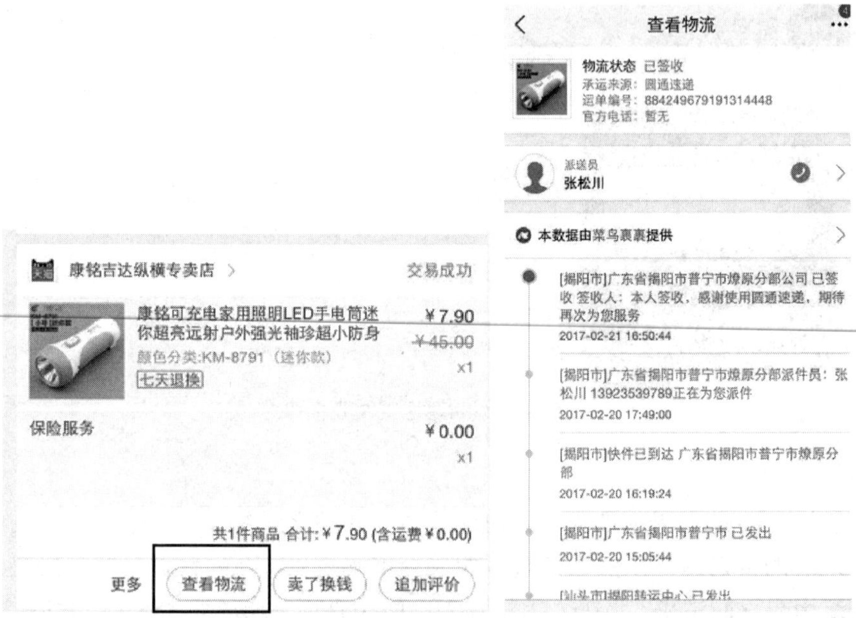

图 6-16 购物网站订单 API 查询快递

4. 微信公众号查询

通过微信公众号进行快递查询是一种新的查询方式。在微信公众平台以对话的方式即可查询，甚至可以下单、投诉等。其查询原理是通过微信公众平台的开发模式，对用户发送的消息进行分析处理，并将调用结果返回用户。例如，通过圆通速递微信公众号查询圆通速递 884249679191314448 的快递信息，见图 6-17。

图 6-17　圆通速递微信公众号查询快递

四、智能快递柜

1. 智能快递柜的产生

传统的快递行业采用的都是快递上门方法，优点是可以实现“商户到顾客，按时按需送货上门”。但随着天猫、京东、当当、亚马逊等电商平台的不断发展壮大，以及双 11，双 12 促销活动的刺激，“爆仓”这个字眼大家逐渐开始熟悉。

物流行业的“最后一公里”问题越来越明显，智能物流柜应运而生。特别是 2020 年新冠肺炎疫情爆发后，智能快递柜发挥了巨大的作用。“无接触”成为全年热门的关键词之一。在物流行业，智能快递柜助力快件“无接触”配送。

智能物流柜是一个基于物联网的，能够将物品进行识别、暂存、监控和管理的设备。与服务器一起构成智能快递投递箱系统。服务器能够对本系统的各个快递投递箱进行统一化管理（如快递投递箱的信息、快件的信息、用户的信息等），并对各种信息进行整合分析处理。快递员将快件送达指定地点后，只须将其存入快递投递箱，系统便自动为用户发送一条短信，包括取件地址和验证码，用户可在方便的时间到达该终端前输入验证码或扫描二维码即可取出快件，见图 6-18。

自快递柜进入末端市场以来，就凭借灵活性、安全性和便捷性等优点，获得了大量消费者的认可。我国快递业务不断增长，智能快递柜也在迅速发展，中国快递柜市场规模将越来越大。

图 6-18　小区里的智能快递柜

智能快递柜是随着快递业不断发展而新生的物品，随着企业自身规模的不断扩大，智能快递柜大大降低了企业的运营成本，进一步强化自身的优势。

2. 智能快递柜的特点

（1）给快递员和客户带来更加方便安全的快件管理。

（2）让客户及时了解快件的实时情况。

（3）解决快速递公司收件和送件工作量大的问题。

随着生活节奏的加快，人们对于快递配送的时效性有了更高的要求。智能快递柜作为一种可以自助代收快件的全天 24 小时自助服务设备，在很大程度上解决了快递员和消费者时间节点不对称的问题，快递员和消费者都可以更自由地选择配送、收货时间，这样既可以为消费者节省时间，又可以减少快递员二次甚至多次配送。智能快递柜作为末端投递服务的创新方式在提升快递投递服务效率、降低快递配送成本、增强消费者用户体验等方面具有明显优势。

3. 常见的智能快递柜

（1）丰巢快递柜。

2015 年 6 月，顺丰、申通、中通、韵达、普洛斯五家物流公司共同投资创建深圳市丰巢科技有限公司，研发运营面向所有快递公司、电商物流使用的 24 小时自助开放平台——“丰巢”智能快递柜，以解决快递末端难的问题。

（2）菜鸟快递柜。

菜鸟快递柜是阿里旗下的品牌，是面向社区和校园的物流服务平台。为用户提供价格低廉的包裹寄存保管、代收代寄、扫码下单、上门取件寄件等服务，致力于提供快递柜、智能柜、取件柜、代收点等多元化的最后一公里服务。

菜鸟以自有品牌入局智能快递柜，菜鸟驿站采取直营铺设模式，重点选择一线或核心城市做铺设布局。

（3）乐栈。

“乐栈”智能配送柜是由北京乐栈科技有限公司与格力电器联手研制，于 2015 年 6 月推出“乐栈”是以智能柜为核心的物流 O2O 平台，其智能柜具有 0～60℃智能温控、安全消毒杀菌、报警、多屏广告位展示等功能，并支持公交卡、微信支付、现金银行卡等多种支付手段，通过“智能柜+O2O 平台”的方式实现智能配送。

（4）喵柜。

喵柜是申通快递公司旗下的快递柜品牌，2019 年成立，为快递末端网点最后一公里派送难题提供整体解决方案，通过系统不断优化实现了极速入库、快递员和取件人可以同时投件取件、快递员手机端快速投件、远程派件等特色功能。

喵柜是在阿里战略投资和入股申通之后，以农村市场为切入，以快递柜代替服务点“进村”模式的尝试。

（5）格格货栈。

“格格货栈”是由南京魔格信息科技有限公司所研发的一款智能快递柜，公司成立于 2012 年。目前，魔格已签约百余家合作的社区便利店及物业公司，并且可以通过“格格货栈”智能快递柜，为客户提供快递代收、水电煤代缴、手机充值、物业缴纳等各类生活服务。

同时，魔格正在大力推广其进军社区 O2O 的首款产品“格格云店”。据悉，“格格云店”围绕社区需求，主要提供居家生活解决方案，比如，支持生鲜蔬果、粮油食品的社区采购，且通过格格云店电商平台下单的货品可以由社区便利店立即配送。此外，小区便利店的顾客也可以通过扫描便利店二维码商品墙及一些优惠促销活动等方法进入“格格云店”社区电商平台下单购物。线上线下的整合，增加了客户黏性，最终实现盈利模式的复制。

除此之外，包括京东、苏宁、中国邮政都已推出自己的智能快递柜产品。

中国已成为全球第一快递大国，而电商物流衍生出多种业态，并朝着多元化、智能化、开放化、国际化方向发展。

项目小结

本项目主要让学生了解电子商务物流的相关知识，掌握电子商务物流的概念，清楚电子商务物流的特点，了解电子商务和物流的关系，熟悉电子商务物流的配送模式，了解电子商务包装的定义、分类和作用，熟悉一些常见的快递业务，学会收发快递。

练习与自测

总分：100 分

哇，我得了______分！

一、单项选择题（每题 2 分，共 10 分）

1．物流（　　）是电子商务的必然要求。

A．信息化　　B．网络化　　C．自动化　　D．分散化

2．（　　）是生产的终点，又是物流的起点。

A．配送　　B．运输　　C．包装　　D．加工

3．下列快递公司中网点最多的是（　　）。

A．邮政　　B．申通　　C．圆通　　D．顺丰

4．销售包装又称（　　）。

A．工业包装　　B．大包装　　C．运输包装　　D．商业包装

5．为在流通过程中保护产品、方便贮运、促进销售，按一定技术方法而采用的容器、材料及辅助物等的总体名称叫（　　）。

A．配送　　B．包装　　C．运输　　D．加工

二、多项选择题（每题3分，共15分）

1．电子商务物流配送模式主要有（　　）。

A．邮局配送　　B．自营配送　　C．专业配送　　D．外包配送

2．电子商务对物流活动的影响有（　　）。

A．电子商务将改变人们传统的物流观念

B．电子商务将改变物流的运作方式

C．电子商务将改变物流企业的经营形态

D．电子商务将促进物流基础设施的改善，提高物流管理与技术水平

3．按照包装的目的划分，可以分为（　　）。

A．运输包装　　B．销售包装

C．商业包装　　D．物流包装

4．常见的包装材料有（　　）。

A．纸类包装　　B．金属包装

C．塑料包装　　D．纤维包装

5．商品外包装上需要标明产品的（　　）及出厂日期。

A．型号　　B．规格　　C．尺寸　　D．数量

三、为左边的商品选择合适的包装材料并连线（每条线3分，共15分）

棉花	铁桶
鲜花	瓦楞纸箱
润滑油	塑料袋
苹果	泡沫塑料盒
裤子	麻布袋

四、根据所学知识结合实际完成下列表格（共20分）

包装方式	包装材料	适用货物
箱		
包		
袋		
桶		

五、简答题（每题6分，共30分）

1．什么是电子商务物流？它有何特点？

2．什么是智能快递柜？常见的智能快递柜有哪些？

3．简述物流与电子商务的关系。

4．简述包装的功能。

5．电子商务物流的商业配送模式有哪些？

六、创新物流包装作业（共10分）

当前在网上购物时，类似鸡蛋、苹果、陶瓷古董花瓶等不方便存储和运输的商品，该如何包装呢？请大家选择一种商品，并设计合理的包装方法。

微课拓展

包装的分类

电子商务物流的特点

反侵权盗版声明